누구나 쉽게 부담 없이 배울 수 있도록
체계적으로 정리된 사주의 바이블

사주대로 산다

사단법인 한국자연지리협회
회장 노영준 저

사주
중급

사단
법인 한국자연지리협회   백산출판사

패철 中·9선도 전면도

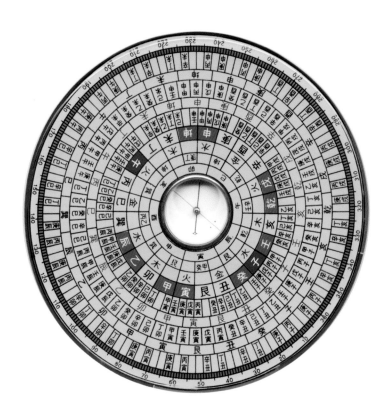

■■■■ 패철 전면도 ■

　패철은 소자가 6선이고 중자는 9선, 대자는 12선으로 되어 있다. 패철의 전면도는 사방팔방의 방위를 측정하게 되고, 패철은 과거 중국에서 만들어져서 현재까지 전해 내려오는데, 현대문명이 발전하면서 지구의 방위와 군사용, 여행용으로 사용되고 있으며, 패철의 전면도는 풍수지리에서는 음택명당과 양택풍수를 보는데 사용하고 있다. 그리고 사주에서도 오행이 부족한 것이 있는 사람은 잠을 잘 때 머리 위에다 놓고 자게 되면 잠이 잘 오고 부족한 오행의 기(氣)를 받게 된다. 패철은 우주의 축소판으로 오행이 모두 새겨져 있기 때문이다.

매화(梅花)는 수(水)

■■■■ 매화 ■

　　매화는 얼음 속에서 찬 고통을 격고 꽃을 피워 그 향기가 맑고 사람은 쓰라린 고통을 많이 겪고 성장하므로 크게 성공을 할 수 있다는 것이다. 매화는 50대 여성에 비유되며 살아온 인생역정에 과거를 회상하면서 꽃을 피우니 고목나무에서 피는 꽃은 매화뿐일 것이다. 그래서 그의 고결함과 맑음을 말함이다. 매화는 한대성식물로서 음양오행에서 북방水이다. 사주에서 水가 부족하다면 매화그림이 좋다. 돼지띠나 쥐띠, 호랑이띠, 토끼띠는 말할 것도 없이 매화그림과 난초그림이 좋다. 매화는 1, 6水로서 홍백에 꽃을 피우니 水를 생하는 구도와 기법과 색상을 맞춰 주어야 하다.

난(蘭)은 목(木)

난초

  난초는 봄의 식물로서 동쪽의 식물이다. 무심한 잡초와는 달리 고산토질에 알맞은 기후에만 뿌리를 내리고 서식을 하며 꽃망울을 터뜨리고 마음이 맑지 못한 사람에게는 향기조차 내뿜지 않는다는 기질인데, 그의 지고함을 사람에게 비유한다면 20대의 젊은 여성에 비유된다. 음양오행에서 木으로서 예부터 난초의 향기는 천리를 간다고 하였다. 사람의 사주에서 木이 부족하면 난초그림이 좋으며 호랑이띠, 토끼띠, 뱀띠, 말띠에게는 난초그림이 좋다. 물론 木을 생할 수 있는 구도와 기법과 색상을 써서 그려주어야 하다.

죽(竹)은 화(火)

■■■■ 죽 ■

　　죽은 굳은 절개와 꿋꿋한 의지를 지니고 사시사철 푸른 잎을 자랑하는 기풍을 가지고 있고 사군자 중에서 남쪽에 열대성식물이다. 4월 5월에 죽순이 돋아나 성장기일은 15일에서 20일 동안 자라서 평생을 여문다 하여 그의 강건함과 유연성을 동시에 지닌 식물이다. 사시사철 푸르다 하여 선인들은 북쪽의 식물로 취급하기도 했다. 대나무는 왕성한 30대에 비유되며 中女火이다. 대나무는 음양오행에서 남방火에 해당된다. 뱀띠, 말띠, 소띠, 용띠, 양띠, 개띠는 대나무그림이 좋다.

국화(菊花)는 금(金)

■■■■ 국화 ■■

국화는 가을철의 식물이면서 서방金으로 봄에 싹을 터서 여름에 무성함을 지나 가을에 꽃을 피우니 9월 9일 九九절이라 국화의 향기가 그윽하여 고고한 자태와 우아함을 지닌 40대 여성에 비유된다. 풍만하고 경륜을 지닌 어머니의 상으로서 다른 식물들은 찬 서리를 맞고 시들어지고 없는데 국화만이 우아한 품위를 잃지 않고 향기를 내뿜고 있다는 것이다. 사주에서 金이 없으면 국화그림이 제일 좋으며 원숭이띠, 닭띠, 돼지띠, 쥐띠는 물론 국화그림이 제일 좋다.

산수화(山水畵)는 토(土)

■■■■ 산수화 ■

　辰, 戌, 丑, 未띠는 산수화그림과 대나무그림이 좋다. 용띠, 개띠, 소띠, 양띠는 오행이 土이므로 산수화그림은 土이고 대나무는 火이기 때문에 土를 보태어줌으로써 좋고 土는 태양이 땅을 쬐어 주어야 만물이 자랄 수 있기 때문에 火生土로서 순행하게 된다.

머리말

「사주대로 산다」 중급편을 저술하면서 되돌아보니 「풍수지리」의 관련 서적과 「사주학」의 서적을 포함하여 모두 17권의 책을 저술하게 되었다. 그러나 대단히 부끄러운 생각이 든다. 짧은 식견으로 너무나 많은 것을 여러분들께 보이게 된 것 같다. 그러나 한편으로는 필자의 책을 읽고 많은 공부가 되었다든가 또는 큰 도움이 되었다고 하는 소식을 접할 때에는 보람을 느끼게 된다. 그래서 지금도 사주학의 사전작업을 하고 있는 중이다. 수개월 내에 여러분들 앞에 모습을 나타낼 수 있을 것이다.

그런데 간혹 이러한 질문을 많이 받게 된다. 역학과 명리학, 사주학 그리고 사주팔자 등 이러한 책들이 많이 있는데 그 내용들이 판이하게 다른 것으로 알고 있다는 것이다. 그러나 모든 동양철학의 근본은 주역(周易)에서 비롯되고 있다는 것을 말하고 싶다. 즉, 주역이란 두루 주(周)와 바꿀 역(易)자가 합쳐진 것으로써 두루두루 바뀌게 되는 사물의 이치를 말함이다.

특히 상형문자에서는 역(易)은 날일자(日)를 도마뱀의 머리로 보고, 4개의 발이 달린 도마뱀이 하루에도 12번씩 색깔이 변한다 하여 이것을 모든 만물의 형상으로 보는 것이다. 그래서 과거 중국에서는 역학이란 이름과 사람의 운명을 다룬다는 뜻에서 명리라고 전해져 내려오고 있다. 그런데 근대에 와서 사주팔자란 말은 일본인들이 처음으로 부르기 시작했다는 설이 있는데 그것도 예로부터 사주란 말이 있었다는 설이다. 그래서 현대에 와서는 역학이나 명리 또는 사주란 말은 보편적으로 통용되는 것으로서 주역에서 비롯된 학문이라는 것으로 이해가 되었으면 한다.

더구나 이 세상에서 만물의 영장이라고 일컫는 인간의 일생을 두고 길흉화복을 논하는 학문이므로 그 용어도 무궁무진하여 오랜 기간 공부를 하여도 그 용어 자체를 파악하기란 여간 힘든 것이 아니었다. 그러나 그러한 학문도 세월이 흐르면서 차차 개방이 되고 한자가 한글로 쉽게 표현되면서 되도록이면 이해가 쉽도록 해석이 잘 되고 있으나, 기본적인 구성요건에 관한 것은 특별히 달라질 수가 없어서 그대로 통용되고 있다는 점을 알아주었으면 한다.

그러나 문제가 되는 것은 그 용어 자체가 아니고, 어떻게 하면 사주팔자를 연구하는 목적을 이룰 수 있느냐 하는 것이다. 사람의 사주팔자를 연구한다는 것은 그 사람의 일생 일대기를 미리 알고자 하는데 그 목적이 있다. 그런데 우선

오랫동안 연구한 경험적 사례를 추가한다면, 사람의 일생이란 흘러내리는 물과 같고 흐르는 세월과 같아서 시대의 변천과 맞물려 있고 사계절의 기후변화와도 맞물려 있다는 점을 인식했으면 하는 바람이다.

예컨대 시냇물이 흐르는 것도 평탄할 수만은 없고 사계의 기후도 일정하지 아니 하듯이 인생의 행로도 일정하게 평탄할 수만은 없는 것이고 보면, 인생의 여정을 연구하는 학자들은 대자연의 이치를 능히 통찰하고 자연에 순응하는 것만이 올바른 학문연구의 태도라고 생각하게 된다. 이것은 예로부터 우리 조상 대대로 그러했듯이 동양철학은 대자연에 순응하는 숭배사상이라고 보기 때문이다. 따라서 그 학문 자체가 너무나 어렵다든가 또는 쉽다고 단정할 수는 없는 것이며, 꾸준히 생활속에서 연마하게 되면 누구나 훌륭한 학자가 되어서 사주학에 능통하게 될 것으로 믿는 바이다.

사단법인 한국자연지리협회
이 사 장   노 영 준

차 례

자연과 역학의 이론

우리 인간은 대자연 속에서 태어나서 자연과 더불어 살다가 다시 자연 속으로 사라지게 되는 것이다. 사주학을 공부하다 보면 인간이 살아가는 조건 속에서 제일 기초적인 것이 인간과 자연과의 함수관계인 것이다. 오행의 상생·상극을 이루면서 삼합, 육합, 형충파해, 십이운성론, 신살론, 육친론, 오행에서 용신 사주에 이르기까지 너무나 많은 것을 공부하고 익혀 나가는 데에 있어서 어느 것 하나도 소홀히 넘겨서는 아니 될 부분들이다.

기초부터 충실히 공부하지 않으면 나중에는 아무리 많은 것을 외우고 노력을 한다 해도 사주가 잘 풀리지 않고 이해가 안 되는 부분이 많게 된다. 사주란 심오한 학문인만큼 기초이론에서부터 하나도 놓치지 않고 터득한다면 누구나 쉽게 사주를 풀어 나갈 수 있게 되고, 또 사주를 처음부터 하나씩 하나씩 풀어 나가면 나중에는 오히려 재미가 붙어서 더욱 발전을 하게 되는 것이다. 대부분 사람들은 역학연구를 쉽게 생각하고 시작했다가 막상 실전에 부딪치게 되면 생각보다 어렵다는 생각에서 중도에 포기하고 마는 경우가 허다하다.

그러나 요즈음 출간되는 서적에는 과거의 어려운 한자가 한글로 해석되었고 일반 사람들이 누구나 쉽게 이해할 수 있도록 그 원리를 상세히 설명하고 있다.

욕심을 부리지 않고 점진적으로 연마해 나간다면 상상외로 실력이 향상될 수 있으며, 장기간 공부를 한 사람과 버금가는 실력을 쌓게 될 것이다.

우리 인간은 대자연 속에서 살아가고 있는데, 1년 12개월의 춘하추동(春夏秋冬) 사계절과 1달에 30일 그리고 하루라는 24시간의 흐름 속에서 벗어날 수 없는 숙명적인 생활을 하고 있는 것이다.

그렇다면 역학을 공부하는 과정도 시간과 공간의 개념으로서 대자연의 흐름을 읽고자 하는 것인데 이러한 이치를 깨닫고 사주공부를 해 나간다면 적잖은 도움이 될 것이다.

우리는 자연 속에서 살고 있으면서 하루하루를 바쁘게 생활하다보니 그것을 무심코 넘어 갈 뿐이지 그 세월이 어떠한 것인지 생각해 보는 사람은 드물 것이다.

그러나 역학을 공부를 하는 사람이라면 오늘이 乙卯일이구나! 올해가 甲寅년이구나! 하는 무의식 속에서 운(運)의 흐름을 감지할 수 있게 됨으로써 스스로 운명을 개척 해 나갈 수 있는 것이다. 직접적인 생활의 경험 속에서 사주의 기본적인 학습이 응용될 수가 있다. 그러나 한꺼번에 너무 많은 것을 알려고 하는 것은 결코 좋은 것은 아니므로 가장 기초적인 이론부터 철저히 익히고 노력해야 할 것이다.

아무리 큰 집을 짓더라도 벽돌 하나하나부터 튼튼하게 시작하고 그 기초가 튼튼함으로써 커다랗고 단단한 건물이 지어질 수 있는 것이다.

근래에 와서는 사주나 역학에 대한 책들이 많이 보급되면서 후학들이 마음놓고 편안하게 역학 공부할 수 있는 좋은 조건이 되었다. 그러나 한편 미국이나 일본, 프랑스 등지에서 역학이나 풍수지리 등에 동양철학에 대한 연구와 서적들이 주류를 이루고 있다는 점은 긍정적이라 할 수가 있으나, 우리나라에서 역학이나 풍수지리 또는 동양철학에 대한 연구가 오랫동안 배척되어 온 점을 생각하면 혹시나 외국에서의 설익은 이론이 역수입되지나 않을까 심히 우려되는 바이다.

그러므로 사단법인 한국자연지리협회에서는 역학이나 풍수지리를 배우고자 관심을 가진 사람들이라면 누구나 쉽게 부담 없이 배울 수 있도록 연구하며 다양한 서적을 많이 펴내고자 노력할 것을 다짐하는 바이다.

사주의 기본원리

　사주에 대한 기본원리는 천간의 이치와 지지의 이치가 함께 담겨져 있다. 사주학을 공부함에 있어서 천간(天干)의 중요성과 지지의 이해가 부족하다면 인생의 운명을 풀어나가는 학문에 있어서 미흡한 점이 많게 된다.

　이러한 점을 우려해서「사주대로 산다」를 초급·중급·고급 편으로 그 난이도를 분류하여 체계화하였다. 사주에서 천간의 중요성이 중요한 만큼 다시 한번 익혀 두기를 바란다. 천간이란 간단히 말하자면 하늘이고 양(陽)을 뜻하는 말로서 그 속에는 무궁무진한 학설이 광범위하게 들어 있다. 甲·乙·丙·丁·戊·己·庚·辛·壬·癸의 열 글자로 구성되어 십간(十干)이라고도 한다. 천지만물은 태초부터 시작하여 태극(太極)으로 음양오행(陰陽五行)에 이르기까지 방대하여 우리 미천한 인간으로서는 간파하기에는 참으로 어렵고 또 심오한 학문임에는 틀림없다.

　다만, 甲乙丙丁戊己庚辛壬癸의 열 글자는 하늘을 의미하여 십간이라고 이름붙여져 있지만, 이 십간에서도 오행이 구분되어진다.

木·火·土·金·水의 오행으로 불려지게 되는데, 木 火 土 金 水란 간단히 말해서 목성(木星)·화성(火星)·토성 (土星)·금성(金星)·수성(水星)의 별로서 이 지구상에 영 향을 주게 되는 별이다.

우리는 태양계에서 태양이나 달의 영향을 받지 않고서는 한시도 살 수 없고 여기에서도 음(陰)과 양(陽)을 구분하고 오행으로 이름붙여진다. 그래서 음양에서는 반드시 오행을 구분하게 되는 것이다.

천간(天干)의 해설

천간은 甲·乙·丙·丁·戊·己·庚·辛·壬·癸의 십간을 두고 하는 말인데, 천간에는 하늘에서 변화되는 여러 가지 이치가 담겨져 있다.

천간은 하늘을 뜻하며 양에 속한다. 그러나 같은 하늘인데도 거기서 음과 양이 다시 구분되어진다는 것을 알아야 한다. 양이라고 해서 영원한 양이 아니고 음이라고 해서 영원한 음이 아니며, 양 속에 음이 있고 음 속에도 양이 존재함으로 이를 양중유음(陽中有陰) 음중유양(陰中有陽)이라 한다.

이 천간을 우리 인간에 비유한다면 양은 남자를 뜻하며 여자는 음으로서 지지를 뜻하게 된다.

천간과 지지는 남녀가 짝을 이루듯이 천간의 첫 글자인 甲과 지지의 첫 글자인 子가 서로 짝을 이루면서 甲子‥乙丑‥丙寅‥순으로 나가면 60번째에는 모두 한 번씩 짝을 이룰 수 있게 된다.

이 과정에서 천간은 십간(十干)으로서 각각 6번 들어가고 지지는 십이지지(十二地支)로서 각각 5번 들어가게 된다.

우리는 이것을 육십갑자(六十甲子)라고 부르고 태어난 지 61번째 해가 본인이 태어난 해와 똑같은 해가 되므로 61살 되는 해의 생일을 환갑(還甲) 또는 회갑(回甲)이라고 하여 잔치를 벌이기도 한다.

천간과 지지는 이렇게 짝을 이루면서 순환을 거듭하게 되는 것이다. 우리 인간이 이 세상에 태어나면서 年·月·日·時를 가지게 되는데, 年|月|日|時가 육십갑자 속에 들어 있다. 보통사람이든 특별한 사람이든 누구라도 이 육십갑자를 벗어난 사람은 아무도 없다.

사주에서는 年·月·日·時를 가지고 천간과 지지를 포함해서 8글자를 만든다.

인간이 살아가는 과정에서 기구한 운명과 죽음에 이르기까지를 음양오행설에 입각해 세상의 오묘한 이치를 풀어나가는 것이 바로 이 주역에서의 사주팔자라는 이론이므로 우리는 예로부터 이 사주팔자를 깊이 연구하고 있는 것이다.

간단한 것 같으면서도 너무나 복잡하고 다양한 것이 바로 사주학의 이론이다. 때문에 아무리 사주학을 오래도록 연구하였다 하더라도 쉽게 답할 수 있는 이론이 아니라고 본다.

사주팔자를 가지고서 세상의 만물이 소생하고 생존하는

이치와 우주만물의 변화하는 오묘한 이치를 찾아내기란 그리 간단하지가 않다. 결국 천간의 10글자와 지지의 12글자를 포함하면 불과 22자밖에 되지 않는데, 이 22자 속에서 우리는 모든 인간의 변화무쌍한 삶의 진리를 파악하고자 하는 것이다. 그러므로 기초적인 이론에서부터 충실하고도 체계적으로 접근하지 않으면 중도에서 좌절되고 만다는 것을 명심해야 한다.

동양철학은 십간과 십이지지를 가지고 짝을 지어서 육십 갑자를 만들어 체계적으로 배열시킨 것이 역학의 이론이다. 이 역학이 학문으로 정립되기까지는 멀리 중국의 은나라 때부터 이미 활발히 논의되었고, 이로 인하여 오늘날까지 역학의 이론이 면면히 이어져 오면서 발달이 되었다.

[천간의 도표]

천간	甲	乙	丙	丁	戊	己	庚	辛	壬	癸
오행	木	木	火	火	土	土	金	金	水	水
음양	양 (+)	음 (-)	양 (+)	음 (-)	양 (+)	음 (-)	양 (+)	음 (-)	양 (+)	음 (-)

십간에서는 엄연히 음양이 구분되고 오행이 분리되어 있다. 같은 木이지만 양목(陽木)과 음목(陰木)이 있고, 같은 火이지만 양화(陽火)와 음화(陰火)가 있다. 같은 土이지만

양토(陽土)와 음토(陰土)가 있고, 같은 金이지만 양금(陽金)과 음금(陰金)이 자리하고 있다. 水도 역시 양수(陽水)와 음수(陰水)로서 구분이 되어 있다. 십이지지에서도 음양이 구분되어지고 오행에서도 음양이 철저히 구분된다.

천간과 지지는 가장 기초적이면서도 크게 영향을 미치는 관계로 소홀해서는 사주학을 연구함에 있어서 많은 어려움이 따르게 되므로 철저히 외워두어야 한다.

천간의 오행 중 [甲, 丙, 戊, 庚, 壬]은 + 오행이다.
천간의 오행 중 [乙, 丁, 己, 辛, 癸]는 - 오행이다.

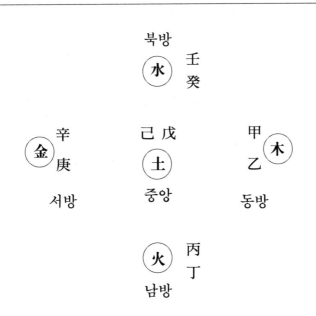

십이지지(十二地支)의 해설

12지지는 땅을 상징하기 때문에 지지(地支)라 부른다. 십간은 하늘을 가리키는 의미이고 십이지지는 땅을 가리키며 12개월을 뜻하는 의미가 담겨져 있다.

우리 인간은 천간의 양과 지지의 음의 기운을 받아서 아버지와 어머니의 음양 속에서 이 세상에 태어나게 된 것이다.

인간이 태어날 때에는 이미 천기의 기(氣)로서 결합을 하여 지지에 십이지지를 만남으로서 비로서 이 세상에 태어나게 되는 동기가 된 것이다.

지지의 子·丑·寅·卯·辰·巳·午·未·申·酉·戌·亥의 12 글자와 천간의 십간과 서로 짝을 이루는데 앞에서 설명한대로 양은 양끼리, 음은 음끼리 서로 만나게 되어 甲子…乙丑…丙寅… 이렇게 짝을 이루면서 순행하게 된다.

지지	子	丑	寅	卯	辰	巳	午	未	申	酉	戌	亥
오행	水	土	木	木	土	火	火	土	金	金	土	水
음양	양(+)	음(−)	양(+)	음(−)	양(+)	음(−)	양(+)	음(−)	양(+)	음(−)	양(+)	음(−)

　12지지는 12종류의 동물을 상징하는데 지지도 음양(陰陽)
이 구분되면서 오행으로 구성되어 있다. 지지는 땅을 의미
하여 십이지지라 부르는데 십이지지에서는 지구에서 변화
되는 삼라만상의 사계절의 오묘한 이치가 담겨져 있다.

지지의 오행 중 [子, 寅, 辰, 午, 申, 戌]은 양(陽) +
오행이다.
지지의 오행 중 [丑, 卯, 巳, 未, 酉, 亥]는 음(陰)
− 오행이다.

음양(陰陽)의 이치

　태양과 별들은 동쪽에서 떠올라서 서쪽으로 지는 것처럼 보이는 것은 거기에 합당한 이유가 있다. 지구는 남극과 북극으로 일치하여 자전하고 있기 때문이다. 그래서 모든 행성들이 마치 동쪽에서 떠올라 서쪽으로 지는 결과를 낳게 되는 것일 뿐이다.

　태양계 중심점에 살고 있는 인류로서는 지구가 좌회전하고 있다는 사실은 이미 오래 전부터 간파하고 있었다. 지금과 같이 천문학이 발달한 시대에서는 태양과 달과 지구를 구심점으로 궤도권을 분석하여 태양이 지구에 미치는 역량과 달이 지구에 미치는 역량과 별들이 지구에 미치는 역량을 어느 정도는 파악하고는 있지만, 아직까지도 풀리지 않은 수수께끼가 얼마든지 있다.

　관측기구가 발달하지 않았던 고대인들도 자연을 이용하여 지금의 별자리를 간파하여 오행을 만들어 학문을 정립시켜 왔다. 과거와는 조금은 다른 것이, 과거에는 지구가 둥글다는 예측만 했을 뿐인데, 지금에 와서는 과학적인 장비로 측정한 결과에 의해 타원형과 같다 하여 계란형이나 럭비공처럼 모형을 알아낼 수가 있을 정도이다.

가령 당시의 태양은 양(陽)으로서 양의 위치란 에너지의 고장이라 했으며 기(氣)의 원천적인 본부로서 지상에 에너지를 방출한다 하여 음양에서는 양으로 표시를 했으며, 반대로 달의 위치란 지구를 구심점으로 돌게 되어 있는 행성으로서 음(陰)으로 표기했다.

그래서 지구에는 서로 끌어당기는 인력(引力)이 있어서 밀물·썰물이 생기고 그 밀물과 썰물은 달과 태양의 인력과 원심력에 의하여 발생한다.

달은 음력 1달을 주기로 지구 주위를 공전하면서 보름과 그믐에 태양, 지구, 달이 일직선 위에 있게 되는데, 이 때에는 태양의 인력이 합쳐지면서 밀물과 썰물의 차이가 가장 크게 된다. 그리고 태양, 지구, 달이 직각으로 배열되는 상현과 하현에는 인력이 상쇄되어 밀물과 썰물의 차이가 작아지게 된다. 그리고 그믐달이거나 보름달에는 조수 간만 차가 가장 크게 되는데, 바다에서 서식하는 조개류나 산호초까지도 알을 낳게 되며, 심지어는 게들도 새끼를 낳기 위해서 밖으로 집단 이동하는 광경을 우리는 목격하고 있다.

태양과 지구 사이에 달이 들어가서 지구상에서 볼 때 태양이 달에 의해 가려지는 현상으로 일식을 하게 되고, 달의 전부 또는 일부가 지구의 그림자에 가려져서 지구에서 본

달의 밝은 부분이 일부 또는 전부가 어둡게 보이는 것이 월식이다. 태양의 에너지 또한 지구를 둘러싼 대기권에 엄청난 에너지원을 방출하고 있다는 것은 누구나 다 인식하고 있는 사실이다. 모든 인류는 태양 에너지원의 영향권 속에서 삶을 영위함과 동시에 달에서 미치는 음의 에너지원의 영향권에서 살고 있다는 사실은 어느 누구도 부인하지는 못할 것이다.

다만, 이러한 음과 양의 이론이 학문으로서 정립되어 있는 것이 바로 동양철학이다. 달은 지구의 모든 생명체에 리듬을 제공하고 있다면, 태양은 모든 에너지원과 온도를 주고 있다는 데에 음양의 이치가 있다.

이러한 태양력과 태음력의 역사가 나오게 된 동기나 구체적인 기원은 현대의 학문체계에서도 그 정확성에 대해서 아직 확인하지 못하고 있다.

이러한 태양은 우리 지구에 많은 에너지를 제공함과 동시에 생명체가 태어나고 살아가는데 없어서는 안될 불가분의 음양의 관계이다.

태초 때부터 태양의 에너지는 지구를 둘러싼 대기권에 전달되면서 바다 물과 파도를 일으키기도 하고 풍화작용과 퇴적작용 등 많은 기상변화를 가져오게 된다. 이로 인하여 태양풍은 지질변화와 토질의 박환 등 많은 변화를 가져오면서 생명체를 길러내게 되는 동기이다. 태양의 지름은 약 140만 km로 지구의 109배, 부피는 약 130만 배이고 질량은 약 33만 배이다. 또 지구로부터 태양까지의 거리는 약 1억 5,000만 km로 지구에서 달까지의 거리의 약 420배이다.

그래서 달의 지름의 400배인 태양이 우리의 눈에는 달과 비슷한 크기로 보이게 된다. 지구와 달 그리고 수성, 목성, 화성, 토성, 금성을 비롯하여 천왕성, 해왕성, 명왕성 등 거대한 행성들이 모여서 많은 에너지를 방출한다는 것인데, 대략적으로 인용하자면 감마선, 자외선, 가시광선, 적외선 같은 밝혀지지 않은 각종 나트륨, 마그네슘, 헬륨 등 70~80 여종의 에너지를 방출하고 있다는 것이다.

다만, 어느 성분이 어느 행성에서 방출되는 것인지는 정확하지는 않지만, 그러나 한 가지 분명한 것은 오행의 별인 수성, 목성, 화성, 토성, 금성에서도 이 지구에 방출하고 있는 원소가 대단히 많다는 것이다.

그래서 고대인들은 이미 이 오행에 대해서 심도있게 다루고 체계화시켜 놓았다.

8대 행성 중 오행을 뺀 나머지 행성에 대해서는 정확하지는 않지만 지구의 영향권에서 멀어져 있다는 것을 의미한다. 하지만 풍수지리에서는 4방위를 기점으로 해서 8방위를 가름할 때의 의미는 8대 행성에 아마도 초점이 맞추어져 있지 않나 생각하는 것이다.

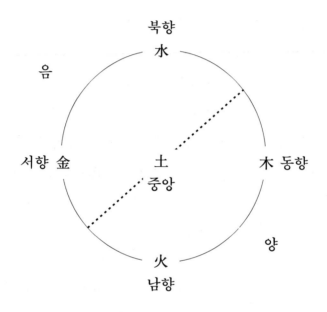

음양에서는 서쪽과 북쪽은 음에 속하고 동쪽과 남쪽은
양에 속하게 된다.

음양오행(陰陽五行)의 역할

역학을 이해하고 연구를 하려면 무엇보다도 먼저 음양오행을 충분히 이해하고 파악하지 않고서는 연구함에 있어서 많은 어려움에 봉착하게 된다.

사주학의 기본이론은 음과 양, 그리고 木, 火, 土, 金, 水의 오행의 이치 속에 담겨 있다는 것을 이해한다면 음양오행을 연구하는데 많은 도움이 될 것이다.

기본적으로 사주란 인생의 미래를 점치는 수완으로써 하나의 추리적인 학문이다. 그렇다고 가상적인 학문이나 추상적인 학문은 아니다.

다만, 인간의 삶은 인간만이 아니라 많은 동물과 식물 등 모든 생명체가 조화를 이루면서 생명을 이어가는 대자연 속에서 영위하고 있기 때문에 자연을 이해하고 탐구하지 않고서는 역학의 구도를 파악하기란 실로 어려운 일이라고 본다.

그래서 1권 초급편에서도 음양과 오행을 상세히 다루었지만, 여기서 다시 한번 재차 강조하고자 하는 것이다. 다만, 1권에서의 과정과는 약간 다른 점이 내포되어 있으므로 상세한 설명과 예를 들어서 풀어 볼 수 있는 기회를 갖고자 한다. 음과 양을 쉽게 설명하자면 태양과 지구를 말함이니 그의 이론이야 매우 간단하게 생각하기 쉽다.

그러나 이 넓고 광활한 우주 공간에는 눈에 보이지 않는 氣가 작용하고 있다는 것인데, 이 氣는 유동적이며 움직이는 에너지원으로서 움직이지 않는 정적인 물체와 결합하면서 음양을 이룬다.

음양이 합쳐짐으로써 거대한 에너지를 만들어 낸 것으로 우주 공간이 돌고 돌면서 순환관계를 이루는 것을 말함이니, 이것은 하나의 원칙에 불과할 뿐 하늘과 땅, 달과 지구, 태양과 그늘을 말하며, 남자와 여자를 말하며, 밝고 어두운 것, 물과 불을 덧붙일 수 있다. 이렇게 보면 사물은 상대성의 이치로서 여기에 부합되지 않는 것이 하나도 없는 것이다.

그래서 이 음양은 끊임없이 양은 음을 낳게 되고 음은 양을 낳게 되면서 우주가 대순환을 거듭하게 되는 것이다.

오행(五行)이란 무엇인가.

음과 양이 발전을 하면서 오행을 불러들이게 하여 우주 공간에는 木星·火星·土星·金星·水星의 다섯 가지의 원소가 작용하고 있다.

태양계에는 태양과 지구가 공전하면서 다섯 가지의 별이

운행하고 있다. 지구상의 만물은 이 별들의 영향을 항상 받게 된다는 것이 오행의 이론이다.

태양이 빛을 주듯이 별들의 빛 또한 지구를 향해서 내뿜고 있는 것이 자연계의 법칙이다. 우리는 일반적으로 단순히 빛으로만 생각할 뿐이나, 거기에는 눈에 보이지 않는 원소 내지는 에너지를 함유하고 있다는 것이다.

그래서 우리는 이 지구상에 태어난 생명체로서 멀고 먼 별들의 영향을 받지 않을 수가 없다. 이 다섯 개의 별들의 원소가 작용을 하면서 태양과 달의 에너지원이 합세하면서 에너지의 氣의 형태로 변화하게 되는데, 우리는 그 영향권 내에서 살고 있다는 것이 오행의 이론이다.

물론 이러한 이론은 현대의 과학적인 장비로나 천문학의 원리로는 밝히지 못하는 부분이다. 하지만 과거 중국 역사에서 이미 주역(周易)의 서책을 만들 때부터 철인(哲人) 달사(達士)들이 밝혀 왔다.

당시에 벌써 지구는 자전을 하고 태양은 우회전을 한다는 내용으로서 태양의 에너지와 지구의 지기는 톱니바퀴처럼 맞물려 돌아가고 있다는 내용이다.

하지만 천문학이 발전한 현대과학에서도 태양이 어느 방향으로 돌아가고 있는지를 확신하지 못하는 것을 보면, 인류의 한계는 아무리 과학이 발전하여도 개미가 조그마한

마을을 모르듯이 인간이라도 능력의 한계는 있다고 하겠다.

주역의 학문에서는 태양에너지의 氣가 발생하기 이전에 태초에 水가 생겨나고 水는 만물의 영양소로서 원소만 형성되었지 그 구실을 하지 못하여 이후 火가 생겨서 얼음덩이를 녹여 우주를 형성하게 되고, 水기를 받음으로써 초목에 木이 생기게 되었고, 水와 火가 반복되면서 木이 불타게 되고, 지구에 생명체가 형성되어가면서 金이 생기게 되는데, 金은 지구 속에서 자리하게 되고 土는 그 중심 역할을 하게 된다.

水가 제일 먼저 생겨났으므로 水는 1번이요, 火는 두 번째로 생기게 되므로 2번이다. 물과 온도가 있게 되어 초목이 자라나면서 3번째로 木이 되었고, 4번째로 생긴 金은 수억 년 동안 木이 썩어서 땅속에 묻히게 되어 광석으로 변하니 4번에 해당하고, 土는 지구를 말하는 것으로 사계절과 사방을 이어주게 되므로 다섯 번째로서 5가 되었다.

봄에는 씨앗이 움을 트고 여름에는 식물이 무성하게 자라서 가을에는 열매를 맺게 되면서 결실을 보게 되고, 겨울에는 저장하는 계절로서 우리 인간은 여기에 알맞게 적응하면서 순환을 거듭하면서 생명력을 기르게 되는 것이다.

오행의 상생(相生)이론

　음양오행은 서로 돕고 생해 주기도 하고 서로 대립하고 극하기도 한다. 생한다는 말은 내가 남을 도와주는 것을 의미한다. 예를 들어 물의 역할은 나무에게 물을 주어서 나무를 먹여 살리고, 나무는 불에게 땔감을 제공해줌으로써 계속 할 뿐만 아니라 하고 타고 난 재를 땅에다 뿌리면 퇴비가 되어서 흙속을 덮어줌으로써 쇠가 만들어지고, 쇠는 냉하여 습기를 냄으로써 다시 물을 생하게 한다는 이치이다.

　그리고 土는 지구를 말함이니 사방(四方)과 사계(四季)의 절기를 연계함으로써 사시사철을 이어가게 되는 것이다. 그러나 오행이 생을 해주면 무조건 좋게만 생각하게 되는데, 생해 주는 것도 적당하게 생해 주어야지 너무 많이 생하면 좋지 않다. 우리가 음식을 먹어도 적당히 먹어야지 너무 많이 먹게 되면 과식으로 좋지 않다. 가령 木은 하나인데 水가 2개 3개가 되어서 물을 많이 주게 되면 나무는 질식해서 물에 뜨게 되거나 물 속에서 썩어 녹아버리게 되는 것과 같은 이치이다. 음양오행에서 상생 상극의 제화는 적당해야지 생해 주는 세력이 너무 많거나 너무 적어도 좋지가 못하므로 무엇이든지 적당한 것이 제일이라고 본다.

오행을 분석함에 있어서 얼마가 적당한가! 너무 과한지, 아니면 너무 적은지를 잘 판단하게 되면 사주를 풀이하는 실력이 상당한 수준에 도달한 사람이라면 적당한 오행의 상생 상극도 간파하게 되는 것이다. 사주학에서 이미 대가가 되어 입신하게 되었다면 오행을 분별하는데 소홀함이 없었으면 하는 것이다. 오행을 풀어서 중도임을 판단할 때 비로소 만물의 이치를 터득하고 역학에 대한 사리를 분별하게 될 것이다.

- 水는 金에 의해서 생을 받지만 水가 많으면 金을 물에 잠기게 한다.
- 木은 水에 의해서 생을 받지만 木이 많으면 水가 고갈이 된다.
- 火는 木에 의해서 생을 받지만 火가 많으면 木은 불에 타고 없어진다.
- 土는 火에 의해서 생을 받지만 土가 많으면 火는 꺼지게 된다.
- 金은 土에 의해서 생을 받지만 金이 많으면 땅이 갈라진다.

오행의 상생
수생목(水生木)
목생화(木生火)
토생금(土生金)
금생수(金生水)

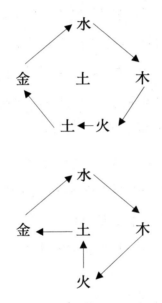

오행의 상생도에서는 동서남북과 중앙 토(土)를 중심으로 도표를 그리기도 한다.

오행의 상극(相剋)이론

오행은 생하기만 하는 것이 아니라 서로 상극이 되면서 오행 간에 견제세력이 되기도 한다. 예를 들어 水는 木의 어머니인데 어머니인 水가 아들인 木에게 젖을 준다는 것을 의미하는데, 가령 木이 자리를 비우고 없다면 손자인 火가 받아먹게 되는 것이다. 이것은 필시 사래가 들리고 극이 되는 것이므로 이치에 맞지가 않는다. 어린 아기는 모체인 어머니의 젖이 체질에 맞는 것이다.

그리하여 水와 火는 물과 불로서 극이 되는 반대세력이다. 불은 물이 닿으면 꺼지게 되는 것이다. 이것은 다른 오행도 마찬가지의 이론으로 서로가 생하고 극하고 먹여주고 입혀주고 하는 공생(共生)관계에 있는 것이 오행의 이치이다.

다만, 내가 이길 수 있고 극할 수 있는 세력도 끝내는 자식을 길러 놓으면 나를 극하고 이기는 세력이 되는 것이 오행의 이치이다.

서로가 도와주고 견제하며 공생관계를 유지하면서 영구불멸의 생존의 길로 가고 있는 것이다. 내가 이긴다고 해서 영원히 이기는 것은 아니고 일시적으로 이길 뿐이다. 그럼으로 오행은 사람이 살아가는 질서와 조금도 다를 것이 없다.

가령 오행 중 나를 이기는 세력이 없다면 천지 분간하지 못하고 날뛸 것이다. 무엇이든지 너무 강하면 강한 세력을 견제할 수 있는 세력이 필요할 것이고, 너무 약하면 도와줄 수 있는 세력이 절실히 필요하게 되는 것이다. 그러나 예외는 있다. 아무리 극하고 이긴다고는 하지만 상대가 보다 힘이 세게 되면 극을 하지 못하는 것이다.

그러므로 오행의 생하고 극하는 이치 속에는 무엇이든지 적당해야 한다는 전제가 따른다. 강한 오행이라면 극을 해서 제압을 해줌으로써 오히려 전화위복이 되고, 약한 오행에서는 생을 해줌으로써 도움을 받아 힘을 얻게 된다.

오행이 강한 것인지 약한 것인지에 대해서는 쉽게 분별하기가 어려우므로 우리는 그것을 가늠하기 위해서 많은 노력을 기울이는 것이다. 사주를 세워 놓고 보면 여덟 글자가 있게 되므로 오행이 상생 상극으로서 돌아간다는 이론이야 훤히 알 수 있겠지만, 정작 어느 세력이 강하고 어느 세력이 약한지를 구분하기란 그렇게 쉬운 일이 아니다. 그래서 연습문제를 많이 접하여 실습을 해보는 것만이 강약을 분간하는데 도움이 될 것이다.

가령 정원에 나무가 있는데 얼마만큼의 물을 주어야 되는지, 나무가 너무 왕성하게 자라서 지붕을 덮을 염려가 있으면 가지를 잘라 주어야 하는 것은 상식에 속하는 것이다. 그것조차 분별하지 못한다면 훌륭한 정원사라고 할 수 없다. 나무를 적당히 키워주고 죽지 않게 하는 것과 너무 무성하게 자라서 지붕을 덮지 못하게 하고 나무를 건강하게 키워내는 것이야 말로 정원사의 기술이요 능력이라고 하겠다. 우리는 이러한 이치를 알게 될 때 역학의 심오한 이치를 터득함에 있어서 많은 도움이 될 것이다.

- 수극화(水剋火)를 한다지만 불이 왕하게 되면 물을 뿌려도 물이 소멸되고 만다.
- 화극금(火剋金)을 한다지만 촛불로 쇠덩이를 녹일 수가 없으므로 불이 꺼지게 된다.
- 금극목(金剋木)을 한다지만 적은 쇠덩이로 고목나무를 쓰러뜨리기 전에 쇠가 부러진다.
- 목극토(木剋土)를 한다지만 적은 木은 흙에다 심어줌으로써 땅은 기름지게 된다.
- 토극수(土剋水)를 한다지만 작은 제방이 홍수를 견디지 못하고 떠내려가게 된다.

오행의 상극
수극화(水剋火)
화극금(火剋金)
금극목(金剋木)
목극토(木剋土)
토극수(土剋水)

　오행의 상극도는 水에서 시작하게 되면 木으로 생을 하지 않고 한 칸 건너서 火로 바로 가게 되면 극이 되어서 상극도가 된다.

사주판단의 중심

사주는 年·月·日·時의 4기둥을 세워서 8글자를 가지고 풀이를 하게 되는데 그 중에서 일간(日干)이 바로 나의 신이다.

나의 신(身)을 빼고 나면 7개의 오행이 남게 되는데, 그 7개의 오행을 가지고 우리는 사주를 논하게 된다. 7개의 오행 중에서 일간(日干)인 나를 도와주는 세력이 얼마나 되는지가 관건이 된다.

예를 들어 7개의 오행 중에서 2개의 오행만이 나를 돕고 나머지 5개의 오행이 나를 극하거나 외면하게 되면 이 사주는 바로 신약이 되어서 좋지 않다. 그러나 3개의 오행 내지는 4개의 오행이 나를 돕게 되면 이 사주는 분명히 신왕한 사주가 될 것이다.

그러므로 일간을 두고서 7글자의 오행의 상생상극 제화(制化)에서 제하고 화하는 것을 즉 제화란 극을 해서 억제하고 약한 것을 화해서 도와준다는 말이 된다.

의 제화(制化)를 알아보는 것이 가장 중요한 작업이라 할 수 있다.

년주(年柱)의 중요성

사주학에서 년주란 중요한 위치를 차지하고 있다. 우리는 흔히 상대에게 무슨 띠냐고 묻게 된다. 사람은 태어난 근본이 있으며 각 띠에 따라 특성이 다르다.

사주팔자에서 년주는 인생에서 초년기를 말하고 조상의 대(代)를 가름하게 된다. 가령 조상의 음덕이 없다면 우리가 지금 이 자리에 서 있겠는가 하는 것이고, 조상 대대로 갈고 닦은 공이 크면 클수록 후손들이 이 세상에서 잘살고 있는 것이다.

그리고 조상으로부터 유산이 없었다면 본인의 초년 운이 좋지 못할 것이다. 인생의 초년 운이 나쁘다면 일찍부터 고생을 하게 되고, 만약 배우지 못했다면 인생을 살아가는데 어려움이 많을 것이다.

나무가 왕성해지려면 뿌리가 튼튼해야 하는 것이다. 뿌리가 부실하면 나무의 원목은 가냘프게 되고 잎이 병들고 시들어지게 될 것이다. 그래서 사주의 4기둥을 판독할 때 년지를 중히 여기는 것이다.

월주(月柱)의 중요성

사주를 구분하고 판단함에 있어서 일주(日柱)를 제외하면 월지를 가장 중요시하게 된다. 가령 일주가 아무리 강한 오행의 성(星)이라 하더라도 월지의 영향을 받게 되는 것인데, 인간도 이 세상에 태어날 때에 부모 없이 태어날 수가 없듯이 사주에서 월주를 부모의 궁으로 보기 때문에 가장 중요한 역할을 하게 된다. 부모가 얼마나 학식이 높고 부와 명예를 누리고 살았느냐에 따라서 자식들도 그 후광을 받게 되는 것이다. 예를 들어 생월이 춘하추동의 어느 계절에 태어났느냐에 따라서 일간의 위치는 완전히 달라지는데, 가령 추운 계절에 태어난 사주에 水 오행이 많다면 이것을 따뜻하게 해주는 火의 기운이 들어와야 사주 운이 풀리게 된다. 그러므로 사주 원국의 기본은 월지에 의해서 좌지우지되는 경우가 많다. 이것을 월령(月令)이라고 한다. 달과 일은 모태(母胎)관계로서 가장 중요한 위치를 차지하고 있는 것이다. 사주의 4기둥에서 용신을 잡을 때에도 제일 먼저 보게 되는 것이 월지(月支)이므로 잘 기억해 두길 바란다.

일주(日柱)의 중요성

사주를 공부함에 있어서 가장 중요한 부분이 바로 일주(日柱)이다. 일간이 얼마나 강한지 또는 얼마나 신약한지를 알아야 하는데, 일간은 바로 자신의 육신이기 때문이다.

과거 손자모공편에서 지피지기백전불태(知彼知己百戰不殆)라는 말이 있다. 나의 약점과 상대편 강점 등을 충분히 알고 승산이 있을 때 싸움에 임하면 이길 수 있다는 말이다.

그래서 일간이 甲木인지 乙木인지부터 먼저 파악을 하고서 나머지 7글자의 상호관계를 연계시켜 볼 수 있다. 일간이 얼마나 강한 오행인지 또는 약한 오행인지 또는 파악하면 겨울에 태어났는지, 여름에 태어났는지 하는 문제도 정확하게 알아서 그 달과의 연계를 하여 사주를 풀어 나갈 수있게 된다.

사주의 팔자는 年 · 月 · 日 · 時를 두고서 4기둥을 세워 놓고 길흉화복을 가늠하는 학문인 만큼 4기둥 중에서 가장 중요한 부분이 일주이므로 일주를 중심으로 외부에서 들어오는 오행과 사주 내에 있는 오행과 관련된 상생상극의 이치를 판단하게 되는 것이다. 그래서 사주팔자의 4기둥 중에서 일주 즉 내가 태어난 날짜가 바로 자기 자신이고 자기의 육신이란 점을 염두에 두고서 판단해나가야 하는 것이다.

일(日)이란 태양을 말함이다. 태양계의 궤도권에서 이 지구는 하나의 위성이기 때문에 지구가 아무리 크고 위대한 위성일지라도 태양의 궤도권에서 벗어날 수 없고, 태양의 빛을 받지 않고서는 만물이 존재하지 못하는 것처럼 우리 인류도 태어난 날에 태양의 빛의 에너지를 받았기 때문에 일주(日柱)에 대한 중요성을 강조하는 것이다.

춘하추동 어느 계절의 어느 날(日)에 태어났느냐에 따라서 길흉화복이 확연히 달라진다는 것이 동양철학의 원리이다.

사주학에서는 태어난 날짜를 태양과에 관계로서 연계한 것이므로 절대로 소홀히 해서는 안될 부분이다. 그러므로 태어난 날짜 일(日)을 사주팔자 내에서도 가장 중요시하게 된다.

시주(時柱)의 중요성

사주에서는 年·月·日·時 어느 한 부분이라도 중요하지 않은 부분이 없다. 일과 월과 마찬가지로 시가 매우 중요하다는 것이다. 시는 하루 24시간 중에서 어느 시에 태어났느냐에 따라서 사주의 구성이 완전히 바뀌게 되는 것이다.

가령 여름에 火 절기에 태어난 사람이라도 밤중 또는 새벽이라면 시원한 간지(干支)가 되는 것으로서 사주의 원국에서 火가 많은 무더운 사주가 새벽에 시원한 시에 태어났다면 이 사주는 목마른 고기가 물을 얻은 격으로서 시가 얼마나 중요한지 짐작하게 하는 것이다.

그리고 사주에서 시는 말년 운을 뜻하므로 시주가 좋아야 말년이 좋고 시주는 자식을 뜻하므로 시가 좋음으로써 자식들이 승승장구하게 되고 자식이 잘 되면 본인의 말년의 운이 좋은 것이다.

사주가 아무리 좋다 해도 말년 운이 비참하다면 이것은 결과가 좋지가 못한 격이므로 사주에서는 시가 차지하는 비중이 그만큼 크다는 것을 명심하기 바란다.

년·월·일·시(年·月·日·時)의 중요성

- 년주 - 조상으로서 조상궁이다.
- 월주 - 부모와 형제로서 부모궁이다.
- 일주 - 본인과 배우자로서 본인궁이다.
- 시주 - 자식을 보게 되므로 자식궁이다.

지지(地支)의 상충(相沖)

지지에서 상충이란 보통 칠충이라고도 한다. 子에서 7번째를 충한다 하여 붙여진 이름이다. 지지에 상충이란 천간충보다도 그 위력이 대단하여 재삼충에 대한 의미를 살펴보게 된다. 가령 천간의 충이란 나무에 비교한다면 잎과 잎이 충하거나 가지와 가지가 충을 한다 하더라도 태풍이 지나가면 원상회복이 가능하다. 하지만 지지의 충이란 나무나 몸통이나 그 뿌리가 상하게 된다면 원상회복이 가능할지 생각해 보면 짐작이 갈 것이다.

子는 7번째 午를 충하게 되니 子午 상충이다.
丑은 7번째 未를 충하게 되니 丑未 상충이다.
寅은 7번째 申을 충하게 되니 寅申 상충이다.
卯는 7번째 酉를 충하게 되니 卯酉 상충이다.
辰은 7번째 戌을 충하게 되니 辰戌 상충이다.
巳는 7번째 亥를 충하게 되니 巳亥 상충이다.

지지(地支) 상충(相沖)의 원리

지지 상충이란 서로 충돌을 하거나 부딪치는 형국으로서 싸우고 물리치는 경우이다. 결국 한쪽을 쫓아버리는 것이다. 서로 맞대결을 하다보면 한쪽에 힘이 부족해서 물러나는 경우가 된다.

- 子가 午를 충하니 午가 물러가고
- 丑이 未를 충하니 未가 물러가고
- 寅이 申을 충하니 申이 물러가고
- 卯가 酉를 충하니 酉가 물러가고
- 辰이 戌을 충하니 戌이 물러가고
- 巳가 亥를 충하니 亥가 물러간다

12지지가 칠충을 하게 되어 한쪽이 물러난다는 말은 한쪽이 힘이 약하여 쫓겨간다는 뜻이며 이별이라는 의미도 있다. 상충도 대부분 충을 함으로 나쁘게 되고 싫어하는 것이다. 그러나 때로는 오히려 충을 함으로서 좋은 경우가 있다.

寅申巳亥는 사생지(四生支)라 해서 상충을 하는 것을 싫어하고 충을 하는 것을 꺼린다. 子午卯酉는 사왕지(四旺支)라 해서 상충하는 것을 가장 싫어하고 꺼리며 흉하게 보는 것이다. 辰戌丑未는 사고지(四固支)라 해서 오히려 상충을 바라고 충을 하는 것을 좋아하게 된다. 그래서 충이라고 모두 나쁜 것만은 아니다. 그 중에서는 충을 함으로써 좋은 것도 있다.

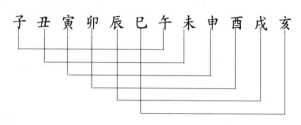

[칠충도]

상 충					
자오 (子午)	축미 (丑未)	인신 (寅申)	묘유 (卯酉)	진술 (辰戌)	사해 (巳亥)

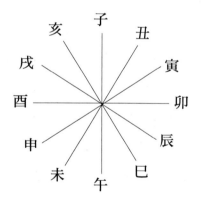

12지지가 子丑에서부터 戌亥까지 원형을 그린 것은 지구가 태양을 한바퀴 돌아오게 됨으로써 1년이 경과됨을 말한다. 그리고 12지기를 원형에 그려놓고 보면 서로가 마주보는 것이 충이 된다는 뜻이다.

자오충(子午沖)의 해설

　子와 午는 남북(南北)의 방향이 대치되는 방향에서 子는 차고 추운 북쪽에서 자생하는 水의 물질이고, 반면 午는 반대방향인 남쪽에서 뜨거운 물질로서 火의 기운을 가졌다.

　애초부터 이 두 오행은 정반대되는 곳에서 정반대되는 물질로서 그 성격이 서로 맞지 않게 되는 것이다. 그리고 서로 마주보고 있는 관계로 항상 의식하고 쳐다보게 된다. 그리고 막상 만나거나 부딪치게 되면 충이 된다.

　물과 불은 서로 극이 되는 이치로서 만약 불이 나게 되면 물로서 불을 끄게 된다. 그러나 역학의 간단한 이치로서 설명을 할 때에는 불은 물에게 지게 되므로 子午가 충을 하게 되면 午가 물러간다고 하였다. 그러나 막상 부딪치게 되면 어느 쪽이 유리하고 어느 쪽이 불리하다는 말은 애초부터 불가능한 말이다.

　물이 적고 불에 양이 많으면 물이 질 수도 있다는 점을 염두해 두고서 공부를 해야 한다. 가령 午가 둘이 있는데 子가 하나가 있으면 이것은 틀림없이 午가 이기므로 子가 물러가게 될 것이다. 그리고 子와 午는 크게 보면 음양의 이치로서 처음부터 성격이 반대되는 세력은 아예 싸우지도 않고 서로를 도와주게 되면 크게 발전할 수 있기 때문이다.

그래서 풍수지리에서 子·午는 음양의 이치로서 오히려 귀하게 보는 것이다. 水는 북쪽으로, 이것을 중남수(中男水)라 하고 午는 남쪽으로 이것을 중여화(中女火)라 한다. 중남수와 중녀화는 혈기왕성한 젊은 남여로서 대립보다는 서로 사랑할 수 있는 여지가 많아서 좋은 관계로 발전한다고 본다.

그러나 사주 내에는 子午 충이 있게 되면 마음이 불안하고 매사에 안정적이지 못하고 좌충우돌하게 되고 이별하여 어릴 때부터 타향 객지에서 살게 된다.

건강상으로는 신장과 심장, 생식기, 소장, 방광 등의 건강을 조심해야 한다. 子는 水이므로 水는 인체에서 신장에 해당되는데 신장은 오장육부에서 1번에 해당하고 신장의 주요 기관은 방광과 생식기계통이기 때문이다. 火는 인체에서 심장에 해당되며 오장육부에서는 2번째의 기관으로 주요기관은 소장과 맥을 같이하게 된다. 子午가 충하여 어느 기관이 나빠진다는 것은 강한 쪽이 다른 약한 쪽을 해친다는 뜻이 된다.

월주 일주 子午 충 – 부모와 인연이 없다.

[표 1] 子午 충 사주 예

시주	일주	월주	년주	구분
壬 子	壬 午	丙 子	丙 寅	사 주
水 水	水 火	火 水	火 木	오 행

이 사주는 壬午 일주에 丙子 월주로서 지지가 子午 충이다. 월주와 일주가 子午 충이 되면 부모형제와의 인연이 없어서 어릴 때부터 부모형제와 헤어져서 살게 되거나 부모와 생사이별하기 쉽다.

천간 역시 丙壬 충이고 월주는 부모의 궁이므로 부모와 충이 되므로 위의 사람들과 인연이 없다. 건강상으로는 심장과 폐·기관지가 좋지 않은데, 그것은 일주 오행이 수극화(水剋火)로서 水가 충돌하여 火가 물러나게 되므로 심장질환이 있게 된다. 사주 내에서 水 오행이 범람하면 첫째로 심장이 약해지고 두번째는 水가 많은데 水를 생해 주는 오행인 金이 없으므로 폐·기관지와 대장에 병이 생기게 된다.

년주 일주 子午 충 – 조상의 음덕이 없다.

[표 2] 子午 충 사주 예

시주	일주	월주	년주	구분
辛	壬	庚	丙	사
亥	子	申	午	주
金	水	金	火	오
水	水	金	火	행

이 사주는 壬子 일주에 庚申 월주 그리고 년주가 丙午로서 일주와 년주가 子午 상충이다. 일주와 년주가 子午 상충이면 년주는 조상궁이므로 조상의 음덕이 없어서 스스로 개척해 나가며 초년기에 고생을 하고 자수성가하는 사주이다.

子午가 충이 된다 함은 수극화(水剋火)가 됨으로써 심장이 나빠져서 지게 되고 일주 시주에서 水가 강하므로 火의 기운이 위아래로 교류가 되지 못하고 위에서만 활동하게 되므로 심장에 무리가 있다고 보는 것이다. 그리고 사주 내에 土 오행이 약하므로 위장이 기운을 얻지 못하여 속이 냉(冷)해지게 된다.

축미충(丑未沖)의 해설

지지의 상충에서 丑土와 未土는 같은 음토(陰土)로서 丑
土는 동북(東北)쪽에 위치하는 얼음이 얼어 있는 찬 土를
뜻하고 未土는 서남(西南) 방향에 위치한 6월에 만물이 성
장하는 땅이다.

지지 상충의 특징은 음은 음끼리 양은 양끼리 충돌을 하
게 되는데, 얼어 있는 땅과 만물이 자라고 뿌리가 내려진
땅이 부딪쳐 흔들리게 되므로 未土가 불리하다.

수천년 동안 농업을 하면서 살아온 농부들도 이른 봄이
면 논이나 밭을 갈아서 햇빛을 쪼이고 여름에는 무성한 잡
초가 많이 나면 김을 매고 땅을 파헤치는 이치에서 조금도
벗어나지를 않는다.

가령 丑土의 지장간에는 癸辛己 오행이 암장되어 있는데,
그 중 辛金은 보석으로서 땅을 파지 않고서는 감히 꺼낼 수
가 없는 이치로서 아무리 좋은 보석일지라도 꺼내지 못한
다면 무용지물이 되는 것이다. 그러므로 사주 원국에 따라
서 丑未 충을 하므로 크게 발복하는 이유가 지장간의 작용
때문이다.

사주 내에서 丑土와 未土가 충을 하게 되면 土는 재물로 보기 때문에 土와 土가 충돌하면 재물상의 손실에 의미를 둔다. 土는 오행에서 5번째로 인체의 오장육부 중에서 위장과 비장으로서 丑未 충을 하는 사주는 위장과 비장을 살피는 것이다.

월주 일주 丑未 충 – 조모와 사별이다.

[표 1] 丑未 충 사주 예

시주	일주	월주	년주	구분
庚 戌	丁 未	辛 未	辛 丑	사 주
金 土	火 土	金 土	金 土	오 행

이 사주는 丁未 일주로서 년지에 丑이 일주와 월주에 未를 충함으로 일지를 극하기보다 이러한 사주는 본인이 태어나자마자 조모와 사별을 하게 된다.

未土가 일주와 월주에 자리를 하고 있어서 조상궁을 충하면 조상이 극을 받으므로 조모와 이별을 하는 것이다.

그리고 일간이 신강할 때에는 사주 내에 충이 하나쯤 있어도 충에 힘을 크게 발휘하지 못하나, 사주의 일간이 약할 때에는 미세한 충이 있어도 작용을 하므로 매우 좋지 않다.

월주 일주 丑未 충 – 천리타향살이다.

[표 2] 丑未 충 사주 예

시주	일주	월주	년주	구분
癸 未	乙 未	辛 丑	甲 子	사 주
水 土	木 土	金 土	木 水	오 행

이 사주는 乙未 일주에 辛丑 월주로 丑未 충을 하고 있다. 년지가 子水로서 지지가 子丑의 반합을 이루어고 있다. 未土는 여름에 土로서 힘이 없는 土인데, 丑土가 방합의 반합을 이루었으므로 사주의 구성이 이렇게 되면 본인이 단명할 수 있다.

천간에 乙辛 충으로 천간과 지지가 동시에 충을 하므로 더욱 좋지 않으나, 다행히 시지가 未土가 되어 일지에 크게 도움이 되고 있다. 土는 위장인데 土가 충을 하고 있어서 위장수술을 할 수 있고, 심장이 약하게 됨으로써 건강이 좋

지 못한 사주이다. 그리고 월주와 일주가 천간 지지가 모두
충이 되어서 부모와 인연이 없고 성격의 차이로 타향으로
조기에 떠나게 된다.

진술충(辰戌沖)의 해설

십이지지에서 辰土와 戌土가 만나면 서로 충을 하게 되는데, 辰土는 동남(東南)쪽에 위치한 양토(陽土)이고 戌土는 서북(西北)쪽에 위치한 양토(陽土)로서 서로 마주보고 있는 관계로 충이 된다.

양토와 양토끼리 충을 하면 마치 땅에서 지진이 일어나는 것과 다름이 없다. 아무리 마주보고 있다고는 하지만 계절이 다르고 방향이 다름으로 같은 속성이 아니라는 것이다. 다만, 같은 양토라는 점에 무게를 둔다.

가령 한쪽이 음이라면 이것은 음양의 이치로서 매우 좋은 관계로 이루어질 수 있으나, 같은 양토로서 거대한 땅이 서로 충을 한다 함은 땅에서 지진을 연상케 하는 것이다.

辰은 水의 고장으로서 지장간에는 乙癸戊의 오행이 암장되어 있고 戌은 火의 고장으로서 辛丁戊의 오행이 암장되어 있다.

가령 지진이 나서 땅이 뒤집힌다면 새로운 세상이 창조될 것이다. 그 양대 土 속에는 초목과 수분 그리고 온도 거기에 대지에 보석까지 잠재되어 있으니 말이다. 그러나 우선은 파괴가 불가피하다.

사주 내에서 좋지 못한 운이 들어오더라도 그 운이 지나가면 새로운 운이 자리를 잡게 되는 이치이다. 그래서 辰戌의 상충은 그렇게 비관적인건만은 아니라 하더라도 역학에서 이론은 상충을 꺼리는 만큼 매사에 조심하는 것이 좋다.

辰戌이 상충이면 고독함과 질병이 따르게 되고 재산상의 토지거래라든지 송사(訟事)에 휘말릴 수 있다. 지장간의 사주에서 도움이 될 수 있는 오행을 끄집어낼 때에는 辰戌이 충을 함으로서 나쁠 것이 없으나, 그 지장간의 오행이 돌출이 됨으로써 사주에 도움이 되지 않는 오행이라면 이것은 좋지 않은 것임에는 틀림없다.

辰戌 충이 사주 내에 있으면 건강상 위장과 비장 그리고 피부질환과 순환기 계통의 질병을 주의하여야 한다.

년지 일지 辰戌 충 – 조상의 음덕이 없다.

[표 1] 辰戌 충 사주 예

시주	일주	월주	년주	구분
丁 丑	庚 辰	戊 子	甲 戌	사 주
火 土	金 土	土 水	木 土	오 행

　이 사주는 庚辰 일주에 戊子 월주, 그리고 년주가 甲戌로서 일주와 년주가 辰戌 충이고 천간에도 년간과 일간이 甲庚 충이다. 일주와 년주가 충을 함으로 조상과의 음덕이 희박하고 조상의 재산을 물려받더라도 본인이 탕진하게 된다.

　일지에 辰土는 월지에 子水와 子辰으로서 반합이 되었다. 이렇게 되면 대부분 충이 해소되었다고 생각할 수 있으나 그렇지 않다. 가령 대운이나 세운에서 辰土가 들어온다든지 戌土가 들어오게 되면 다시 충의 기운이 발동하게 된다. 그리고 일지와 년지가 충이 된다 함은 조상에게서 좋은 氣를 전달받지 못하게 되는 것인데, 거기에는 조상을 명당 길지에 모시지 못한 까닭도 있게 된다.

월주 일주 辰戌 충 – 부모와 생사이별한다.

[표 2] 辰戌 충 사주 예

시주	일주	월주	년주	구분
己 巳	甲 戌	戊 辰	辛 巳	사 주
土 火	木 土	土 土	金 火	오 행

이 사주는 甲戌 일주에 戊辰 월주로서 일지와 월지에 辰戌 충이 되었다. 일지와 월지가 충이 된다 함은 월지는 부모궁이므로 부모와 인연이 희박하여 어릴 때 생사이별을 하게 된다.

사주에서는 극을 받는 오행이 불리하고 오행이 약한 것이 불리하며 돌아오는 세운과 대운에서 좋지 않은 운이 들면 충이 작용함으로 매우 흉하다.

일지와 월지가 辰戌 충을 하고 일간의 甲木이 일지 戌土를 목극토(木剋土)하고 있어서 戌土가 물러나게 되면서 일찍이 부부가 사별하고 재취로 장가가게 되는 사주이다.

묘유충(卯酉沖)의 해설

십이지지 상충 중에서도 卯木과 酉金은 특별한 충이다.
동서(東西)로서 정면으로 마주 보고 있는 충이 된다.

卯는 정동(正東) 쪽으로서 계절은 봄이고 왕성한 木이며
酉는 정서(正西) 쪽으로서 계절은 가을이고 金이다. 卯는
음목(陰木)이고 酉는 음금(陰金)으로서 동서의 위치는 지구
에서 子午 다음으로 서로 대립되고 상호 공존하게 되는 중
요한 위치로서 자리하고 있다.

보석을 가공을 하는 데는 나무가 절실히 필요하고, 나무
와 풀을 베려면 도끼나 낫이 필요하다. 卯木은 木의 대표로
서 지장간에 甲乙 오행이 자리하고 있고, 酉金도 역시 金의
대표로서 지장간에 庚辛이 자리하고 있다.

지장간 끼리도 甲庚 충과 乙辛 충이 되므로 근본이 대립
되는 과정에서 서로 발전시켜 왔다. 가령 사주 내에 酉金이
있는데 卯木이 가서 두드림으로써 소리를 내게 되고 그 속
에 가두어 있던 庚辛에 金이 나와서 활동을 하게 된다.

卯木도 甲木이 절실히 필요한데 가만히 두고서는 甲木이
가두어져 있으므로 酉金이 충돌을 해줌으로써 甲木이 나와

서 활동을 하게 되는 이치이다.

木은 음양오행에서 3번째요 인체에서는 간에 해당되며 金은 음양오행에서 4번째로서 인체에서는 폐에 해당된다.

사주 내에 卯酉 충이 있으면 건강상 간과 폐가 좋지 않아서 손상이 올 수 있으므로 조심해야 한다.

특히 사주 내에 卯酉 충은 가족 내 불화, 직계가족 상해, 부부 이별, 기타 관재구설수 등 주변 사람들과의 불화를 초래할 수 있다.

월주 일주 卯酉 충 - 부모가 단명한다.

[표 1] 卯酉 충 사주 예

시주	일주	월주	년주	구분
壬戌	癸酉	辛卯	己未	사주
水土	水金	金木	土土	오행

이 사주는 癸酉 일주에 월주가 辛卯이므로 卯酉 충이다. 이렇게 월지와 일지가 충을 한다 함은 월지는 부모의 궁이므로 부모의 덕이 없게 되고 부모가 병마에 시달리거나 어

릴 때부터 부모와 생사이별하게 된다. 바로 옆에 충이 있으면 충의 위력이 크게 되지만, 이 사주는 년지가 未土로 卯未로서 목국(木局)의 반합이 되어 사주 내에서 충이 미약하게 되었다.

그러나 차후에 대운이나 세운에서 卯나 酉의 양자의 세력이 들어오게 되면 충의 세력이 크게 발동하게 된다. 월주와 월간에 辛金이 있어서 금극목(金剋木)이 되므로 월지는 오래 견디지 못하여 모(母)가 단명을 하게 된다. 사주에서 충이나 극을 하게 되면 이것은 성격과 심성을 나타내게 되어서 항상 마음에 갈등이 심하게 된다.

시주 일주 卯酉 충 – 자식 운이 없다.

[표 2] 卯酉 충 사주 예

시주	일주	월주	년주	구분
乙 酉	乙 卯	壬 申	乙 酉	사 주
木 金	木 木	水 金	木 金	오 행

이 사주는 乙卯 일주로서 시주가 乙酉이고 월주가 壬申, 년주가 乙酉로서 년주와 일주 그리고 시주가 서로 卯酉 충을 하고 있다. 년주와 충이 되면 조상의 음덕이 없고 시주와도 충이 되면 자식과 헤어지거나 자식이 본인의 뜻대로 풀리지 못하는 경우이다. 자식과 같이 살게 되더라도 자식이 병마에 시달리거나 온전치 못한 경우이다. 충이란 매사가 부딪치고 반대가 되는 성향으로 상호간에 자중하지 않으면 파멸하게 된다. 정신적으로 매우 불안하고 안정이 되지 못함으로써 동분서주하게 된다.

인신충(寅申沖)의 해설

십이지지에서 寅木과 申金의 상충은 금극목(金剋木)으로서 寅木은 동북(東北)쪽에 위치하고 있는 왕성한 양목(陽木)이고 申金은 서남(西南)쪽에 위치한 양금(陽金)이다.

이 양금과 양목은 서로 마주보고 있는 관계로 상충하고 있다. 쇠와 나무의 특성은 근본적으로 다르다. 나무는 움직이고 자라나는 특성이 있는 반면, 쇠는 무거우며 고요하게 있으며 단단하며 차고 인정이 없다.

그러나 쇠가 변해서 어떤 기구를 만들면 그 원천이 나무가 된다. 가령 종을 만들어도 그 소리를 내어 줄 수 있는 상대는 나무이다. 나무로 치지 않는다면 소리를 울릴 수 없게 되고 종에 가치를 평가할 수 없게 된다.

金을 녹여서 보석을 만들려고 해도 그 녹이는 재료가 나무이다. 나무가 없으면 불을 지필 수 없는 이치이다. 나무도 역시 그 가지가 너무 왕성하면 잘라 주어야 하는데, 쇠로 만든 낫이나 톱 내지는 도끼가 아니면 자를 수가 없다.

이러한 상호작용을 하고 있지만 여기에서 도가 지나치면 가지를 치는 것이 아니라 몸통까지 자를 수가 있기에 문제가 발생하는 것이다.

寅申이 충을 하게 되면 申이 물러간다 하였으니 나무인 寅木은 金이 배설한 水를 한 없이 빨아들여 왕성하게 자라서 목왕지절(木旺之節)이 되고 申金은 이미 가을을 맞이하여 조용히 잠이 들 무렵이기 때문에 申이 물러가게 되는 이치이다.

寅申이 사주 내에 있어서 상충이 되면 살아가는데 각종 구설수나 관재구설수가 따르고 폐와 기관지, 대장 등에 병이 올 수 있다. 申은 金이므로 金은 오행에서 4 번째에 속하고 인체에서는 폐와 대장이 金에 속하기 때문이다.

월주 일주 寅申 충 – 관재구설수 있다.

[표 1] 申寅 충 사주 예

시주	일주	월주	년주	구분
丁 亥	庚 寅	甲 申	己 巳	사 주
火 水	金 木	木 金	土 火	오 행

이 사주는 庚寅 일주에 甲申 월주로서 일주와 월주가 寅申 충이 되었다. 이렇게 되면 부모가 관재구설수로 고통을 받게 되고 본인에게도 그 영향이 미치게 되므로 정신적으로 매우 혼란한 사주이다. 申寅 충은 부모와 일찍 사별을 하면 본인에게는 무사하다.

오행은 충하는 것보다 합하는 것을 더욱 좋아하게 되는데, 이 사주는 일간과 월간에 甲庚 충이 있어서 천간과 지지가 동시에 충을 함으로써 부모와 생사이별이 불가피하게 되었다. 년지와 시지 또한 巳亥 충으로서 사주의 지지가 寅申巳亥가 모두 충을 하고 있다. 이렇게 지지가 寅申巳亥로 충이 되면 일률적으로 충이 된다하여 사주 구성에 따라서 귀하게 보는 경우도 있으나 대부분 충이란 좋은 점보다는 나쁜 점이 많다는 것을 기억하기 바란다.

월주 일주 寅申 충 – 조실부모 한다.

[표 2] 申寅 충 사주 예

시주	일주	월주	년주	구분
癸 丑	戊 申	丙 寅	辛 巳	사 주
水 土	土 金	火 木	金 火	오 행

이 사주는 戊申 일주에 丙寅 월주로서 寅申 충이다. 월지는 부모궁으로서 부모가 병마에 시달리거나 조실부모하게 된다.

시주가 癸丑이 되어서 일간과 시간이 戊癸合火가 되어 일지를 돕는 오행이 없다. 단지 시지에 丑土만이 일지를 도와주게 되므로 월지와 일지가 상충이 되는데, 본인이 신약하게 되어서 조실부모하고 남자의 덕이 없다. 그리고 오행에서 木은 간장에 해당되고 金은 폐·기관지·대장에 해당이 되므로 건강은 대장이 나빠지게 되는 경우이다. 金이 너무 많은 것은 실(失)하다고 보고 金이 약한 것은 허(虛)로 보기 때문에 폐와 대장이 약하다.

사해충(巳亥沖)의 해설

십이지지에서 칠충에 해당되는 巳火와 亥水의 충이란 어떠한 상호관계가 있는지 알아보자. 巳火는 남동(南東)쪽에 위치하고 있는 음화(陰火)로서 작은 불이고 亥水는 북서(北西)쪽에 위치한 음수(陰水)로서 작은 불이다. 방향의 각도가 서로 마주 보고 있는 관계로 충을 하게 된다.

水와 火가 충이라 하지만 두 오행은 엄연히 충할 수 있는 요건이 다르다. 巳는 지장간에 戊庚丙 오행을 보유함으로써 巳酉丑의 금국(金局)을 만들려는 오행의 시작이고 亥는 지장간에 戊甲壬 오행을 보유하고 있는 木의 성질로서 亥卯未의 목국(木局)을 만들려는 오행의 시작이다. 그래서 巳와 亥의 충은 금국과 목국의 충으로서 시작에 불과하다. 이렇게 오행은 상호간에 얽히고설킨 복잡한 사연을 지니고 있다는 점을 이해해야 하는 것이다. 巳亥 충을 하게 되면 일상에 반복되는 일이 많고 이동이나 변동 이사와 관련된 일도 많고 건강은 水와 火이므로 신장과 심장을 조심해야 하고 혈압과 피부병 또한 염려가 된다.

시지 일지 巳亥 충 - 자식과 헤어진다.

[표 1] 巳亥 충 사주 예

시주	일주	월주	년주	구분
乙 亥	辛 巳	己 巳	庚 寅	사 주
木 水	金 火	土 火	金 木	오 행

　이 사주는 辛巳 일주에 시주가 乙亥로서 지지가 巳亥 충이고 월주도 己巳로서 巳亥 충이다. 지지에 巳가 둘인데 亥는 하나이므로 시주에 자식궁인 亥가 피해를 입게 된다.

　일간의 辛金이 시간에 乙木을 乙辛 충을 하고 지지는 지지대로 巳亥 충이 되어서 시주는 자식궁이므로 자식이 심하면 사고로 사망하거나 병마에 시달리게 된다. 자식이 잘 풀리지 못한다 함은 본인의 말년 운이 좋지 않다고 보는 것이다.

　이 사주는 木이 많고 水가 약하여 본인이 신장이 나빠지고 사주 내에서 水가 없으면 水는 오행 중에서 가장 중요한 오행으로서 1번이다. 水는 인체에서는 신장에 해당된다. 인체에서 신장이 약하면 건강 전체를 약하게 보는 것이다. 매사에 주의하는 것이 좋다.

년지 일지 巳亥 충 - 상처(喪妻)하게 된다.

[표 2] 巳亥 충 사주 예

시주	일주	월주	년주	구분
己	辛	丁	癸	사
丑	亥	巳	巳	주
土	金	火	水	오
土	水	火	火	행

이 사주는 辛亥 일주에 년지 월지가 巳火로서 巳亥 충이
다. 년지는 조상궁이요 월지는 부모궁이므로 부모와 조상
의 덕이 없다. 巳亥 충으로 인해 이동수가 있으므로 여러
직장을 전전하게 되고 남자 사주로서 년지와 월지가 동시
에 일지를 충을 함으로서 일지 亥水가 감당을 하지 못하므
로 亥가 물러가게 되니 일지는 처궁으로서 상처(喪妻)를 하
게 된다. 건강상 巳火의 지장간에는 庚金이 있는데 그 庚金
이 깨어지게 됨으로써 폐와 기관지가 나빠지게 되고 피부
병으로 고생을 하거나 巳亥 충은 사고로 인해 몸에 흉터를
가지게 되는 것이 특징이다.

삼합(三合)

십이지지에서 유사한 3개의 오행끼리 합해지면서 삼합이 이루어진다. 삼합의 작용은 360도의 방위상에 12지지를 배열하여 살펴보면 子午卯酉의 사정(四正)의 중심에서 子午卯酉에 암장된 木火金水의 4개의 오행의 국(局)이 성립되고 土는 국을 이루지 않는다.

삼합은 모여서 하나의 힘을 나타내는 성격이다. 하나, 둘, 셋이 모여서 단합된 모습인데 천간은 돌출이 되어서 정신적인 것을 뜻한다면 지지는 숨어 있어서 은밀한 비밀의 합이다. 과거에 궁합을 보더라도 남녀의 띠만 보고 삼합을 맞추어 좋다 나쁘다 하여 많이 활용해 왔으나, 이것은 과거 중국의 천여년 전 당나라 시대에 만들어졌다하여 당사주(唐四柱)라 하는 것으로 이것은 맞지가 않는다.

사주학이 대대로 발전하면서 본인이 타고난 일주(日柱)를 제일 중요하게 보는 관계로 이 삼합도 역시 일주를 중심으로 보는 것이 제일 효과적이다.

궁합을 보더라도 남자의 일주와 여자의 일주를 놓고서 가장 먼저 계산하여 보는 것이다. 다음은 월주, 시주, 년주,

이렇게 보는 것이 효과적이다. 그래서 2자가 모이면 이합(二合), 3자가 모이면 삼합(三合)이라 한다.

이것은 신자진(申子辰), 해묘미(亥卯未), 인오술(寅午戌), 사유축(巳酉丑)으로 구성된다. 삼합은 결속력이 대단히 강하여 사람으로 비유하면 부모와 본인과 자식의 삼대(三代)의 형태이다.

亥卯未가 삼합이라면 亥卯, 卯未처럼 2개만이 만나는 것을 반합 또는 육합(六合), 반회(反會)라고 하는데 삼합보다는 힘이 약하다.

반합의 기준은 삼합의 중간에 있는 글자 子午卯酉가 된다. 삼합의 가운데 글자가 없으면 반합이 되지 않는다. 투출일 때도 삼합으로 본다. 삼합 중 2개의 지지만 있어도 없는 것의 온기가 천간에 있으면 삼합이 된다. 사주의 지지에 丑이 있고 巳가 없고 천간에 巳火의 본기인 庚金이 있다면 이것이 투출(投出되)었다 하여 金의 국(局)으로 보는 것이다.

투출이란 지장간에 있는 오행이 외부천간에 돌출되어 있다는 뜻이다.

① 申子辰 수국(水局)을 보면 申의 지장간에는 壬水가 암장되어 있고 子의 지장간에는 壬水, 癸水가 암장되어

있고, 辰의 지장간에는 癸水가 암장되어 있다.

② 寅午戌 화국(火局)을 보면 寅의 지장간에는 丙火가 암장되어 있고, 午의 지장간에는 丙火,丁火가 암장되어 있고, 戌의 지장간에는 丁火가 암장되어 있다.

③ 亥卯未 목국(木局)을 보면 亥의 지장간에는 甲木이 암장되어 있고, 卯의 지장간에는 甲木, 乙木이 암장되어 있고, 未의 지장간에는 乙木이 암장되어 있다.

④ 巳酉丑 금국(金局)을 보면 巳의 지장간에는 庚金이 암장되어 있고, 酉의 지장간에는 庚金, 辛金이 암장되어 있고, 丑의 지장간에는 辛金이 암장되어 있다.

이것은 사주를 풀이하는 데 있어서 매우 중요한 자료로서 삼합의 길흉은 용모가 아름답고 신기(身氣)가 안정되어 있고 주위사람과 원만하고 단결이 잘된다.

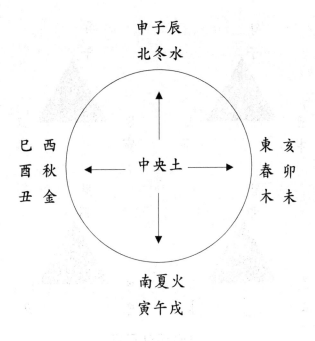

申子辰
北冬水

巳　西　　　　　　　　　　　　　　　東　亥
酉　秋　　　　中央土　　　　　　春　卯
丑　金　　　　　　　　　　　　　　木　未

南夏火
寅午戌

[삼합의 구성]

　12지지에서 삼합(三合)이란 3글자로 나누어서 4개의 국 (局)을 이룬다. 그리고 장생과 제왕과 묘를 이루게 된다.

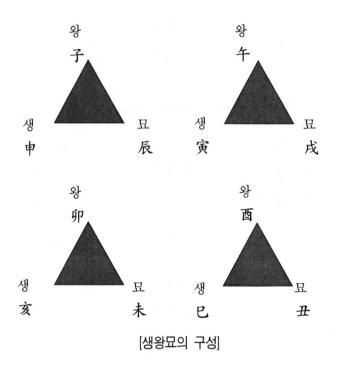

[생왕묘의 구성]

- 장생(長生)이란 : 甲木은 亥에서 장생이 된다. 丙火는 寅에서 장생이 된다. 庚金은 巳에서 장생이 된다. 壬水는 申에서 장생이 된다.

- 제왕(帝王)이란 : 甲木은 卯에서 제왕이 된다. 丙火는 午에서 제왕이 된다. 庚金은 酉에서 제왕이 된다. 壬水는 子에서 제왕이 된다.

- 묘(墓)란 : 甲木은 未에서 묘가 된다. 丙火는 戌에서 묘가 된다. 庚金은 丑에서 묘가 된다. 壬水는 辰에서 묘가 된다.

> 申子辰은 壬干으로 생왕묘(生旺墓)로 본다.
> 寅午戌은 丙干으로 생왕묘(生旺墓)로 본다.
> 巳酉丑은 庚干으로 생왕묘(生旺墓)로 본다.
> 亥卯未는 甲干으로 생왕묘(生旺墓)로 본다.

이렇게 하여 삼합 오행의 장생과 제왕묘의 질서를 알아 보았다. 그러나 이것을 재차 설명한다면 아래와 같다.

> ① 寅申巳亥는 丙壬, 庚甲의 장생이다.
> ② 子午卯酉는 壬丙, 甲庚의 제왕이다.
> ③ 辰戌丑未는 壬丙, 庚甲의 묘이다.

이 세 가지의 삼합을 종합해서 풀이해 보면 이것이 사회 와 가정이나 가족의 구성요인이 될 수도 있는 것이 삼합의 이치이다.

사주공부를 함에 있어서 간단하게 생각하고 있는 것이 삼합이지만, 이렇게 복잡하고 다양함이 내포되어 있다.

이 삼합의 요령과 구성에 따라서 사주를 풀이함에 있어 서 오행에서부터 육친 사주에 이르기까지 다양하게 사용되 고, 사주의 구성에 따라서 응용되어지므로 그 다양성을 인 식하여야 할 것이다.

가령 식신이나 상관이나 재성이나 할 것 없이 삼합을 이루어서 들어오게 되면 그 힘이 대단하여 단신으로 들어올 때와는 달리 판단할 필요가 있다는 것이다.

申子辰 삼합 – 수재(水災)를 조심해야 한다.

[표 1] 申子辰 삼합 사주 예

시주	일주	월주	년주	구분
辛 丑	壬 子	甲 申	庚 辰	사 주
金 土	水 水	木 金	金 土	오 행

이 사주는 壬子 일주에 甲申 월주이고 년주가 庚辰으로서 지지가 申子辰 삼합이 되었다. 일주가 壬子로서 水가 왕한데 지지가 申子辰 삼합의 수국(水局)까지 이루었으니 이는 설상가상(雪上加霜)이다. 이러한 사주를 타고 나면 많은 물가에는 되도록이면 가지 않는 것이 좋고 항상 수재를 조심해야 한다. 조상이나 부모형제 중에 홍수가 나서 사망하는 등 수재(水災)를 당한 사람이 있기가 십상이고, 사주 내에서 水氣가 왕하고 火가 약하므로 건강상 심장이 허약하

고 위장이 냉하며 소화기관이 좋지 않다. 사상체질에서 태음체질이 됨으로써 술을 많이 마시게 되고 약을 먹어도 크게 효력이 없다. 태음체질은 사주 내에 金·水의 오행이 있어서 냉하고 찬 기운이 많음을 뜻하게 된다.

亥卯未 삼합 - 동분서주하게 된다.

[표 2] 亥卯未 삼합 사주 예

시주	일주	월주	년주	구분
癸 未	乙 卯	辛 亥	甲 戌	사 주
水 土	木 木	金 水	木 土	오 행

이 사주는 乙卯 일주에 월주가 辛亥, 시주가 癸未로서 지지에서 亥卯未 목국(木局)의 삼합을 이루었다. 일주가 乙卯로서 木이 왕한데 목국을 이루었으므로 환영할 일이 못된다.

년주가 甲木이므로 조상代부터 木에 관련된 인연이 많았다는 것인데, 사주가 木이 많은 반면 火오행이 하나도 없으니 결실을 기대하기 어렵다.

木은 나무로서 나무가 결실을 맺으려면 온도가 있어야

하는데, 온도를 줄 수 있는 火오행이 사주 내에 없다 함은 그 만큼 결실을 보기 힘들다는 뜻이다. 사주 내에 木이 왕하면 항상 다사다난(多事多難)하고 하는 일이 많아서 늘 동분서주하게 된다.

寅午戌 삼합 – 장가를 여러 번 간다.

[표 3] 寅午戌 삼합 사주 예

시주	일주	월주	년주	구분
壬戌	戊寅	壬午	辛亥	사주
水土	土木	水火	金水	오행

이 사주는 戊寅 일주에 월주가 壬午 그리고 시주가 壬戌로서 지지가 寅午戌 화국(火局)에 삼합을 이루었다. 일간이 戊土로서 재(財)가 많은 사주인데 지지가 寅午戌 화국을 이루었으므로 일간이 더욱 왕하게 된다. 그리고 일간의 戊土를 가장 많이 도와주는 세력은 바로 월지에 午火가 되어서 월령을 얻었다고 보는 것이다. 사주가 월령을 얻게 되면 신이 강하다고 본다.

그리고 사주의 구성 자체가 월간과 시간에 편재가 있어
서 편재는 재물이 편재요 여자도 편재가 될 수가 있으므로,
그렇다면 편재가 양쪽에 붙어 있으므로 이러한 사주는 장
가를 두 번 이상 가게 되는 것이다.

巳酉丑 삼합 – 많은 오행을 따른다.

[표 4] 巳酉丑 삼합 사주 예

시주	일주	월주	년주	구분
己	辛	乙	壬	사
丑	酉	巳	辰	주
土	金	木	水	오
土	金	火	土	행

이 사주는 辛酉 일주에 월주가 乙巳, 시주가 己丑이므로
지지가 巳酉丑 금국(金局)에 삼합을 이루어서 金의 세력이
사주를 장악하게 되었다. 일주가 辛酉金으로서 신강한데
지지가 巳酉丑으로 금국을 이루었으므로 많은 오행 쪽으로
따라 감으로 이 사주는 철을 다루는 직업을 갖는 것이 가장
적당하다. 철강, 제철, 금속, 자동차사업 등 쇠를 이용하는
사업을 하면 대성할 수 있다.

申子辰 삼합 – 타 오행이 발붙일 곳이 없다.

[표 5] 申子辰 삼합 사주 예

시주	일주	월주	년주	구분
己 丑	丙 申	戊 辰	庚 子	사 주
土 土	火 金	土 土	金 水	오 행

이 사주는 丙申 일주에 戊辰 월주이고 년주가 庚子가 되어서 지지가 申子辰 수국(水局)에 삼합을 이룸으로써 水 오행이 강하여 일간이 허약하다. 일간이 丙火로 단신인데 시간에 己丑土가 있어서 생을 해야 하고, 火로서는 더 이상 유지할 수가 없으므로 아예 관성(官星)인 수국으로 종을 하는 팔자다. 이러한 사주는 년주와 월주가 나의 氣를 설기해 가게 되므로 조상이나 부모의 덕이 없고, 이 사주는 申子辰 삼합에 수국의 제왕이므로 사주 내에는 타 오행이 발붙일 곳이 없어서 많은 물을 이용하는 직업이 알맞다. 주류 업종이나 기타 물로 하는 직업이면 성공할 수 있다.

방합(方合)의 해설

십이지지에서 방합이 사주 내에 있으면 방합의 국을 이루었다 하여 사주를 판독할 때 참작하여야 한다. 방합이란 순수한 동족끼리 또는 가족끼리 서로 단합을 했다고 하여 형제의 합이라고도 한다.

방합의 힘은 매우 강력하여 여타 다른 오행이 들어와서 행세하기가 매우 곤란한 경우가 많다. 예를 들어서 한 학생이 학교에 전학을 오면 기존의 텃세를 물리치고 자기의 행세를 하지 못하는 격이 된다.

방합은 해자축(亥子丑), 인묘진(寅卯辰), 사오미(巳午未), 신유술(申酉戌)로 이루어지며 같은 가족과 형제가 단합을 하는 형태로서 삼합보다 그 위력이 강하다.

오행이 강력하게 단합을 함으로써 좋은 점과 나쁜 점이 항상 존재하기 마련이다. 우선 나쁜 점이라면 용신 사주에서 火가 들어오면 사주의 원국이 잘 풀리겠는데, 사주 내에 亥子丑의 방합이 있으면 설령 火가 들어온다 해도 쉽사리 운세가 풀리지 않게 되고, 좋은 점이라면 충파형 같은 흉신이 들어오더라도 여간해서는 충격을 받지 않고 무사히 넘어가게 되는 것이다. 그래서 좋고 나쁜 장단점을 모두 지니고 있다.

방합 I
亥子丑은 북방(北方)의 水에 해당된다.
寅卯辰은 동방(東方)의 木에 해당된다.
巳午未는 남방(南方)의 火에 해당된다.
申酉戌은 서방(西方)의 金에 해당된다.

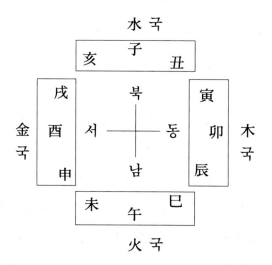

위 표와 같이 방합이란 방향의 합이 되어서 타오행도 방합이 되면 그 방향에 오행으로 행세하게 된다.

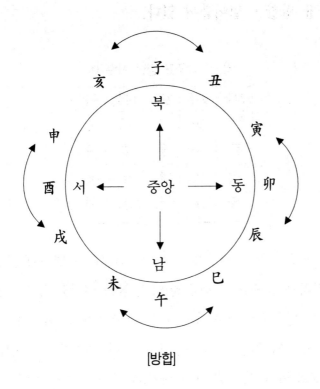

[방합]

방 합 Ⅱ
亥子丑의 방합은 동(冬) : 수국(水局)이다.
寅卯辰의 방합은 춘(春) : 목국(水局)이다.
巳午未의 방합은 하(夏) : 화국(水局)이다.
申酉戌의 방합은 추(秋) : 금국(水局)이다.

亥子丑 방합 – 얼어붙어 있다.

[표 1] 亥子丑 방합 사주 예

시주	일주	월주	년주	구분
丁酉	丙子	乙丑	己亥	사주
火金	火水	木土	土水	오행

이 사주는 丙子 일주에 乙丑 월주, 그리고 년주가 己亥로서 지지가 亥子丑 수국(水局)의 방합을 이루었다. 亥子丑에 북방에 방합으로 인하여 丙火의 일간이 매우 허약하다. 월간에 乙木의 인수와 시간에 丁火가 다행히 일간 丙火를 도와줌으로서 간신이 지탱해 나가고 있다. 丁火는 일간에 비겁인데 비겁이라도 신약일 때에는 도움이 되는 것이다.

亥子丑의 방합은 북방의 수국(水局)으로서 차고 얼어붙어 있는 형태가 되어서 대운에서 木·火 운이 들어와야 운이 풀리게 된다. 사주에서 합의 종류는 매우 다양하다. 어느 합보다도 방합의 위력이 가장 강력하다. 예를 들어 아무리 큰 木과 火가 일시적으로 들어와도 亥子丑의 방합을 깨뜨릴 수 없게 된다.

寅卯辰의 방합 – 말년에 재물이 들어온다.

[표 2] 寅卯辰 방합 사주 예

시주	일주	월주	년주	구분
庚 辰	庚 寅	丁 卯	癸 未	사 주
金 土	金 木	火 木	水 土	오 행

이 사주는 庚寅 일주에 丁卯 월주, 庚辰 시주이다. 지지가 寅卯辰의 동방 목국(木局)에 방합을 이루었다. 일간이 庚金 이므로 지지가 재국(財局)으로 변하였으므로 재가 왕 한 반면 신이 약하여 재다신약(財多身弱)의 사주가 된다. 시지에 辰土는 토생금(土生金)으로서 일간을 돕는 인수가 되는데, 寅卯辰 방합이 되어 木氣로서 행세를 하기 때문에 대운 내지는 세운에서 庚金을 돕는 인수의 세력이 들어오면 재국을 형성하고 있으므로 신이 강해지면서 재물을 모을 수 있게 되는 것이다.

巳午未 방합 — 金·水 운이 오면 좋다.

[표 3] 巳午未 방합 사주 예

시주	일주	월주	년주	구분
癸	庚	己	丁	사
未	午	巳	亥	주
水	金	土	火	오
土	火	火	水	행

이 사주는 庚午 일주에 월주가 己巳, 시주가 癸未로서 지지에서 巳午未 화국(火局)의 방합을 이루었다. 일간에 庚金이 월지 巳火를 만나서 화극금(火剋金)으로서 월령을 하지 못했고, 일지에도 午火를 만나서 득지하지 못했다.

그런데 시지까지 巳午未 방합국을 이룸으로서 일간 庚金에 관국을 이루었다 함은 관에 잡혀서 꼼짝도 할 수가 없게 된다.

그러므로 이 사주는 후천 운인 대운과 세운에서 金·水 운이 들어오면 火氣를 제압해 줌으로 운이 풀리게 된다.

巳午 반합 – 식상(食傷)의 방국이다.

[표 4] 巳午 반합 사주 예

시주	일주	월주	년주	구분
乙	甲	己	乙	사주
丑	午	巳	亥	
木	木	土	木	오행
土	火	火	水	

이 사주는 甲午 일주에 己巳 월주이다. 일지에 午火의 힘이 강한데 지지가 巳午에 반합을 이루고 있어서 세운이나 대운에서 나머지 未가 들어오게 되면 巳午未의 화국의 방국을 이루게 된다.

이렇게 되면 甲木인 일간은 식상(食傷)의 방국에게 힘을 다 빼앗기게 되므로 운이 좋지 못하다. 사주에서 반합만 있다 하더라도 대운이나 세운에서 들어오는 운에 따라서 방합의 국이 형성될 수 있는 여지가 있게 된다.

巳午에 화국에 반합을 이루고 있고 년지에 亥水가 있고 시지에 丑土가 있어서 亥丑으로 수국에 반합으로서 水火가 대립이 되는 관계로 水는 甲木, 乙木에게 흡수되어 木이 다시 火에게 기운을 실어줌으로서 水가 불리하게 된다. 그

래서 이러한 방합은 대운과 세운에 따라 운이 좌지우지됨
으로써 운세가 굴곡이 많게 되는 사주이다.

亥子 반합 – 형평성을 잃었다.

[표 5] 亥子 반합 사주 예

시주	일주	월주	년주	구분
戊	乙	丙	癸	사
寅	亥	子	卯	주
土	木	火	水	오
木	水	水	木	행

이 사주는 乙亥 일주에 丙子 월주로서 지지가 亥子에 수국
(水局)의 반합이다. 월간에 丙火의 상관이 있어서 위협적인데,
지지가 亥子 반합으로 인수가 됨으로써 도움이 되었다. 그러
나 사주 내에 구성을 자세히 살펴보면 水와 木 오행이 대부분
을 차지하고 있어서 수생목(水生木)을 하여 木의 세력이 강해
지면 타 오행이 발붙일 곳이 없게 되면서 오행이 결국 형평성
을 잃게 된다. 이것은 바다에 떠 있는 배가 사람이 한쪽으로
몰리면 뒤집히게 되는 이치와 같다. 월간에 丙火가 木의 기운
을 설기해 줌으로 이 사주에 도움이 되고 있다.

지장간(支藏干)의 해설

지장간이란 지지 오행 속에 천간의 오행이 감추어져 있다는 뜻이다. 지지 속에 암장되어 있는 오행을 잘 외워둠으로써 앞으로 육친 간에 얽히고 설킨 관계를 잘 파악할 수 있을 뿐 아니라 용신을 정할 때에도 유용하게 쓰이게 된다.

지장간은 「여기(餘氣), 중기(中氣), 정기(正氣)」로 세분하여 용신을 정확하게 파악할 수 있으므로 그 역할은 대단히 중요한 것이다. 가령 1개월이 30일이라면 여기, 중기, 정기로 나누어지는데 지지는 12개월로 되어 있기 때문에 입절한 후에도 지난달의 기운이 아직 남아 있는 것을 두고 여기라고, 중기는 초기와 정기를 제외한 중간의 기운을 말하는 것이며, 정기는 본 달의 주인이 되는 기운을 말한다.

예를 들어서 寅월의 경우 입춘이 되어도 바로 지난달의 丑월 중 정기인 己土의 기운이 寅월의 초기까지 남아 있다는 것이고, 이렇게 초기에 丑월로부터 이어진 土의 기운은 점차 쇠퇴해지고 寅월의 중기의 丙火의 운이 들면서 뜸을 들이고 본기인 寅월의 정기의 甲木의 기운이 자리를 잡게 된다. 그래서 정기는 寅월의 주인공이 되는 것이다.

子午卯酉 중 午월을 제외하고 子卯酉는 초기와 정기로만 구성된다. 그래서 지장간에 있는 천간의 오행은 2개 내지는 3개까지 암장되어 있다.

이것은 인간도 자녀가 많은 사람이 있고 적은 사람이 있듯이 지장간도 장간에 수가 각각 다르다는 것이다.

예를 들어 생일이 子월에 25일이라면 子월과 정기 일에 태어났으며 정기는 癸水이다. 子월에 여기에는 壬水가 10일간을 차지하고 있고 중기는 없고 정기에는 癸水가 20일간을 차지하고 있다. 이 사람은 정기에 癸水를 가지고 사주를 판독하면 되는 것이다.

그래서 한달이 30일이므로 여기는 며칠 몇 시간, 중기가 며칠 몇 시간, 정기는 며칠 몇 시간 이렇게 세분화되어 있다. 사람이 태어날 때 어느 달의 며칠인가에 따라서 여기 중기, 정기로 나누어지므로 그 중 어느 기운을 타고 났느냐에 따라서 사주 운명을 판단하는 것이다.

[지장간 분야도]

기간 지지	여기(餘氣)	중기(中氣)	정기(正氣)
子	壬		癸
	10일 3시간		20일 6시간
丑	癸	辛	己
	9일 3시간	3일 1시간	18일 6시간
寅	戊	丙	甲
	7일 2시간	7일 2시간	16일 5시간
卯	甲		乙
	10일 3시간		20일 6시간
辰	乙	癸	戊
	9일 3시간	3일 1시간	18일 6시간
巳	戊	庚	丙
	7일 2시간	7일 2시간	16일 5시간
午	丙	己	丁
	10일 3시간	9일 3시간	11일 3시간
未	丁	乙	己
	9일 3시간	3일 1시간	18일 6시간
申	戊	壬	庚
	7일 2시간	7일 2시간	16일 5시간
酉	庚		辛
	10일 3시간		20일 6시간
戌	辛	丁	戊
	9일 3시간	3일 1시간	18일 6시간
亥	戊	甲	壬
	7일 2시간	7일 2시간	16일 5시간

지장간(支藏干)의 의미와 활동

사주를 공부함에 있어서 이 지장간을 상세하게 파악하지 않고서는 용신을 정확하게 잡을 수 없다. 부와 명예, 권력 등의 운명을 판단하는 숙명적인 잠재력이 이 지장간 속에 있는 것이다.

그래서 지장간의 정확한 이해 없이 사주를 간명하기는 불가능하다고 본다. 지지는 지구를 뜻함으로 지구의 땅속에는 만물이 수장되어 있다.

지지는 땅으로서 음(陰)적인 것이고 여자를 뜻하는데, 여자는 배속에 아기를 잉태할 수 있는 여력이 있다는 것이다.

年·月·日·時의 지지 지장간 속에 숨겨진 오행이란 어느 지지에 속해 있던지 간에 그 모두가 천간과 대조하여 유정한가, 유정하지 않은가 하는 것을 상생상극과 함께 가려내는 것이다. 그렇게 함으로써 비로소 올바른 사주 감정을 할 수 있게 되는 것이다.

巳火에 지장간에 庚金이 암장되어 있다.

[표 1] 지장간 사주 예

시주	일주	월주	년주	구분
乙 酉	庚 午	乙 巳	壬 辰	사 주
庚 辛	丙 己 丁	戊 庚 丙	乙 癸 戊	지 장 간

이 사주는 庚午 일주로서 乙巳 월주가 단단히 한 몫을 하게 된다. 월지 巳火의 지장간에 庚金이 암장되고 巳酉의 금국의 반합을 이룬 것이 일간에 도움되고 시지 酉金의 지장간에도 庚金과 辛金이 암장되어 있어서 이들 지장간에 암장되어 있는 오행은 월지에 뿌리가 되어서 일간이 강하다.

사주에 세워진 오행이 모두 8글자이지만 암장된 오행이 10개 이상이 됨으로써 복잡하고 다양한 오행에 얽히고 설킨 상호관계를 풀어 봄으로 사주를 판단하는 데 중요한 역할을 하게 되는 것이다. 그러므로 앞으로 사주를 풀어나가는 데 지장간을 소홀히 해서는 안될 것이다.

寅木에 지장간에 丙火가 암장되어 있다.

[표 2] 지장간 사주 예

시주	일주	월주	년주	구분
辛 酉	戊 寅	乙 巳	庚 子	사 주
庚 辛	戊 丙 甲	戊 庚 丙	壬 癸	지 장 간

이 사주는 戊寅 일주에 乙巳 월주로서 월지에 巳火를 만나서 득령을 했다. 그러나 사주 구성을 자세히 살펴보면 월지 巳火의 지장간에 庚金이 암장되어 있고 그 庚金이 년간에 투출(投出)이 됨으로써 巳火가 金의 기질이 강해지므로 일간을 도와주기에는 매우 미약해 보인다. 일지 寅木이 戊土에 관(官)으로 寅木의 지장간에는 丙火가 암장되어 있어서 일간에 화생토(火生土)로서 생을 해 주어서 그나마 일간이 잘 견디고 있다. 그러므로 丙火에 도움이 없었다면 戊土는 토생금(土生金)으로서 시주에 辛酉 金에게까지 土氣를 설기당하고 말 것이다. 가까운 일지·월지의 지장간에 丙火가 암장됨으로써 일간에게 크게 도움이 되었다.

丑土에 지장간에 己土가 암장되어 있다.

[표 3] 지장간 사주 예

시주	일주	월주	년주	구분
乙	己	丁	辛	사주
丑	卯	亥	巳	
癸	甲	戊	戊	지장간
辛		甲	庚	
己	乙	壬	丙	

이 사주는 己卯 일주에 丁亥 월주로서 일간이 卯木에 일지를 만나서 관왕하다. 사주 내에서 신강하여 관을 깔고 앉았다면 대단히 좋은 사주인데 위에 사주는 나를 도와주는 세력인 인수가 월간에 丁火 하나뿐이고 년간에 辛金도 식신으로 내가 생을 해 주어야 하므로 신이 약하다. 그러나 월지 亥水의 지장간에 戊甲壬 오행이 암장되어 있어서 그 중 戊土가 천간에 투출이 되면 己土를 도와줄 수 있고 甲木이 투출이 되면 甲己合土가 됨으로써 일간에게 도움이 될 수 있다. 그리고 년지 巳火의 지장간에 戊土와 丙火가 암장되어 있으므로 일간에게 도움이 되고 있으므로 사주 구성에서 지장간에 암장되어 있는 오행을 유심히 살펴보아야

한다.

亥水에 지장간 甲木이 암장되어 있다.

[표 4] 지장간 사주 예

시주	일주	월주	년주	구분
戊申	丁酉	乙亥	己未	사주
戊壬庚	庚辛	戊甲壬	丁乙己	지장간

이 사주는 丁酉 일주에 乙亥 월주이다. 월간에 乙木이 편인이 되어서 목생화(木生火)로서 신을 도와주고 있지만 약하다. 일간이 도와주어야 할 식신이 한둘이 아닌데다가 金이 재성(財星)이 되어서 내가 극을 해야 하는 형국이다.

金을 녹여야 금반지를 만들 수가 있는데 丁火의 힘만으로는 매우 부족하다. 그래서 월지에 亥水를 보면 亥水가 丁火에 관이 되어서 장애가 될 것 같지만, 亥水의 지장간에 甲木이 암장되어 있어서 일간이 도움을 받게 된다. 그러므로 대운이나 세운에서 甲木이 들어오면 亥 중에 甲木에 뿌

리가 있어서 그 세력이 강해지게 되는 것이다. 甲木은 양목
(陽木)이므로 丁火로서는 크게 바라는 오행이다. 그래서 이
사주는 신약한 것 같지만 월지 亥 중에 甲木이 존재하고 있
다는데 큰 희망이 있게 된다.

卯木에 지장간에 甲乙이 암장되어 있다.

[표 5] 지장간 사주 예

시주	일주	월주	년주	구분
己 酉	壬 辰	己 卯	辛 未	사 주
庚 辛	乙 癸 戊	甲 乙	丁 乙 己	지 장 간

이 사주는 壬辰 일주에 己卯 월주이다. 월지에 卯木에 지
장간에 甲乙 오행이 암장되어 있고 일지 辰土에 乙癸戊 오
행이 암장되어 있다. 월간에 돌출된 己土는 정관이 되어서
심신이 고달프다.

일간이 壬水인데 지지에 지장간을 살펴보니 년간에 辛金
과 시지에 酉金이 나를 도울 수 있는 인수가 되고 나머지

오행은 나를 극하는 관이나 내가 생을 해 주어야 할 식신·
상관으로서 신이 약해지게 된다. 사주가 신강하냐, 신약하
냐 하는 것은 우선 투출된 오행이 중요하고 지장간에 있는
오행의 역할이 크게 작용하므로 이 지장간을 유심히 살펴
보아야 한다. 이 사주는 대운과 세운에서 신을 돕는 金·水
운이 들어오게 되면 운이 잘 풀리게 된다.

십이운성법(十二運星法)

십이운성법이란 부모의 양수 속에서 형체가 만들어지고 태어나서 성장기를 거치고 늙어서 병이 들어 일생을 마감하기까지의 일대기를 뜻한다. 세상에 존재하는 모든 생물은 이러한 과정을 거치게 되는데, 유독 우리 인간만이 느끼고 회상하면서 기록을 남기는 하나의 역사이다.

인간이 이 세상에 태어나서 부모 밑에서 장성하여 독립을 하게 되고 왕성한 전성기를 누리다가 늙어지면 병들어서 죽게 되는 것이 인지상정이라면, 이것은 누구나 다 겪어야 하고 이것을 거치지 않으면 생을 제대로 살았다고 볼 수 없는 것이 인생살이인 것이다.

그러므로 사주를 판독하는데 있어서 중요한 자료가 될 것이다. 십이운성의 표출방법은 도표를 참조하여 익히게 된다. 사주의 원조인 연해자평에서 서술하고 있는 내용 중에서도 이 십이운성법은 매우 중요하게 다루고 있다.

포·태·양·생·욕·대·관·왕·쇠·병·사·묘(胞·胎·養·生·浴·帶·冠·旺·衰·病·死·墓) 이렇게 12단계로서 일생을 그려 놓은 역사이다. 여기서 포를 절(絕)

로 명기하기도 한다.

12운성 사주의 예에서는 사주 운명을 풀어나가는 데서 제각기 특성을 지니고 있어서 음양오행에서 보게 되는 운명과 일치되는 부분도 상당수가 있지만, 대부분 일치되지 않는 것도 많으므로 역학의 구도에서는 어디까지나 참고 사항으로서 부여된다는 점을 참고하길 바란다.

① 장생(長生)이란 새 생명을 얻어서 세상에 태어나게 되는 시기로 세상구경을 하게 된다. 사주 내에 장생이 있으면 성격이 맑고 인덕이 많고 독창성이 있고 두뇌가 영리하므로 12운성 중에서도 길신이다.

② 목욕(沐浴)이란 세상에 태어나게 되면 3일 만에 어머니의 배속 양수 속에서 지내던 모든 것을 목욕으로 씻어 내는 것으로 이 세상에서 물의 기운을 받게 되므로 목욕이라 한다. 이 과정을 겪게 되면서 배속에 있었던 모든 때를 벗게 된다. 사주 내에 목욕이 있으면 이는 특히 색정의 신으로서 주색잡기를 좋아하게 된다.

③ 관대(冠帶)는 목욕을 하고 세상에서의 새 출발을 기원하면서 천지의 氣를 함축하고 인간의 형체를 갖추고 새 옷을 갈아입음으로써 비로소 생명체의 출발과 자라남을 뜻한다. 사주 내에 관대가 있으면 출세욕이 매

우 강하다.

④ 건록(建祿)은 성장을 하고 장성함으로서 인생을 배우고 학업을 이수하고 패기 넘치는 젊은시절 등과하기 위해서 시험에 응시하는 시점을 말한다. 사주 내에 록(祿)이란 국가에서 녹봉을 받는다는 뜻으로 12운성 중에서도 길신이다.

⑤ 제왕(帝旺)이란 벼슬에 등과하는 과정이며 인생에서 가장 전성기를 뜻한다. 사주 내에 제왕이 있으면 자존심이 매우 강하고 고집이 세다. 자수성가하고 특히 여성은 부부 운이 희박하다.

⑥ 쇠(衰)란 몸도 늙고 마음도 시들어서 점점 노쇠해져 가는 과정이다. 사주 내에 쇠가 있으면 기운이 쇠약하여 추진력이 부족하고 육친과 인연이 희박하다.

⑦ 병(病)이란 인생이 늙고 시들면 세포가 줄어들어서 병마가 침범하게 되면 서산에 넘어가는 태양과 같이 허약해짐을 뜻한다. 사주 내에 병이 있으면 어릴 때부터 잔병치례가 많다.

⑧ 사(死)란 병마가 악화되면 죽는 수밖에 없다 하여 세상의 모든 것을 버리고 저 세상으로 가게 되는 과정이다. 사주 내에 사가 있으면 욕망과 집착이 모두 사라짐으로 때를 기다린다.

⑨ 묘(墓)는 병들고 죽으면 누구나 땅 속으로 들어가게
되는 과정이다. 사주 내에 묘가 있으면 의지력과 추진
력이 부족하다.

⑩ 절(絶), 포(胞)라고도 하여 어머니의 포에서 잠재의식
을 가지고 갇혀 있는 시기를 말함이다. 곡식을 심어서
새싹이 돋아나기를 기다리는 시기로서 사·묘를 거쳐
서 태기(胎氣)를 기대하면서 생명의 탄생을 대기하는
과정이다.

⑪ 태(胎)란 아직 생명의 氣를 얻지 못하고 생명의 창조
를 위하여 부(父)의 정자와 모(母)의 난자가 결합하여
모의 자궁 속에서 자리를 잡고 생명의 창조를 대기하
고 있는 상태이다.

⑫ 양(養)이란 생명이 잉태되어 어머니 배속에서 생명체
가 만들어지고 있는 상태를 말한다. 사주 내에 양이
있으면 온순하면서 나약하다.

[십이운성 도표]

천간 12운성	甲	乙	丙	丁	戊	己	庚	辛	壬	癸
장생	亥	午	寅	酉	寅	酉	巳	子	申	卯
목욕	子	巳	卯	申	卯	申	午	亥	酉	寅
관대	丑	辰	辰	未	辰	未	未	戌	戌	丑
건록	寅	卯	巳	午	巳	午	申	酉	亥	子
제왕	卯	寅	午	巳	午	巳	酉	申	子	亥
쇠	辰	丑	未	辰	未	辰	戌	未	丑	戌
병	巳	子	申	卯	申	卯	亥	午	寅	酉
사	午	亥	酉	寅	酉	寅	子	巳	卯	申
묘	未	戌	戌	丑	戌	丑	丑	辰	辰	未
절	申	酉	亥	子	亥	子	寅	卯	巳	午
태	酉	申	子	亥	子	亥	卯	寅	午	巳
양	戌	未	丑	戌	丑	戌	辰	丑	未	辰

육십갑자에서 설명한대로 사주를 풀어나가는 데 있어서 반드시 12가지의 운(運)이 작용하고 있으므로 어떠한 세력과 연계되어 있는지를 정확하게 앎으로서 사주의 강약을 구분할 수 있다.

12운성의 조견표에서 본인의 사주와 연계를 시키는 것은 자연속의 법칙과 우주만물의 순행하는 이치로서 일년 중에서 12개월은 4등분하여 각 계절이 구분된다.

1-2-3월은 寅卯辰의 목왕지절로서 木氣가 가장 강한 계절로서 구분되고 4-5-6월은 巳午未의 화왕지절로서 일년 중에서 火氣가 가장 많은 계절이다.

7-8-9월은 申酉戌의 금왕지절로서 金氣가 가장 많은 달이고, 10-11-12월은 亥子丑의 수왕지절로서 水氣가 가장 강한 계절이다.

세밀히 구분하면 3-6-9-12의 辰戌丑未는 土氣가 왕하여 토왕지절이라고 한다. 그리하여 木・火・土・金・水의 오행의 순환작용을 나타낸다.

십이운성을 보는 방법은 각자의 사주팔자를 세워놓고서 십이운성 도표를 보고 일간(日干)에 대하여 각 지지가 어느 운성에 해당하는지를 계산하여 본다.

일주가 건록이면 – 벼슬 운이 있다.

[표 1] 십이운성 사주 예

시주	일주	월주	년주	구분
辛 未	甲 寅	乙 申	乙 巳	사 주
묘 (墓)	건록 (建祿)	절 (絕)	병 (病)	12 운 성

㉠ 년주가 병(病)이면 초년에 질병으로 고생이 많고 조상의 음덕이 없다.

㉡ 월주가 절(絕)이면 부모형제의 덕이 없으므로 홀로 자수성가한다.

㉢ 일주가 건록(建祿)이면 벼슬 운과 재물 운이 있고 배우자 운이 좋다.

㉣ 시주가 묘(墓)이면 자식과 인연이 희박하여 헤어지기 쉽고 심약한 자녀를 둔다.

㉤ 이 사주를 종합적으로 본다면 부모나 자식의 운이 없으므로 초년과 말년에 고생을 한다는 것이다.

일주가 건록이면 – 중년기에 왕성하다.

[표 2] 십이운성 사주 예

시주	일주	월주	년주	구분
丁丑	庚申	戊寅	乙亥	사주
묘(墓)	건록(建祿)	절(絶)	병(病)	12운성

㉠ 년주가 병(病)이면 초년기에 몸이 허약하여 큰 병으로 수술하거나 잔병치레가 많다.

㉡ 월주가 절(絶)이면 조부代부터 부모代에 이르기까지 가정이 평탄하지 못하다.

㉢ 일주가 건록(建祿)이면 중년기에 활동이 왕성해져서 명예와 재물을 얻게 된다.

㉣ 시주가 묘(墓)이면 중년의 기운이 말년에까지 미치지 못하여 묘 운에 이르러 기력이 쇠하고 자식의 덕이 없다.

일주가 묘이면 - 사회활동이 미약하다.

[표 3] 십이운성 사주 예

시주	일주	월주	년주	구분
癸 亥	戊 戌	辛 酉	壬 子	사 주
절 (絶)	묘 (墓)	사 (死)	태 (胎)	12 운 성

㉠ 년주가 태(胎)이면 어릴 때부터 성품이 바르고 온순하다.

㉡ 월주가 사(死)이면 부모형제 덕이 없어서 부모형제와 생사이별하게 된다.

㉢ 일주가 묘(墓)이므로 무력하여 노력을 게을리하고 변변한 직장을 갖기 힘들다.

㉣ 시주가 절(絶)이므로 노년에까지 큰 발전을 기대하기 어렵다.

㉤ 이 사주는 포태법을 따지기 전에 오행으로도 구성이 잘 맞지가 않다. 사주는 오행으로 보는 것이 제일 중요하다.

일주가 제왕이면 – 두령격이다.

[표 4] 십이운성 사주 예

시주	일주	월주	년주	구분
乙巳	丁巳	丙申	辛未	사주
제왕 (帝旺)	제왕 (帝旺)	목욕 (沐浴)	관대 (冠帶)	12 운 성

㉠ 년주가 관대(冠帶)이면 조상의 음덕이 있고 명예가 있는 가문이다.

㉡ 월주가 목욕(沐浴)이면 부모형제의 중에서 주색잡기로 망신을 당한다.

㉢ 일주가 제왕(帝旺)이면 왕성한 활동력으로 재물을 모으나 이별수가 있다.

㉣ 시주가 제왕(帝旺)이면 운기가 강하므로 자식 운이 좋아서 영리한 자녀를 두게 된다.

일주가 쇠이면 - 육친과 인연이 희박하다.

[표 5] 십이운성 사주 예

시주	일주	월주	년주	구분
壬 午	乙 丑	甲 申	乙 未	사 주
장생 (長生)	쇠 (衰)	태 (胎)	양 (養)	12 운 성

㉠ 년주가 양(養)이면 조상代나 본인의 집안에 양자가 있게 된다.

㉡ 월주가 태(胎)이면 평범한 가정이나 이동수가 있어서 거처를 자주 옮기게 된다.

㉢ 일주가 쇠(衰)이면 육친과 인연이 희박하여 타지에서 자수성가하게 되고 부부간 애정이 돈독하지 못하다.

㉣ 시주가 장생(長生)이면 가문을 일으킬만한 귀한 자녀를 두게 된다.

㉤ 이 사주는 오행으로 본다면 신약사주로서 객지를 떠돌게 된다. 12운성으로 보나 오행으로 보나 유사성이 있다.

공망법(空亡法)

　사주학에서는 어느 것 하나 중요하지 않은 것이 없다. 공망 또한 대단히 중요한 부분인데 공망이란 甲子…乙丑…丙寅… 으로서 천간과 지지가 양은 양끼리 음은 음끼리 짝을 지어 나가다 보면 맨 끝에 지지 2글자가 남게 되는데 그 두 글자가 공망이 있다.

　공망이란 [없다], [없앤다]는 또는 [인연이 박하다], [인연이 없다] 하여 꺼리게 되는 것이다.

　그러나 때로는 공망이 길성(吉星)으로 작용할 수도 있다. 사주 내에 흉성이 있을 때에는 이 공망이 들게 됨으로써 흉성을 제거한다하여 오히려 길하게 본다. 반대로 길성의 작용에서 공망이 들면 길성을 제거하는 작용도 하기 때문에 공망의 작용이란 좋은 점과 나쁜 점이 각각 작용을 하게 된다.

　그렇지만 공망이란 사주 내에서 나쁘게 작용하는 비중이 더 크다. 육친과의 관계에서 육친이 공망이 되면 육친과의 인연이 희박하여 덕이 없게 된다. 그래서 사주에서 공망이 들어 있으면 사주의 판독에 애를 먹게 되는 경우가 있다.

가령 사주의 구성에 따라서 용신을 잡아 놓았는데 그 용신이 들어와도 사주가 운이 풀리지 않고 오히려 나빠졌다는 경우이다. 이러한 작용은 공망이 작용하기 때문이다. 그래서 자칫 잘못 보면 오판하게 되는 것이 공망의 신이다.

공망은 천간과 지지가 짝을 이루어 나가다 맨 끝에 천간이 없는 지지의 두 글자가 공망이 된다 하였으니, 이는 여자에게 남자가 없는 현상이다.

장사를 하는 사람이 그날 수입이 없게 되면 흔히 공쳤다라고 하게 되고 빈말로 하는 치하의 말로서 공치사한다라는 말이 있다.

공망을 보는 법은 생년기준을 할 때에는 일주를 보고 일주를 기준할 때에는 지지 전체를 본다.

공망(空亡)

- 년지에 공망이 들면… 조상의 묘가 파묘가 되었거나 조상의 음덕이 없어서 초년기에 고생한다.
- 월지에 공망이 들면… 부모형제의 무덕으로서 고독하거나 타향살이한다.
- 일지에 공망이 들면… 결혼 운이 없어서 배우자를 만나지 못해서 홀로 살아가게 된다.

- 시지에 공망이 들면… 자식이 없으나 만약 자식이 있어도 자식의 덕이 없어서 말년이 고독하다.
- 비겁이 공망이 되면… 형제나 동료 간에 우애가 없어서 잦은 다툼을 하게 된다.
- 식상이 공망이 되면… 뚜렷한 직업이 없고 모든 일에 난관이 따르므로 소극적이 된다.
- 재성이 공망이 되면… 남자는 결혼을 해도 생사이별하고 재물 운이 없다.
- 관성이 공망이 되면… 여자는 결혼을 해도 생사이별하고 남자는 벼슬 운이 없다.
- 인성이 공망이 되면… 부모형제가 무덕하고 직장이 없어서 떠돌이 신세가 된다.

甲寅	甲辰	甲午	甲申	甲戌	甲子
乙卯	乙巳	乙未	乙酉	乙亥	乙丑
丙辰	丙午	丙申	丙戌	丙子	丙寅
丁巳	丁未	丁酉	丁亥	丁丑	丁卯
戊午	戊申	戊戌	戊子	戊寅	戊辰
己未	己酉	己亥	己丑	己卯	己巳
庚申	庚戌	庚子	庚寅	庚辰	庚午
辛酉	辛亥	辛丑	辛卯	辛巳	辛未
壬戌	壬子	壬寅	壬辰	壬午	壬申
癸亥	癸丑	癸卯	癸巳	癸未	癸酉
子丑 공망	寅卯 공망	辰巳 공망	午未 공망	申酉 공망	戌亥 공망

- 甲子 순(旬) 중에는 戌亥가 공망이다.
- 甲戌 순(旬) 중에는 申酉가 공망이다.
- 甲申 순(旬) 중에는 午未가 공망이다.
- 甲午 순(旬) 중에는 辰巳가 공망이다.
- 甲辰 순(旬) 중에는 寅卯가 공망이다.
- 甲寅 순(旬) 중에는 子丑이 공망이다.

※ 순(旬) 중은 십일 십년 열번째의 뜻이다.

일시로 보는 공망

- 甲己일의 출생자는 申酉時가 되면 공망이다.
- 乙庚일의 출생자는 午未時가 되면 공망이다.
- 丙辛일의 출생자는 辰巳時가 되면 공망이다.
- 丁壬일의 출생지는 寅卯時가 되면 공망이다.
- 戊癸일의 출생자는 子丑時가 되면 공망이다.

가령 甲이나 己의 간지에 태어난 사람이 申시나 酉시에 태어나면 공망이다. 이렇게 일주를 중심으로 계산하여 가면서 풀어보면 된다.

월주 · 공망 – 부모와 인연이 희박하다.

[표 1] 공망 사주 예

시주	일주	월주	년주	구분
乙 亥	甲 戌	庚 申	己 巳	사 주
木 水	木 土	金 金	土 火	오 행

甲戌 일주에 월지의 申이 자리하고 있으므로 월주 · 공망이다. 월주가 공망이 된다 함은 월지는 부모궁이므로 부모와 인연이 희박하다고 보는 것이다.

월주는 일간을 낳아 준 부모궁인데 甲木이 월지 申金을 만났으니 월지에 득령을 하지 못했다.

사주에서 공망이란 지지는 있는데 천간이 없다는 뜻으로 지지에 천간이 없다 함은 음양의 조화를 이룰 수가 없다는 뜻이다. 그래서 이 사주는 월지가 부모궁이 되는데, 월지 申金이 공망이 된다 함은 어머니가 남편과 생사이별하고 외롭게 지냈다는 증거가 된다. 월지가 천간인 남자를 만나지 못했으니 남자운이 없었다는 것이다. 그래서 본인 또한 어버이의 덕이 없게 된다.

년지 · 공망 – 조모가 독수공방이다.

[표 2] 공망 사주 예

시주	일주	월주	년주	구분
丙 戌	乙 亥	辛 卯	乙 酉	사 주
火 土	木 水	金 木	木 金	오 행

　이 사주는 乙亥 일주에 년지가 酉로서 년지가 공망이다. 년지는 조상 궁이 되어서 조상의 음덕이 없고 조상의 묘가 파묘가 되었다는 것이다. 년지는 초년 운으로서 조상 궁이 되므로 지지는 있고 천간을 만나지 못해서 조모가 일찍 남편과 헤어지고 독수공방으로 지냈다는 뜻이다.

일주 · 공망 – 배우자 운이 없다.

[표 3] 공망 사주 예

시주	일주	월주	년주	구분
丙 午	丁 亥	乙 卯	甲 子	사 주
火 火	火 水	木 木	木 水	오 행

이 사주는 丁일에 출생자가 午시에 태어나서 공망이다.
丁亥 일주로서 여자 사주에 공망이 있으면 남자 운이 없어
서 홀로 고독하게 지낸다.

이 사주를 오행으로 풀어본다면 丁火 일주가 월지 卯木
을 만남으로서 신강사주인데 사주가 강하다고 보는 것이다.
그리고 일지 亥水는 관으로 보나 亥卯로서 반합이 되어서
일지관이 오히려 일간을 돕고 있다. 그렇다면 공망법을 믿
고 공부할 필요성이 없다는 뜻이다. 그러나 어디까지나 참
고로 공부하는 것이 좋다.

시주·공망 – 자녀 운이 없다.

[표 4] 공망 사주 예

시주	일주	월주	년주	구분
癸酉	甲戌	辛巳	丙辰	사주
土金	木土	金火	火土	오행

이 사주는 甲戌 일주에 시지에 酉로서 시주 공망이다. 시지는 자식궁이 되어서 자녀의 운이 없으며 부부 운이 좋지 못하여 독신으로 지내게 된다. 만약 사주 내에서 년주에서 시주까지 공망이 있으면 집안 대대로 음양의 조화가 없었다는 것을 알 수가 있다. 그래서 사주의 구성조건은 대부분 유전성이 강하다.

신살(神殺)

신살은 보통 좋은 작용을 하는 길신이 있고 나쁜 작용을 하는 흉신이 있는데 일명 당사주라고도 하고, 우리 선조들이 예부터 주로 즐겨 보았던 운명판단법으로 적중률이 꽤 높은 편이여서 오늘날까지 사주판독에 중요한 자료가 되고 있다.

적중률이 없었다면 현재까지 남아 있을 리 없으나 아직까지 널리 알려져 있는 것을 보면 과거부터 신살이 미치는 영향력이 그만큼 크다는 뜻이기도 하다.

사주를 볼 때 기본적으로 알아야 할 것이 용신인데, 신살도 용신에 따라 다르게 해석된다는 점에 유의해야 한다. 앞으로 나오게 될 신살은 초급에 십이지 신살과 길신 외에 기타 주요 신살에 대한 해석으로서 일주가 본인이므로 일주를 중심으로 보는 것이 가장 적당하며 신살 종류에 따라서 보는 방법은 차이가 있게 된다. 사주를 공부함에 있어서 얽히고 설킨 역학구도에 대해서 인상을 찌푸릴 필요가 없다. 하나하나를 외우고 풀어봄으로써 숙련된 역학인으로서 우뚝 서게 될 것이다.

삼형살(三刑殺)

　삼형살이란 상충하는 것과 비슷한 이치로서 상충보다는 대치국면이 오래 지속되는 경우이다. 이 삼형살은 충이나 원진만큼 중요한 살로서 주의깊게 외워두는 것이 좋다.

　삼형살이 사주 내에 있으면 조실부모하는 경우가 많고 관재구설수가 많이 따르므로 죄를 짓고 형무소에 가는 예가 많고, 성격은 방황하여 남을 헤치기 쉽다. 자신의 힘을 과시하기도 하며 예절과 인의가 없고 무분별한 행동으로서 관재구설수는 물론 건강까지 망치게 되는 경우이다.

　인덕이 없고 본인 역시 남에게 인정을 베풀지 못하는 이기주의자로서 주색잡기로 외부로 나돌게 되면 가정이 파탄되어 노상으로 떠돌게 되는 신세를 면치 못한다.

　육형과 자형 역시 관재구설수, 골육상쟁이나 세력간의 갈등, 교통사고 내지는 질병 등을 예고하고 있다. 다만, 삼형살은 寅巳申, 丑戌未에 3글자가 한꺼번에 있는 경우이고, 육형이나 자형은 2글자만 있다 하여 육형 또는 자형이라고 하게 된다.

　그러므로 그 강도는 확실히 미약하다. 3명이 괴롭히다가

2명이 괴롭히면 그만큼 차이가 나는 것이다.

그렇다고 안심할 일은 아니다. 이 형이 있으면 본인도 모르게 진중 없는 행동을 서슴없이 하게 되고, 포악하여 타인에게 불쾌감을 주게 되는 예로서, 특히 육형과 자형의 경우에는 본인 스스로 흉조를 저지르게 되는 것이다.

그러나 사주 내에서 삼형살 내지는 육형과 자형이 있다 하여도 자기의 신을 도와주는 세력이 있다면 오히려 전화위복이 되어 훌륭한 인품의 소유자로서 사회에서 출세가도를 걷게 되는 경우도 있다. 그러므로 사주를 감별할 때 이 형살이 있다 하여 나쁘게만 볼 수 없다는 것이다.

어떠한 형살이라도 나쁜 점이 있고 또 사주오행의 구성에 따라서 신을 도와주는 세력이 있게 되면 오히려 잘 풀릴 수도 있다는 것을 기억한다면 이 형살도 그리 두려운 존재만은 아니다. 그러면 사주의 예에서 상세히 풀어 보도록 한다.

[삼형살 도표]

일지 (日支)	子	丑	寅	卯	辰	巳	午	未	申	酉	戌	亥
삼형 (三刑)	卯	戌	巳	子	辰	申	午	丑	寅	酉	未	亥

※ 삼형살의 종류

① 지세지형(持勢之刑) : 寅巳申은 삼형살이다.

[자기 세력만 믿고 함부로 행동하다 화를 당한다하여 지세지형이다]

• 寅巳/巳申/申寅은 2글자씩이므로 육형이다.

② 무은지형(無恩之刑) : 丑戌未는 삼형살이다.

[똑같은 형제끼리 서로 싸워 은혜를 모른다 하여 무은지형이다]

• 丑戌/戌未/丑未은 2글자씩이므로 육형이다.

③ 무례지형(無禮之刑) : 子卯상형

[자식이 어머니를 해한다 하여 상형이다]

• 子卯는 상형(相刑)이다.

④ 자형(自刑):辰辰/午午/酉酉/亥亥

[같은 글자끼리 싸운다 하여 자형이고 스스로 비관하기를 잘함]

• 辰辰/午午/酉酉/亥亥는 같은 글자에 자형이다.

午午 자형 – 스스로 비관한다.

[표 1] 午午 자형 사주 예

시주	일주	월주	년주	구분
壬午	庚午	乙丑	己巳	사주
水火	金火	木土	土火	오행

이 사주는 일지가 午이고 시지가 午이므로 午午 자형살이다. 자형이란 같은 글자끼리 싸운다 하여 자형이고 스스로 비관하기를 잘한다. 불, 전기로 인한 사고를 당하거나 부부 운과 자식 운이 불리하다.

형살은 원래 힘이 강하므로 서로를 형한다는 살이다. 이 사주는 굳이 자형을 따지지 않더라도 일간이 庚金인데 일지에 午火의 관을 만났으므로 불리한데 시지까지 관에 비견이 있어서 좋지 못하다.

사주에서는 되도록이면 일간을 도와줄 수 있는 오행이 있어야 좋다고 하였으니 참고가 되었으면 한다.

子卯 무례지형 − 자식이 어머니를 해한다.

[표 2] 子卯 상형 사주 예

시주	일주	월주	년주	구분
乙 丑	己 卯	丁 未	丙 子	사 주
木 土	土 木	火 土	火 水	오 행

이 사주는 己卯 일주에 년지에 子水로서 子卯상형이다. 일주와 년주가 떨어져 있다 해도 년지를 돕는 세력이 들게 되면 그의 위력이 커지게 되므로 일간을 치게 되는 결과로서 형살의 영향의 받게 된다.

특히 子卯의 형살 자식이 어머니를 해한다 하여 무례지형(無禮之刑)이라고 한다. 己土의 관은 卯木으로서 그 관을 키워주는 子水가 반가울 리 없다. 이 사주는 일지에 관을 깔고 앉아서 남자라면 관재구설수가 항상 따르게 된다. 관도 일간의 강약에 따라서 적당히 있으면 이것은 벼슬 운이 있는 것으로 보는데, 이렇게 상형이나 삼형살이 있는 사주는 대부분 신약한 것이 특징으로 신약에 관이 많으면 반대로 죄를 짓고 형무소에 들락거리기 쉽다.

戌未 무은지형 – 은혜를 모른다.

[표 3] 삼형살

시주	일주	월주	년주	구분
丙申	辛未	甲戌	己巳	사주
火金	金土	木土	土火	오행

　이 사주는 辛未 일주에 甲戌 월주이므로 지지가 未戌 삼형살이다. 이 삼형도 월지와 일지가 이렇게 가깝게 붙어 있게 되므로 작용을 크게 하게 된다. 丑戌未, 戌未의 형살은 똑같은 형제끼리 싸워 서로 은혜를 모른다 하여 무은지형(無恩之刑)이라고도 한다.

寅巳申 지세지형(持勢之刑) – 함부로 행동하다 화를 당한다.

[표 4] 寅巳申 삼형살

시주	일주	월주	년주	구분
壬 申	己 巳	癸 未	甲 寅	사 주
水 金	土 火	水 土	木 木	오 행

이 사주는 己巳 일주에 甲寅 년주 그리고 시지에 申이 있어서 寅巳申 삼형살이다. 조상 때부터 이 형살로 인해서 고통을 받았고 본인도 삼형살로 인하여 평탄하지가 못하다. 더구나 이 사주는 寅巳, 巳申의 형살이 寅巳申 삼형살로 되었다.

이렇게 되면 자식이 속을 썩이게 되고 집안이 평탄할 날이 없다. 寅巳申 삼형은 자기 세력만 믿고 함부로 행동하다 화를 당한다 하여 지세지형(持勢之刑)이라고 한다. 사주 내에 삼형살이 있으면 성격이 매우 포악하여 주위의 사람들과 잘 어울리지 못하고 독불장군이다. 그것은 사주 내에 있는 삼형이 발동한 관계이다. 사람의 성격은 사주에서 나오므로 무시할 수 없다. 그것을 미리 알고 자중을 한다면 오히려 득이 될 수가 있다.

丑戌 무은지형 – 똑같은 형제끼리 싸운다.

[표 5] 丑戌 삼형살

시주	일주	월주	년주	구분
丁 巳	癸 丑	辛 亥	丙 戌	사 주
火 火	水 土	金 水	火 土	오 행

이 사주는 癸丑 일주로서 년지가 戌土로서 丑戌에 육형
이다. 사주 내에서 년지와 육형이 되면 조상 덕이 희박하여
조상의 가업을 전승하지 못한다. 그리고 일지가 육형이면
관재구설수가 따르게 되고 부부 화합이 어려우므로 고독하
게 살게 되는 사주다. 그러나 이 사주는 일간이 강하므로
노년으로 갈수록 재물을 모을 수 있으나, 평시에 아래 사람
과의 사이가 원만하지 못하여 잦은 불화가 일어나게 된다.
사주 내에서 육형이 있으면 주위 사람들과 대인관계를 주
의해야 한다. 사주 내에 형살이 있다 함은 정신적으로 불만
이 많다는 뜻이기도 하다.

辰辰 자형 − 고독한 운명이다.

[표 6] 辰辰 자형 사주 예

시주	일주	월주	년주	구분
丁 丑	庚 辰	甲 午	戊 辰	사 주
火 土	金 土	木 火	土 土	오 행

이 사주는 庚辰 일주에 년지가 辰土로서 辰辰이 자형이다. 사주에서 년지는 조상의 궁이 되어서 조상의 덕이 없고 형제간에 우애가 없다. 사회에서 버림받고 고독한 운명이다.

년지와의 자형은 조상의 가업을 물려받을 수가 없게 되고 사주 내에 水 오행이 없어서 건강상 심장과 신장이 허약하여 고생을 하게 된다.

사주에서 土가 많은데 土를 생해주는 火가 약하여 비만이나 만성 피부병으로 고생할 수 있다. 庚辰 일주로서 일지가 일간을 토생금(土生金)으로 생을 하게 되므로 일지에 득지를 했으나 신살에서 자형(自刑)이 있게 되므로 좋지 못하다.

육파(六破)

육파란 집단적인 발전과 행동의 기운을 파괴 또는 절단 분리작용을 하게 되는 것을 말한다.

사주 내에서 흉신을 파괴하면 오히려 좋은 현상이 나타나게 되는데, 흉신을 제삼자가 와서 파를 해줌으로써 가만히 있어도 사주가 잘 풀리는 이치이다.

그러나 때로는 길신을 파해 버리면 사주 구성이 아주 나빠지게 되는 것이다. 파란 글자 그대로 다른 세력을 파괴하고 다니는 신으로 생각하면 된다. 길조가 들어와서 사주가 잘 풀려 나가려는데 이 파가 들어와서 길신을 파괴하면 뜻대로 일이 풀리지를 못하고 방해를 받게 되는 경우이다.

이 파의 위력은 형충해보다 힘이 약하다고는 하지만 때로는 예기치 않은 피해를 입게 되는 것이다. 사주 내에서 길신이 강할 때에는 염려할 것이 아니지만, 길신이 미약할 때에는 파가 위력을 나타내면서 방해를 받게 되는 경우이다.

사주 내에 파가 있으면 관재구설수와 각종 질병이 따르고 부모와 형제 또는 부부간의 이별이나 사업이 파산이 되고 주위 사람들과의 불신으로 고생을 하게 된다.

[육파의 도표]

육 파											
지지 (地支)	子	丑	寅	卯	辰	巳	午	未	申	酉	戌	亥
육파 (六破)	酉	辰	亥	午	丑	申	卯	戌	巳	子	未	寅

일지·월지 午卯 육파 – 부모 덕이 없다.

[표 1] 午卯 육파 사주 예

시주	일주	월주	년주	구분
庚 申	癸 卯	戊 午	癸 丑	사 주
金 金	水 木	土 火	水 土	오 행

이 사주는 癸卯 일주로서 월지 午火가 육파이다. 월지는 모의 궁으로 어머니의 덕이 없어서 사주가 신약하고 몸이 허약하다.

년간과 월간이 戊癸合火가 되어서 조상 때부터 끼가 다분한 집안이었고 주색과 방탕에 젖어서 사업에 성공하기 힘들다.

건강상 사주 내에서 土 오행이 부족하여 土는 위장에 해당되므로 위장이 좋지 못하다. 육파란 집단적인 단합과 사나운 파괴가 있는 것이 특징이다. 사주 내에 육파와 함께 비견이 있으면 더더욱 좋지 않다. 비겁은 질투와 투기심이 강하므로 일간이 왕할 때 그 성격이 더욱 잘 드러나게 된다.

일지 · 년지 巳申 육파 – 조상 덕이 없다.

[표 2] 巳申 육파 사주 예

시주	일주	월주	년주	구분
丁 亥	乙 巳	庚 午	甲 申	사 주
火 水	木 火	金 火	木 金	오 행

이 사주는 乙巳 일주에 년지가 申으로서 巳申 육파이다. 巳申의 육파는 처음에는 합의 작용을 일으키기 좋으나, 길게 가지를 못하고 불화와 시비로서 파산하여 손재(損財)하게 된다.

년지는 조상의 궁인데 일지와의 巳申 육파가 되었다 함은 조상과의 인연이 암시가 되어서 조상의 덕이 무덕이요 부모의 덕도 없어서 타향 객지로 떠나게 되고, 결혼을 하게 되면 초혼에서 실패하고 재가하게 된다.

괴강살(魁罡殺)

사주 내에서 괴강살이 있는 것을 매우 꺼린다. 괴강살이란 극단을 말하는 것이다. 극빈, 부귀, 총명, 괴걸(怪傑) 같은 암시가 강한 살이다.

사주 내에 이 살이 있으면 남녀 모두 자기만의 독특한 고집이 있어서 주장과 이론이 많다. 사주 내에 괴강살이 있으면 고집이 세어서 타인의 말을 잘 듣지 않는 것이 특징이다.

여자 사주 내에 괴강살이 있으면 남편이 납치·감금 또는 횡사하는 경우가 많고, 남편이 가업에는 무관심하고 무력하며 책임감이 없게 되어서 가산을 탕진하며 행동이 바르지를 못하다.

특히 괴강살이 일주나 시주에 있게 되면 시주는 말년 운이 되므로 세살 먹은 버릇이 여든까지 간다는 말이 있듯이 말년까지 고생을 하게 되며 그 고집이 꺾이지 않는다.

여자의 사주에 이 괴강살이 있으면 과부가 되거나 남편 덕을 기대하기 어렵고, 항상 세상을 비관하며 불만스럽게 살게 되고 독수공방(獨守空房)하게 된다.

괴강살				
庚辰일	庚戌일	壬辰일	壬戌일	戊戌일

庚辰 월주 일주 괴강 – 극단적이다.

[표 1] 괴강살 사주 예

시주	일주	월주	년주	구분
丁未	壬戌	庚辰	己酉	사주
火土	水土	金土	土金	오행

이 사주는 壬戌 일주와 庚辰 월주가 있어서 괴강살이다. 이렇게 일주와 월주에 괴강살이 있게 되면 부모와의 인연이 없고 가정생활이 원만하지 못하다. 특히 괴강살이 사주 내에 있게 되면 성격이 극단적이고 돌발적이며 고집이 매우 강하여 부부가 해로하기 어렵다.

양(陽) 일주로서 남성일 경우 더욱 나쁘게 작용을 한다. 특히 사주 내에 월주가 괴강살이라면 월지는 모(母)궁이 되어서 어릴 때 홀어머니 밑에서 자랐다는 말이 된다. 그리고 일주가 괴강살이 라면 본인 역시 과부가 되거나 남편의 덕이 없다. 남자 사주도 예외가 아니여서 부인과 화합하지 못하고 부인 덕이 없어서 가정이 평탄하지 못하다. 그러나 사주의 성격을 미리 알고 본인이 자중한다면 능히 극복할 수가 있을 것이다.

壬辰 월주 시주 괴강 – 자식이 속을 썩인다.

[표 2] 괴강살 사주 예

시주	일주	월주	년주	구분
庚戌	丁丑	壬辰	丁亥	사주
金土	火土	水土	火水	오행

이 사주는 월주에 壬辰과 시주에 庚戌이 괴강살이다. 이렇게 월주와 시주에 괴강살이 들게 되면 월주는 부모의 궁이 되어서 부모의 덕이 없게 되고 시주는 자식의 궁이 되어서 자식에게도 문제가 있다는 것인데, 자식이 속을 썩이게 된다. 일주 丁火가 신약하여 월간에 壬水와 丁壬合木으로

변질이 잘 됨으로써, 사주 구성이 좋지 못한 것을 알 수 있다. 일간이 火로 있으면 시간에 庚金이 재가 되는데 丁壬合木을 하였을 때에는 庚金이 관이 되어서 좋지 않다. 월주가 괴강살이 있다 함은 부모代부터 괴강살의 영향을 받아서 자식代까지 이어지게 되었으니 사주가 유전성이 있다는 것을 알 수 있다.

백호대살(白虎大殺)

신살 중에서도 백호대살은 가장 흉악하고 악명이 높은 살이다. 백호대살이 들어 있는 사주는 과거부터 아주 좋지 않다는 게 중론이다.

물론 년지나 월지, 일지, 시지, 어느 부분에 있느냐에 따라서 모든 상황이 달라진다. 백호대살의 골자는 다음과 같다.

백호대살이 있는 사주의 주인공은 본인뿐만 아니라 육친에 걸쳐서 다 그 살의 영향을 받는다는 것이다.

가령 년지, 월지에 백호대살은 부모나 조상이 불의의 사고로 객사 내지는 횡사한다는 것이다. 높은 언덕에 떨어진다든지, 교통사고로 피를 흘리고 죽는다 하여 남자나 여자나 할 것 없이 이 살이 있게 되면 가족들이 편안하지 못하다.

백호대살이 일주 또는 시주에 있게 되면 자손을 잃게 되고 본인은 몸에 흉터가 남게 되며 부부가 이별이 십상이고 성격이 포악하여 대인관계가 원활하지 못하다.

그러나 일주의 용신을 도와주는 세력이 백호대살이라 해서 나쁘게 보는 것은 아니다. 특이할 만한 내용은 이 살이 낀 사주의 지지는 土에 해당된다는 것이다. 그래서 출타하

여 땅 위에서 객사하게 되는 것이다. 그러나 이 흉악한 백
호대살도 사주 내에 3개 이상이 들어 있다면 오히려 귀한
작용을 한다는 것이다.

세상의 자연의 이치가 다 그러하듯이 너무나 좋아도 좋
은 것이 아니고 너무나 나빠도 나쁜 것이 아니며, 좋은 것
과 나쁜 것이 잘 조화가 될 때 비로소 중용의 사주가 되는
것이다.

[백호대살]

백호대살						
戊辰日	丁丑日	丙戌日	乙未日	甲辰日	癸丑日	壬戌日

丁丑 월주 백호대살 – 부모가 객사한다.

[표 1] 백호대살 사주 예

시주	일주	월주	년주	구분
丙辰	戊午	丁丑	己卯	사주
火土	土火	火土	土木	오행

이 사주는 戊午 일주에 월주가 丁丑이므로 월주가 백호대살이다. 월주는 부모궁이 되어서 부모가 객지에서 횡사 또는 객사하는 경우이다. 그렇지 않으면 형제 중에서 교통사고나 불의의 사고로 죽게 되는 살이다.

사주 내에서 월주에 백호대살이 들면 부모형제에게 액운이 있어서 편안하지 못하다. 예로부터 산 중에서 호랑이에게 물려가 피를 흘리고 죽는다하여 이름 붙여진 것이 바로 백호대살이다. 오늘날에는 호랑이는 사라지고 호랑이보다 더 무서운 것이 바로 차량이다. 그래서 사주 내에 백호대살이 있으면 자동차 사고 등으로 객사할 수 있으므로 조심을 해야 한다.

甲辰 일주 백호대살 – 비명횡사한다.

[표 2] 백호대살 사주 예

시주	일주	월주	년주	구분
乙丑	甲辰	己卯	辛巳	사주
木土	木土	土木	金火	오행

이 사주는 甲辰 일주이므로 백호대살이다. 어릴 때부터 성질이 난폭한 관계로 독선적이고 중년에 부부 화합이 어렵고 끝내는 생사이별하게 된다.

과거부터 백호대살은 악명 높은 살이다. 사주공부를 하게 되면 왜 그리 살이 많은지… 수백 가지가 되는데, 그 중에서도 상위 몇째 안에 드는 것이 백호대살로서 백호대살은 말 그대로 호랑이에게 물려간다하여 붙여진 이름이다. 과거에는 산에 숲이 많고 교통이 불편한 관계로 호랑이가 많았으므로 간혹은 사람이 호랑이에게 물려간 예도 있었다고 한다.

그러데 요즘에는 호랑이보다 더 무서운 것이 바로 자동차이다. 자동차가 너무 많고 복잡하니까 과거에 호랑이보다 더 무섭다는 것이다. 그래서 백호대살이 사주에 들어 있다면 자동차로 인한 불의의 사고를 당하거나 그렇지 않으면 높은 언덕에서 떨어지게 된다. 일주는 본인과 부부 궁이되어서 본인은 물론 부부가 함께 조심을 하는 것이 좋다.

丁丑 일주 백호대살 – 타향에서 객사한다.

[표 3] 백호대살 사주 예

시주	일주	월주	년주	구분
壬寅	丁丑	戊申	丙戌	사주
水木	火土	土金	火土	오행

이 사주는 丁丑 일주에 년주가 丙戌로서 백호대살이다. 사주에서는 일주가 가장 중요하고 그 다음은 월주이고 마지막으로는 시주가 된다. 이 사주는 일주가 丁丑 백호대살이고 년주가 丙戌 백호대살이므로 년주가 백호대살이면 조상 중에서 객사한 사례가 있다고 보고 일주가 백호대살이면 본인이 조심을 해야 한다. 특히 이 사주는 조상의 영향으로 객지에서의 비명횡사를 조심하여야 한다. 그래서 사

주도 유전적이라는 말이다.

甲辰 시주 백호대살 – 자식이 비명횡사한다.

[표 4] 백호대살 사주 예

시주	일주	월주	년주	구분
甲辰	壬午	己巳	甲寅	사주
木土	水火	土火	木木	오행

이 사주는 壬午 일주에 甲辰 시주로서 시주가 백호대살이다. 시주에 백호대살은 자식들의 운이 잘 풀리지 못한다. 자식이 희생되거나 아예 자식을 얻지 못하는 경우이다.

그러나 근본적으로 사주의 오행 구성이 잘되어 있다면 백호대살의 작용도 크게 영향을 미치지 못하고 넘어가는 예가 많으나, 사주 내에서 어떠한 흉신이 있으면 꼭 그 대가를 치르게 되어 있으니 매사에 조심하는 것이 좋다.

사주에서 신살은 과거부터 현재까지 꾸준히 연구되어 내려온 예이므로 사주공부를 함에 있어서 무시할 수 없는 것이다.

양인살(羊刃殺)

사주에서 양인의 성질은 빛을 내는 운기가 강해서 스스로 재앙과 후환을 불러들이는 살이다. 양인살은 염소를 뜻하는 양(羊)과 칼날(刀)로 구성되어 있어서 극부(剋夫)하고 극처(剋妻)한다 할 수 있다.

사주 내에 양인살이 있으면 성질이 횡포하고 강렬하며 흉을 당한다는 살이다. 부부 운이 매우 좋지 않으며 양인이 여러 개가 겹쳐 있으면 더더욱 나쁘다.

이 양인이 년주나 월주에 있으면 조상 대대로 이어져 내려온 조업을 파괴하고 태어난 고향을 떠나서 타향에서 고독한 생을 보내게 된다.

일주와 시주에 있으면 부부간에 불화는 물론 배우자가 횡액을 당하게 되며, 시주에 있으면 자식 운이 희박하여 자식 덕이 없게 되는 것이 양인살이다.

사주에서 자식 운이 없다 함은 말년 운이 좋지 못하다는 것인데, 그러나 사주 명국이 좋으면 오히려 양인살이 있어서 큰 인물이 되기도 하는데, 후천 운인 대운에서 좋은 운이 들어오게 되면 발운이 따르기 때문이다.

[양인살 도표]

양인살									
일간	甲	乙	丙	丁	戊	己	庚	辛	壬	癸
지지	卯	辰	午	未	午	未	酉	戌	子	丑

※ 양인살은 일간을 기준하여 모든 지지를 본다.

戊午 일주 양인살 – 부부간에 불화이다.

[표 1] 양인살 사주 에

시주	일주	월주	년주	구분
庚	戊	甲	己	사
甲	午	子	丑	주
金	土	木	土	오
金	火	水	土	행

이 사주는 일주가 戊午 일주이므로 양인살이다. 일주에 양인살이 있게 되면 일주는 본인 궁과 처 궁이므로 부부간에 불화가 있고 자식 운이 희박하여 자식의 덕을 바랄 수 없다.

여자는 재취로 가던지 나이가 월등히 많은 사람에게 결혼을 하면 오히려 전화위복이 될 수 있다. 그러나 사주 구성에 따라서 신왕한 사주라면 재산을 크게 모을 수 있다.

양인은 일간에 따라서 강한 양(陽)의 기운을 가진 지지 운을 만났다는 것인데, 일간이 신약하다면 오히려 좋은 구성이 된다. 그러나 신강하여 양인을 만나면 고집이 세고 남과 타협을 모르고 독선적이므로 발전을 기대하기 어렵다.

庚申 월주 양인살 – 부모가 재혼이다.

[표 2] 양인살 사주 에

시주	일주	월주	년주	구분
丙子	庚申	癸酉	己未	사주
火水	金金	水金	土土	오행

이 사주는 庚申 일주에 월지 酉가 양인살이다. 남자 같으면 부부간에 이별을 하게 되고 자식의 운이 없으므로 자식 덕이 있을 리 없다.

일주 양인이면 여색을 밝히게 되고 가정에 소홀하여 가정이 순탄하지 못하다. 그리고 월주에 양인살이 있으므로 부모 중에서 홀로되었거나 재혼한 경우이다.

이 사주는 월지가 양인이 되어서 홀어머니 밑에서 자란 경우가 된다. 월지는 모(母)궁이므로 일간과의 양인이 되므로 매우 좋지 못하다. 그리고 본인 또한 그 유전을 받게 되므로 부인과 별거 내지는 사별을 하게 된다.

壬子 일주 양인살 – 부부 인연이 희박하다.

[표 3] 양인살 사주 에

시주	일주	월주	년주	구분
壬寅	壬子	庚申	辛巳	사주
水木	水水	金金	金火	오행

이 사주는 壬子 일주가 庚申 월주에 태어나서 신강하다. 일주가 壬子에 양인살인데, 양인살이란 원래 운기가 강하다는 뜻이므로 이 사주의 주인공은 소위 팔자가 세다고 보는 것이다.

여자 사주라면 색난이 있게 된다. 화류계 내지는 연예인 등 과거에는 기생팔자라 하여 좋지 않다고 생각을 하였으나, 요즈음에는 여성이 남자에 버금가는 사회활동을 하게 되었다. 그렇다 하더라도 여자가 남자의 기(氣)를 누르게 되어서 부부생활에 지장이 있게 된다.

  사주팔자란 일생의 운기를 가름하는 것이여서 사주 내에 양인살이 있으면 음양의 조화가 없어서 가정생활에 행복을 기대하기 어렵다.

고란살(孤鸞殺)

　사주 내에 고란살이 있으면 여자는 독수공방하기 쉽고 남자는 외도하여 작첩하게 된다. 부부 운이 나빠져서 부부 생사이별하게 된다. 남녀 모두 이혼하거나 사별하고 남녀 관계에 있어서 파란이 많으며, 남자는 여자의 덕이 없고 여자는 남자의 덕이 없어서 일명 신음살(呻吟煞)이라고 하여 특히 여자에게 작용하는 힘이 더욱 크다.

　그리고 이 고란살이 사주 내에 있게 되면 건강상으로는 생식기에 질병이 생기기 쉽고 고독과 외로움을 느끼게 된다하여 일명 과부살이라고도 한다. 그러나 일간이 건강하고 일지에서 고란살을 파괴하는 운이 들어오게 되면 오히려 전화위복이 될 수도 있다. 그렇다면 사주의 예로서 풀어 보기로 한다.

[고란살]

고란살				
甲寅일	乙巳일	丁巳일	戊申일	辛亥일

丁巳 일주 고란살 – 부부 운이 없다.

[표 1] 고란살

시주	일주	월주	년주	구분
辛 丑	丁 巳	乙 巳	甲 申	사 주
金 土	火 火	木 火	木 金	오 행

이 사주는 丁巳 일주로서 고란살이다. 일주가 丁巳로서 고란살인데 월지도 乙巳에 고란살이다.

일주와 월주가 고란살이라면 월주는 부모궁이 되어서 부모 때부터 고란살에 영향이 있었다는 것인데, 일지도 고란살이 되어서 본인 또한 부부 운이 없으므로 이별 내지는 사별을 하는 경우이다.

丁巳 일주는 음양의 천간과 지지가 같은 음양에 오같은 오행이여서 음양이 구분이 없으므로 여자에게는 남자가 없는 것이나 다름없다. 사주에서는 음양의 조화가 가장 먼저 선행되어야 할 문제다.

甲寅 일주 고란살 – 배우자 운이 미약하다.

[표 2] 고란살

시주	일주	월주	년주	구분
乙	甲	丁	壬	사
丑	寅	未	子	주
木	木	火	水	오
土	木	土	水	행

이 사주는 甲寅 일주 고란살이다. 일간이 甲木인데 월지에 未土를 만나서 재를 만났다. 일주가 甲寅이라면 음양오행에 木으로서 천간과 지지가 간지동(干支同)이 되었다.

이렇게 간지동이면 남녀 모두 배우자 운이 미약하여 부부가 생사이별하게 된다. 사주의 구성이란 고란살을 따지기 전에 오행의 구성이 매우 중요하다.

홍염살(紅艶殺)

사주 내에 홍염살이 있으면 용모가 화려하여 연예인이나 화류계에 종사하는 여성이 많고 남성은 외도를 하게 되고, 남녀 모두 허영심이 강하고 주색잡기를 좋아한다. 남명은 첩을 거느리게 되고 여명은 사생아를 낳는 경우가 있다. 사주 내에 홍염살이 있어도 일간이 왕하고 일간을 돕는 오행으로 와서 합이나 충하여 파괴하게 되면 전화위복(轉禍爲福)이 될 수 있다. 홍염살은 일간을 기준으로 해서 사주에 모든 지지를 본다.

[홍염살]

홍염살							
일간	癸	甲乙	丙	丁	戊己	庚	辛	壬
지지	申	午	寅	未	辰	戌	酉	子

戊辰 일주 홍염살 - 가정파탄 우려된다.

[표 1] 홍염살 사주 예

시주	일주	월주	년주	구분
癸 丑	戊 辰	丁 亥	庚 申	사 주
水 土	土 土	火 水	金 金	오 행

이 사주는 戊辰 일주가 홍염살이다. 일간이 戊土인데 월지가 亥水이므로 월지에 득령하지 못했고 월간에 丁火만이 화생토(火生土)하여 일간을 도와주고 있다.

그런데 일지 辰土가 홍염살이므로 부부 운이 좋지 않고 남명은 외도를 하게 되고 여명도 외부로 나돌게 되어서 가정의 파탄이 우려된다. 이 사주의 일주가 戊辰이면 음양의 조화가 맞지 않아서 발전성이 없다고 본다.

삼재(三災)

삼재는 어느 누구든지 12년마다 한 번씩 돌아오게 되어 있어서 삼재로부터 자유로운 사람은 아무도 없는 셈이다.

삼재는 삼재팔난이 생긴다는 것으로 해석하기도 하는데 삼재는 천살(天殺), 지살(地殺), 인살(人殺)을 말한다. 천살이란 천재지변이고, 지살이란 교통사고나 각종 횡액을 뜻하고, 인살은 보증이나 관재수를 의미한다. 팔난은 질병, 부부, 손재, 학업, 형제, 주색, 관재, 부모의 이 8가지를 말하는 것으로 이것을 모두 합쳐 삼재팔난(三災八難)이라고 하는 것이다. 삼재가 들면 3년 동안 이러한 일들로 인하여 고통을 받는다고 하는데, 일반인들에게 가장 많이 알려진 살이지만 삼재에 들어있어도 출세를 하고 사업에 성공하는 사람이 있는 것은 삼재가 들었다 해도 사주 구성에 따라서 용신과 희신이 들어오면 그것이 길흉에 따라 작용되므로 삼재에 크게 의미를 두지 않는 것이다.

삼재는 연지를 기준으로 삼합이 되는 해의 앞 글자와 충이 되는 해로부터 3년간이다. 예를 들어 申子辰생이라면 앞 글자와 충하는 해(年)가 寅이다. 나머지 卯辰까지 합쳐서 3년인데 첫 해를 들 삼재라 하고, 둘째 해는 눌 삼재, 셋째 해를 날 삼재라 한다.

[삼재]

년지	巳酉丑	申子辰	亥卯未	寅午戌
삼재	亥子丑	寅卯辰	巳午未	申酉戌

상문조객(喪門弔客)

상문은 연지가 기준이 된다. 상문이 있으면 상복을 입게 된다는 뜻으로 이 살이 있으면 친인척 간에 사별이 있고 사주 내에 상문살이 있으면 건물을 새로 짓거나 묘를 안장할 때, 이사를 할 때 사고로 인하여 화를 당할 수 있다.

[상문조객]

일지	子	丑	寅	卯	辰	巳	午	未	申	酉	戌	亥
상문	寅	卯	辰	巳	午	未	申	酉	戌	亥	子	丑
조객	戌	亥	子	丑	寅	卯	辰	巳	午	未	申	酉

탕화살(湯火殺)

이 살은 말 그대로 끓는 물에 몸을 데인다는 뜻으로 화재로 인한 화상이나 총탄, 파편, 가스중독, 음독자살, 화상 등을 말하고 주로 사고로 인하여 화상을 입는다는 살이다.

[탕화살]

일지	寅	午	丑
탕화	寅巳申	辰午丑	午戌未

평두

　평두가 일주에 있으면 혼담에 있어서 말썽이 생기고 연애를 해도 양가 허락 없이 결혼을 하게 되는 경우가 많고 결혼을 한다 해도 부부 운이 미약하여 이별하는 경우가 많다. 그래서 평두는 특히 결혼에 대해 장애가 많은 살이다.

[평두]

평 두					
甲子일	甲辰일	甲寅일	丙寅일	丙辰일	丙戌일

용신(用神)의 의미

사주학에서 용신(用神)이란 가장 중요한 신으로서 사주를 판단함에 있어서 중요한 열쇠를 가지고 있는 것이 바로 이 용신이다.

육친 사주에서 누차 설명했듯이 사주에서 귀한 신은 정재·편재·식신·상관·정인·편인·겁재 등을 뜻한다.

이 육신의 신이 사주 내에서 어떠한 작용을 하느냐에 따라서 길흉이 달라지듯이 사주 전체를 놓고 서 판단할 때 강한지 약한지 습한지 조한지를 잘 살펴서 이를 해결해 줄 수 있는 신이 있으면 바로 약이 되는 신이고 이것을 용신이라고 한다.

일주를 중심으로 사주를 판독함에 있어서 일주를 제외한 나머지 7글자를 가지고서 일간을 도와줄 수 있는 세력을 가려내어 신을 도움으로서 운(運)이 잘 풀리게 하는 것이 바로 용신이 되는 것이다.

가령 반대세력과 찬성하는 세력이 팽팽히 맞서서 비슷하게 힘의 균형을 이루고 있을 때 외부에서 찬성하는 신으로 들어오게 되는 이치인데, 이렇게 되면 힘을 얻지 못하고 있던 신이 힘을 얻어서 활기를 되찾게 되는 것이다.

그래서 사주 전체에서 이 용신을 두고 사주학의 꽃이라고 하는 것이다. 사주학을 몇십년을 공부하고 연구했다하더라도 이 용신을 올바르게 잡지 못한다면 사주공부를 했다고 볼 수 없다.

아직까지 동서고금을 막론하고 역대 대가들도 이 용신을 잡는데 역점을 두고서 머리를 싸매고 고군분투(孤軍奮鬪)하여 왔다는 것이 사실이다.

아무리 사주학을 오래도록 공부했다하더라도 용신을 바로 잡지 못하면 사주를 바로 볼 수가 없게 되고 자칫 사주를 거꾸로 보게 되는 것이다.

그래서 우리는 사주공부를 함에 있어서 용신을 잡는 방법과 이론을 많이 공부하지 않고 연구하지 않으면 지금까지의 역학공부를 한 것이 모두 허사로 돌아가게 된다.

제일 첫 번째는 용신을 월령에서 찾지 못한다면 다른 곳에서 찾아야 할 것이다. 사주에서 용신이 없다면 이것은 일생을 두고 빈천하게 살게 되는 것이다. 그러나 사주에서 용신을 찾고 그것이 있다면 부귀하게 될 것이다.

용신이란 정확하게 말해서 사주 내에 일주천간을 도와주는 세력을 말함이고 일간을 도와주는 용신을 도와주는 세력을 희신(喜神)이라 하게 되는데, 이 희신이 들어옴으로써 일간을 도와주는 것도 사실이다. 용신을 정해놓고 사주를 판독하는데 그렇다고 용신에만 너무 집착해서는 안 된다. 용신에 집착하게 되면 자칫 용신을 위해 사주가 있는 것처럼 생각하게 되어서 곤란하다.

용신이란 어디까지나 일주를 도와주는 세력에 불과하다는 것이다. 용신이란 사주팔자의 8글자 가운데 나를 도와줄 수 있는 가장 친근한 세력이다.

용신의 오행이 정해지면 그 용신을 도와주는 희신을 정하여 사주를 판독하게 되는 것이다. 일간을 생조해 주는 용신이 정해져 있다면 사주 전체를 상생상극을 구분하고 격국을 정하여 사주의 길흉화복을 논하게 되는 것이다.

용신을 찾는 요령

　사주학에서 용신을 찾는 방법은 여러 가지가 있다. 먼저 일간을 기준으로 해서 가장 중요한 것이 월지를 보는 요령이다.

　일주가 왕하다면 이것은 월지에 기운을 얻었다고 할 수 있다. 가령 甲木 일간이 목왕지절인 寅월이나 卯월에 태어났다면 월령의 氣를 잘 타고 났다 하여 신강한 사주가 되는 것인데, 반면에 丙火 일간이 수왕지절인 亥월이나 子월에 태어났다면 이것은 월령의 氣를 받지 못하여 신약이 될 것이다.

　甲木이 음력 7월이나 8월에 태어났다면 이것은 이미 가을에 낙엽이 지게 되고 계절도 찬 기운이 감도는 가을이다. 이 때는 이미 물이 땅 속 뿌리 쪽으로 내려가는 때가 되어서 좋지 않다는 것이다. 그러므로 일주를 좌지우지할 수 있는 것은 월(月)이고 일주에 가장 많은 영향을 끼치게 된다. 일주가 얼마나 신강한지 또는 신약인지 등을 보아 오행의 구성에 따라서 용신이 달라진다.

　그리고 사주의 격국에 따라서 용신을 찾게 되는 경우이

다. 용신을 찾는 방법은 억부용신(抑扶用神), 조후용신(調候用神), 병약용신(病藥用神), 전왕용신(專旺用神), 통관용신(通關用神), 격국용신(格局用神) 등으로 보게 된다. 용신의 의미는 사주 일간을 이롭게 해주는 가장 친근한 세력을 찾아내는데 그 목적을 두게 된다.

격국용신에서 격국이란 사람으로 비유하면 정신이요, 사주는 육체나 다를 바가 없다. 격국용신이란 사주 일간을 중심으로 하여 격국을 정하고 난 다음에 일간이 신약인지 신강인지를 가려서 가령 일주가 강하면 설기하는 오행이 용신이 되는 것이고 신약하면 신약한 일간을 생조해 주는 오행이 용신이 되는 것이다.

억부용신이란 일간이 강하면 신을 억제해주는 것이요 일간이 약하면 도와주는 오행이 용신이 된다.

전왕격 용신이란 사주가 오행이 골고루 있지 못하고 한쪽으로 치우치게 되어서 편파적일 때 그 강한 신을 바로잡을 수 있는 오행이 용신이 된다.

오행이 너무 치우쳐서 골고루 분산시키기 어려울 때 오히려 강한 오행 쪽으로 따라가면 연명을 할 수 있는 것을 두고 종격이라고도 한다.

조후용신에서 조후란 기후를 말하는데, 사주가 냉하면 따뜻하게 해주고 너무 마르면 습하게 해줌으로써 오행에 기운을 조절해 주는 용신이다.

병약용신은 신약하면 생해 주는 오행이 필요한데, 생하려다 보면 오히려 상하게 할 수도 있으므로 이것을 억제시키는 것이 약이라 해서 병약용신이 되는 것이다. 사람도 어지간히 병이 들어도 가만히 쉬게 되면 자연치료가 되듯이 사주 또한 마찬가지이다. 병약한 신은 어떻게 될까 염려스럽지만 이것은 대운이나 세운에서 치유할 수 있는 신이 나타나기를 기다리는 수밖에 없다는 것이다.

통관용신이란 양대 세력이 대치국면에 있을 때 중간 오행이 들어와서 중재하여 설기시켜 순환시켜주는 것이 통관용신이다.

가령 강한 金과 강한 木이 대치하고 있다면 水로서 용신을 쓰게 되면 金에 힘이 빠지게 되고 水는 木을 도와서 수생목(水生木)이 되는 경우이다.

강한 土와 강한 木이 대립되고 있다면 火로서 목생화(木生火), 화생토(火生土)하여 통관시켜 줄 수 있다. 이렇게 오행을 생하여 순행하게 하는 것이 비단 통관용신뿐만이 아니다.

용신을 정할 때에는 필히 강한 자의 힘을 빼주고 약한자에게는 힘을 불어넣어 주는 간단한 원리로서 꾸준히 연구하고 실습을 하게 되면 누구나 용신을 찾아서 사주의 길흉화복을 논하게 되는 것이다.

사주의 격국이란 근본적으로 일간을 돕는 오행인데, 사소한 것에 얽매이게 되면 사주를 풀이할 수가 없게 된다는 것이 지론이다. 가령 형충파가 된다든지 신살에 걸린다든지 하여 꼭 필요한 용신을 쓰지 못한다면 용신을 잡을 수 없게 되는 것이다. 나무에 물이 필요한데 그 물이 땅에 극이 되어 숨어든다하여 나무에게 물을 주지 않는 것은 아니다.

땅에 물이 스며들어서 나무에게로 가는 것이 사주의 구성에 자연적인 이치인 만큼 큰 것을 위해서는 사소한 것을 감소해야 하는 것이 사주역학의 이치인 것이다.

가령 火 일주가 신약한데 火를 돕는 오행 木을 용신으로 하려는데 극을 하는 金이 있다 하여 木을 용신으로 쓰지 못하겠는가! 金이 금극목(金剋木)을 함으로써 木이 쪼개지면 불이 더 잘 타게 되는 형상이고 보면 오히려 극하거나 형충파해가 있을 때 비로소 용신의 효과가 크게 발한다는 것이다.

그러므로 용신을 잡고서 기본 사주의 일간이 살아나게 되면 주변에서 일어나는 사소한 것들은 제어가 된다는 사실을 우리는 알아야 할 것이다.

그러므로 용신을 잡을 때 어떠한 격식이나 사소한 곳에 매달리지 말아야 할 것이다.

용신(用神)을 찾아라

동서고금을 막론하고 사주공부를 하면서 용신을 찾는 것이 쉽다는 사람은 아무도 없다. 간단히 말하자면 용신이란 본인의 사주에서 일주를 도와주는 신이다.

나를 도와주는 오행의 세력으로 보면 너무나 간단한 것인데, 왜 그리 찾아내기 어려운 것일까!

사주란 결국 이 용신을 찾아내는 데 역점을 두고 있다고 해도 과언이 아니다. 과거 중국에서부터 우리나라에 이르기까지 일생을 두고 역학에 대한 공부를 해 왔다는 사람도 아직까지 정확한 해답을 내놓지 못하고 있다.

물론 사람마다의 해답을 내 놓기는 하지만 제각기 그 내용이 다를 뿐 아니라, 이 학문 자체가 어떠한 수학적인 공식이 없다는 데 문제가 있다. 사람마다의 사주가 다르고 원국과 배열이 다르기 때문에 특별한 정답이 있을 수 없다. 다만, 오랜 경험과 학문이 결집되었을 때 비로소 어느 정도의 직감으로서 추리해 내는데 그치고 있다.

그러나 학문이란 아무리 난해하다 하더라도 체계적으로 꾸준히 노력을 하고 과거 선조들이 저술해 놓은 역서가 참고가 되고 본인이 경험한 것을 토대로 풀이하게 되면 반드시 그 속에는 해답이 있기 마련이다.

학문을 접함에 있어서 간단하게 진리를 얻으려는 자세보다는 꾸준한 노력 속에서 하나하나를 터득해나간다면 머지않은 앞날에 좋은 성과를 기대할 수가 있을 것이다.

그러므로 용신법에 대해서는 장구(長久)히 노력을 기울여야 한다. 용신이란 사주팔자를 세워 놓고 일간을 중심으로 일간을 돕는 세력부터 찾아서 계산을 하고, 나머지는 일간을 중심으로 해를 끼치는 오행을 찾아서 판독하게 된다.

나를 돕는 세력 중에서도 나에게 꼭 필요한 오행이 있기 마련이다. 가령 나를 도와주는 세력이 3개가 있다면 그 중에서도 제일 효과적인 그 오행이 들어와서 사주의 원국을 평화롭게 해 주고 부와 명예를 가져오게 된다면 그 오행이 바로 용신(用神)이 되는 것이다.

만약 오행이 들어와서 나를 도와서 한쪽은 좋은데 그 여파로 인해서 다른 한쪽이 나빠지게 된다면 그 오행은 과히 좋지 못하다. 그래서 용신이란 사주팔자를 놓고서 모두 다 좋게 할 수는 없지만, 가장 합리적이고 민주적이어야 할 것이고, 그 오행이 들어와서 신을 도와주는 데 불평하는 세력보다는 찬성을 하고 좋아하는 세력이 많으면 그것이 올바른 용신이 되는 것이다.

용신을 제대로 잡게 되면 일주(日柱)가 살아나게 되고 운이 좋아진다면 그 누구도 불평을 할을 수 없을 것이다.

그렇다면 사주를 세워 놓고서 어떤 오행이 들어오면 사주가 어떻게 변화해 가게 되는지에 대해서 실전의 예로서 풀어 보도록 한다.

사주의 예란 절대적인 정답은 있을 수 없음을 미리 강조하는 것이다. 사주공부를 하는 데에는 무엇보다도 많은 사주를 풀어 보고 그 주인공의 삶의 행로를 추적해봄으로써 누구보다도 빠른 시일 내에 사주학을 깊이 터득하게 될 것이다.

丙火 일간 〔신왕〕 — 水 용신이다.

[표 1] 水 용신 사주 예

사주	일주	월주	년주	구분
辛 卯	丙 申	庚 寅	己 巳	사 주
金 木	火 金	金 木	土 火	오 행

이 사주는 丙申 일주가 庚寅 월주에 태어나서 월령을 얻었으므로 신이 왕하다. 그런데 정재와 편재가 사방을 에워싸고 있다. 신왕하고 재왕(財旺)한데 일간이 시간의 정재와 丙辛合水를 하고 있다.

그래서 일지 申金 지장간에 壬水를 용신으로 쓰게 되면 丙辛合水를 하면 사주 내에서 水 오행이 없으므로 水를 용신으로 잡아야 한다. 이 사주는 후천 운인 대운에서 水 운에 발복이 있다. 사주의 일간이 丙辛合水가 되지 않으면 재성이 많아서 재물이 될 텐데 丙辛合火가 되었으므로 재가 인수로서 변하게 된 것이다. 이러한 경우는 일간이 타 오행으로 합이 되어 변한다 함은 신분을 버리고 가는 것으로서 신의가 없다 하여 좋지 않다고 본다.

甲木 일간 〔신약〕 − 癸水에게 의지한다.

[표 2] 水 용신 사주 예

시주	일주	월주	년주	구분
癸 酉	甲 戌	甲 午	己 亥	사 주
水 金	木 土	木 火	土 火	오 행

이 사주는 甲戌 일주에 甲午 월주에 태어나서 실령을 하였다. 월간에 甲木이 비견인데 년간에 己土와 甲己合土로서 변해버렸다.

그래도 나를 도와주는 인수는 년지에 亥水인데 亥水는 년간 己土에게 토극수(土剋水)를 당하고 있고 월지에 午火마저 가로막고 있어서 일간에까지 미치지 못하고 있다.

그나마 시간에 癸水에게 의지하며 생명을 부지하고 있는데 여자 사주이므로 甲木 일간이 낳은 오행이 아들로서 월지 午火가 아들이 되고 일지 戌土의 지장간에 丁火도 암장되어 있어서 이 사주는 아들이 2명이다. 가진 재물은 없어도 아들이 2명이라면 큰 부자가 아닐 수 없다.

己土 일간 〔신약〕 – 火 용신이다.

[표 3] 火 용신

시주	일주	월주	년주	구분
辛 未	己 卯	癸 卯	丁 酉	사 주
金 土	土 木	水 木	火 金	오 행

이 사주는 己卯 일주에 월지 卯木의 편관을 만나서 월령
을 얻지 못했다. 시지에 未土는 己土에 비견이다. 일간이
비견의 도움을 받고 있으나 지지가 卯未 목국(木局)의 반합
을 이루어서 사주 내에 관살(官殺)이 왕하다. 그래서 년주
에 丁火로서 용신을 쓰면 관인 木을 제압하게 되고 나의 신
인 土를 생조해 줄 수 있어서 이 사주는 火를 용신으로 잡
게 된다. 후천 운인 대운이나 세운에서 火 운이 들어오면
발복을 하게 되고 木 운 또한 희신이 되어서 발복이 있게
된다. 용신이라면 최소한 그 용신이 들어와서 첫 번째는 일
간을 도와주어야 하고 두 번째는 일간을 극하는 오행이 있
다면 그 오행의 기운을 설기할 수 있어야 함이다.

壬水 일간 〔신강〕 - 木 용신이다.

[표 4] 木 용신

시주	일주	월주	년주	구분
庚	壬	癸	壬	사주
戌	午	未	午	
金	水	水	水	오행
土	火	土	火	

이 사주는 壬午 일주가 癸未 월주에 태어나서 실령을 하였으나 시간에 庚金의 인수가 있고 월간에 癸水와 년간에 壬水가 비견·겁재가 되어서 신이 강하다. 천간에는 水 오행이 나란히 있는데 지지에는 午未의 화국(火局)의 반합이 되어서 천간과 지지가 水·火가 대립하고 있는 상태다.

그러나 천간에 水보다는 지지에 火가 약하므로 木으로 용신을 하게 되면 水의 기운을 설기하는 동시에 火에게는 목생화(木生火)로서 생을 해줌으로써 적당하다. 그래서 시지 辰土의 지장간에 乙木을 용신으로 하면 후천 운인 대운과 세운에서 木 운이 들어옴으로써 발복이 있게 된다.

乙木 일간 〔신왕〕 － 火 용신이다.

[표 4] 火 용신

시주	일주	월주	년주	구분
甲申	乙未	己亥	辛酉	사주
木金	木土	土水	金金	오행

　이 사주는 乙未 일주가 己亥 월주에 태어나서 월령을 했다. 일지에 未土는 월지에 亥水와 亥未의 목국(木局)에 반합이 되므로 득지하였다.

　여기에 시간 甲木이 겁재이므로 일간이 왕하다고 보는 것이다. 乙木 일간이 너무 왕하다면 火 용신으로 잡게 되면 일간에 강한 기운을 설기해주는 동시에 사주 내에 金 오행이 많으므로 金을 火로서 녹여 제압을 해줄 수 있으므로 일석이조(一石二鳥)의 효과가 있다. 그리고 남자의 사주에서 관성(官星)이 아들인데 일간 乙木의 관은 金이므로 사주 내에 관이 많아서 아들이 많고 사주 내에서 木이 왕하므로 木은 과거부터 인재로 보기 때문에 자녀를 많이 두게 되는 것이다. 사식 운은 고급편에서 더욱 자세한 화복을 논하기로 한다.

丙火 일간 〔신약〕 – 木·火 운에 발복한다.

[표 3] 木 용신

시주	일주	월주	년주	구분
戊戌	丙申	己丑	乙亥	사주
土土	火金	土土	木水	오행

이 사주는 丙申 일주에 월지가 丑土를 만나서 계절적으로 너무 냉하고 시주에서 戊戌의 식신을 만나서 신약한 사주가 되었다. 이렇게 되면 년주에 인수인 乙木이 용신이 된다. 시급한 상황이라면 시지 戌土에 지장간에 丁火를 용신으로 할 수 있으나, 다행히 이 사주는 년지에 亥水가 있으므로 년간 乙木이 적당하다. 木 용신이 되면 우선 신약한 일간을 생해 주게 되고 사주 내에 土가 왕하므로 土를 극하여 土의 기운을 설기하게 됨으로써 일거양득(一擧兩得)이 된다.

이 사주는 일간이 丙火인데 나를 도와주는 세력이 년간에 乙木밖에 없다. 그런데 월주에 己丑土가 있고 시주가 戊

戊土로서 丙火가 생을 해주어야 하니 매우 신약하므로 신약한 丙火를 도와줄 수 있는 세력은 火와 木뿐이므로 이 사주는 후천 운인 대운과 세운에서 木·火 운이 들어오면 발복을 하게 된다.

庚金 일간 〔신강〕 - 처자식이 없다.

[표 3] 木 용신

시주	일주	월주	년주	구분
癸	庚	己	己	사
未	申	巳	丑	주
水	金	土	土	오
土	金	火	土	행

이 사주는 庚申 일주가 己巳 월주에 태어났다. 일지에 申金을 만나서 득지를 했고 년간 월간에 己土로서 인수가 되고 월지 巳火 역시 지지가 巳丑으로 금국(金局)에 반합이 되어 신이 태왕한 사주이다. 사주에서 신이 왕한데다 인수가 너무 많으면 이것은 누워서 밥만 먹여달라는 격이 되어서 무능하게 된다. 사주란 일간이 약간 강한 듯하면서 열심히 움직이는 사주가 되어야 마땅한데, 일주가 庚申金이므로

몸이 무거워서 움직이지 못하고 게으르다. 일을 못하므로 먹을 것이 없으니 마누라도 없다. 결론적으로 庚金의 재는 木 오행인데 사주 내에 木 오행이 보이지 않으니 재(財)가 없으므로 재물과 처가 없게 된다.

시지 未土의 지장간에 乙木이 있기는 하나 그 乙木은 乙庚合金이 됨으로써 재가 소멸이 된다. 처가 없는데 자식이 있을 리 만무하다.

癸水 일간 [신약] - 金 · 水 운에 발복한다.

[표 4] 金 용신

시주	일주	월주	년주	구분
癸 丑	癸 巳	甲 午	辛 未	사 주
水 土	水 火	木 火	金 土	오 행

이 사주는 癸巳 일주에 월지 午火를 만나서 월령을 얻지 못하여 신약하다. 사주의 신강, 신약이라 함은 월지에서 월령을 했느냐 하지 못했느냐에 따라서 크게 좌지우지되는데 癸水 일간이 월간에 甲木을 수생목(水生木)으로서 생을 해

주어야하고 일지는 巳火로서 재성(財星)을 깔고 앉아서 신약한 사주이다.

그래서 년간에 辛金을 용신으로 하면 일간을 금생수(金生水)로서 생해주는 역할을 하는 동시에 월주의 상관을 금극목(金剋木)으로 경계함으로써 조절역할을 할 수 있게 된다. 그러므로 후천 운인 대운이나 세운에서 金·水 운이 들어오게 되면 발운이 따르게 된다. 일간은 약간은 강한 듯한 것이 좋으므로 水를 생해 주는 金이 용신이 되는 것은 당연한 이치이다. 그리고 월지와 일지에 午火에 재가 있으나 신약하게 되면 그 재를 감당할 수가 없게 된다.

甲木 일간 〔신강〕 − 金 용신이다.

[표 5] 金 용신

시주	일주	월주	년주	구분
乙 丑	甲 辰	乙 未	丁 丑	사 주
木 土	木 土	木 土	火 土	오 행

이 사주는 甲辰 일주에 乙未 월주로서 월간과 시간에 乙木의 겁재가 있어서 비겁이 되었다. 비겁의 성질은 내가 가진 것 중에서 가장 귀중한 것을 빼앗으려는 속성이다. 사주 내에서 木 오행이 많아서 아군만 알고 적군을 모르므로 관인 金을 용신으로 잡게 되면 비겁 乙木을 제거해줌으로써 운이 풀리게 된다.

더구나 여자 사주가 甲辰 일주로서 팔통(八通) 사주로 태어났다. 甲木은 오행 중에서도 가장 우두머리로서 팔통 사주란 사주의 8글자를 통솔하는 반장이 되겠다는 것이다.

여자 사주에서 내가 낳은 오행이 자식인데 이 사주는 甲木이 낳은 오행은 목생화(木生火)로서 火가 되므로 년간에 丁火가 있고 월지 未土의 지장간에 丁火가 있으므로 아들이 2명이다.

만약 신약 사주라면 아들은 1명인데 신강이므로 아들이 2명이다. 이 사주는 후천 운인 대운에서는 金 운이 들어오면 발복을 하게 된다.

壬水 일간 [신강] - 戊土가 제방이다.

[표 7] 土 용신

시주	일주	월주	년주	구분
甲辰	壬申	壬申	己亥	사주
木土	水金	水金	土水	오행

이 사주는 壬申 일주에 월주도 壬申으로 비견이 되어서 신강한 사주다. 사주 내에 水가 왕하여 용신을 잡기 힘든 사주인데, 시주가 甲辰이 되어서 많은 물을 제거할 수 있다.

그리고 지지에 申과 寅에 지장간 戊土가 암장되어 있어서 그 戊土를 용신을 잡게 되면 많은 물을 막을 수 있는 제방이 된다. 사주가 근본적으로 냉함으로써 희신이 火가 되어 온도 역할을 할 수 있다. 사주 내에서 水가 왕해서 어쩔 수 없이 土를 용신으로 함으로서 후천 운인 세운과 대운에서 土 운을 바랄 것이다. 그러나 사주의 원국이 이렇게 되면 아무리 좋은 운이라 하더라도 크게 발전하기 힘든 사주다.

丁火 일간 〔신약〕 – 외동아들이다.

[표 8] 土 용신

시주	일주	월주	년주	구분
辛 丑	丁 未	壬 戌	戊 辰	사 주
金 土	火 土	水 土	土 土	오 행

이 사주는 丁未 일주가 壬戌 월주에 태어나서 실령하였다. 일지 未土는 도움이 되지 못하고 일간이 월간에 壬水와 丁壬合木이 되어 木으로 행세를 하게 된다. 그래서 이 사주는 자식을 얻기 힘들다고 보는 것이다. 여자 사주에서는 내가 낳은 오행이 있을 때 자식이 있게 되는데, 丁火로 가만히 있을 때에는 土 오행이 내가 낳은 오행이 되어서 자식이 많게 되는데 丁壬合木이 되었으므로 木이 낳는 오행은 火 오행이 되므로 火가 자식이 되는 것이다. 그런데 사주 내에

투출된 火가 없다.

　다행히 월지 戌土의 지장간에 丁火가 암장되어 있고 일지 未土의 지장간에 丁火가 암장되어 있어서 그나마 아들이 1명으로서 외동아들을 두게 된다. 사주 내에서 자식 운이 없으면 설령 많이 낳는다 해도 올바르게 키우기가 힘들어서 자식 운이 희박하게 되는 것이다.

격국용신(格局用神)

사주공부를 하다보면 누구나 논하는 것이 격국이다. 사주 팔자의 핵심이 격국에 있다 해도 과언이 아니다. 아무리 오래도록 사주공부를 했다 해도 격국용신을 모른다면 정작 사주 공부를 했다고 말할 수 없을 것이다.

간단히 말해서 사람도 각자의 이름이 있듯이 사주도 각각에 격국이 있어서 그 격을 부르게 되는 것인데, 격국에는 너무나 많은 문제들이 산재해 있으므로 하나하나 풀어나가야 한다.

격국을 간단히 설명해 보자. 격국이 집이라면 용신은 그 집에 문을 열고 들어갈 열쇠와 같다. 격국이 집이라면 그 격국을 사용할 수 있는 집주인이 용신이라는 것이다. 그러므로 격국이 좋으면 용신도 좋은 용신이 들어오게 된다.

그러나 격국이 좋지 못한데 좋은 운이 들어온다 해도 크게 발복하지 못한다. 이것은 적은 그릇에 많은 물을 담아보았자 넘치기 마련인 것과 같다.

반대로 격국이 좋으면 좋지 못한 운이 들어온다고 하더라도 그릇이 있기 때문에 크게 궁핍하게 되지는 않는다고 하는 뜻이다.

그래서 사주팔자란 사장이 7명의 직원과 함께 사업을 하는 것과 다름없는데, 7명의 직원과 함께 이해득실을 가늠하는 데에는 훌륭한 직원이 얼마나 활약을 해주느냐에 따라서 회사의 운명이 달려 있다.

이것을 파악하는데는 우선적으로 내격과 외격을 구분해야 한다. 내격이란 일반적인 원칙에 의해서 결정되는 기본적인 구조를 뜻한다.

사주 일간을 중심으로 신강인가 신약인가에 따라서 신약하면 보강해주고 신강하면 설기해 주고, 냉하면 데워주고 더우면 차게 해 주는 방법이 가장 많이 쓰이는 것으로 억부법이라 하여 신강·신약을 맞추어 주는 것이다. 인간도 삶속에서 자연환경에 맞추며 살아가는 적절한 구조와 원칙을 가진다.

이를 두고 정격(正格)이라고도 한다. 사주의 대부분이 이 정격의 원칙에서 벗어나지 않고 용신을 잡기가 그나마 용이하다고 보는 것인데 이것은 모두 내격에 속하게 된다.

그러나 외격이란 정격의 틀에서 벗어나는 특이한 경우로, 사주팔자란 천차만별로서 매우 까다로운 것으로 일정한 질서나 원칙에 의존되지 않고 개개인마다 유전인자가 다르듯이 사주도 그 구조가 다름으로써 나름대로 그 질서를 찾아서 특이한 원리로 운영되고 있는 것이다.

일간을 중심으로 대부분 따르는 세력의 판도와는 달리 어느 특정한 오행이 좌지우지하게 되는 경우를 두고 말하는 것이다.

그래서 일주가 그 오행을 따라가는 경우가 많고 사주의 구조와 배열상 특이한 경우가 많게 되는 것이다. 사주를 판독함에 있어서 내격과 외격을 구분하지 못하면 사주를 거꾸로 보게 되는 경우가 발생한다.

그러므로 우선 사주팔자를 구분함에 있어서 내격과 외격을 정확하게 알고서 용신을 찾아 내야만이 실수가 없게 된다. 격국이란 기본적인 사주의 구성과 틀을 어떻게 짜 맞추느냐 하는 것이므로 기본적이고 정상적인 운영면에서는 천간과 지지가 잘 구성되었을 때 외부에서 들어오는 세력을 받아들여 그 짜여진 구성요건에 의해서 운영되는 것을 가장 정상적인 것으로 보고 내격이라고 하게 되는 것이다.

한편, 외격은 그 질서와 법의 테두리를 벗어나서 특별한 경우를 두고 말하는 것인데, 나라의 헌법에 국가의 통치조직에 관한 기본원칙이 정해져 있듯이 사주의 구성요건도 마찬가지라는 것이다.

우리는 이러한 조건들을 잘 파악한다면 사주팔자 속에서 질서를 찾는 데 그렇게 시간을 낭비할 필요가 없게 된다.

가령 사주 내에서 어떠한 흉신이나 길신이 존재할 수 있는데 이러한 길신과 흉신의 작용에 대해서 너무 확대 해석을 하면 정작 사주 내의 위계질서가 파괴되어 큰 틀을 잡지 못하고 마는 경우가 허다하다. 기타 신살이나 형충파해 같은 흉신이 있는가 하면, 합이나 도와주는 이로운 길신이 존재할 수 있는데 전체적인 사주의 틀을 보고 판독할 때에는 그러한 흉신이나 길신 또는 신살에 대한 부분들을 일일이 생각할 필요가 없다는 것이다. 기본적으로 좋은 격국에 좋은 용신의 대운이 들어오게 되면 사소한 부분에 얽매일 필요는 없게 되는 것이 사주의 판별법이다.

사주의 격국에서 어떠한 격이 되었을 때 어떠한 용신이 필요한지에 대해서 심도있게 논해 보는 것이 사주공부에 큰 도움이 될 것이다.

격국(格局)의 내격(內格)

사주학에서 보통 내격에 구성요건이 갖추어져 있는 경우가 대부분이다. 내격이란 일정한 법의 제도권 내에서 움직이며 가장 질서있고 정상적인 구성요건을 가진 것이라 하겠다. 사주의 격국에서 좋고 나쁜 조건은 얼마든지 있기 때문에 용신도 거기에 준하여 정해진다. 사주의 원국이 왕한데 용신은 허약하면 이것은 사주의 구성요건에 어긋나게 되고, 반대로 사주의 원국이 허한데 용신이 너무 왕하게 되어도 이치에 맞지 않다는 것이다. 어디까지나 격국에 알맞게 용신이 적당하게 들어옴으로써 비로소 좋은 사주라 말할 수 있는 것이다.

비천한 격국에 시주에 용신이 허실하다면 이것은 빈곤한 삶을 살아가게 되는 것으로서 대운이 아무리 잘 들어와도 발복을 하지 못하게 되는 사주의 운명이 되고, 사주에 격이 떨어진다 하더라도 용신이 분명하다면 크게 어려움이 없이 잘 살아가게 되는 이치이다. 사주의 구성요건이 제대로 갖춰지기란 그리 쉽지 않으므로 많은 종류의 격국에 대해서 알아보면서 하나하나 풀어 보도록 한다.

[육신조견표]

일간 / 육신	甲	乙	丙	丁	戊	己	庚	辛	壬	癸
비견	甲寅	乙卯	丙巳	丁午	戊辰戌	己丑未	庚申	辛酉	壬亥	癸子
겁재	乙卯	甲寅	丁午	丙巳	己丑未	戊辰戌	辛酉	庚申	癸子	壬亥
식신	丙巳	丁午	戊辰戌	己丑未	庚申	辛酉	壬亥	癸子	甲寅	乙卯
상관	丁午	丙巳	己丑未	戊辰戌	辛酉	庚申	癸子	壬亥	乙卯	甲寅
편재	戊辰戌	己丑未	庚申	辛酉	壬亥	癸子	甲寅	乙卯	丙巳	丁午
정재	己丑未	戊辰戌	辛酉	庚申	癸子	壬亥	乙卯	甲寅	丁午	丙巳
편관	庚申	辛酉	壬亥	癸子	甲寅	乙卯	丙巳	丁午	戊辰戌	己丑未
정관	辛酉	庚申	癸子	壬亥	乙卯	甲寅	丁午	丙巳	己丑未	戊辰戌
편인	壬亥	癸子	甲寅	乙卯	丙巳	丁午	戊辰戌	己丑未	庚申	辛酉
정인	癸子	壬亥	乙卯	甲寅	丁午	丙巳	己丑未	戊辰戌	辛酉	庚申

비견(比肩)

사주에서 비견이란 오행과 음양이 같은 것을 말한다. 음양과 오행이 같다보면 한 집에 주인이 둘이라서 매일 싸움이 일어날 것이 뻔한 일인데 때에 따라서는 비견도 쓸 때가 있다. 신약할 때에는 비견이 있어서 도와주면 막강한 힘이 된다.

그러나 비견이 너무 많으면 좋지 않다. 식량이 부족한 집안에 형제가 너무 많으면 먹을 것을 없어서 고생을 하게 되고, 부모의 유산이 얼마 되지 않는데 형제가 많으면 서로 많이 가져가기 위해서 재판까지 벌이지 않는다는 보장이 없다.

비견이란 동질성에 있어서 좋은 점보다는 나쁜 점이 더 많은 것인데 사주 내에서 어떠한 위치에 있느냐에 따라서 달라질 수밖에 없다.

일주와 월주에 있으면 이는 필시 부모형제 문제로 골치가 아플 것이 뻔한 일이고, 년주에 있으면 조상문제로 시주에 있게 되면 자식과의 관계로 문제가 복잡해지는 경우이다.

비견과 비겁을 같은 성질로 보는 경향이 많으나, 대립이 되는 관계로서 음양이 같은 것은 비견이 되고 비겁은 음양이 달라서 한쪽이 약하게 되므로 겁탈자로 보는 것이다. 그러나 비견의 본뜻은 같은 세력에 같은 동지로서 서로 협조해 나가는 나의 편으로 보는 것이 비견의 본뜻이다. 신이 허약할 때에는 비견보다 효과적인 보약은 없다는 것이다.

월간 · 비견 – 배다른 형제가 있다.

[표 1] 월간 비견의 사주의 예

시주	일주	월주	년주	구분
辛 巳	乙 未	乙 未	甲 申	사 주
金 火	木 土	木 土	木 金	오 행

이 사주는 乙未 일주에 乙未 월주이다. 천간은 천간끼리 지지는 지지끼리 모두 비견이다. 일간에서 본다면 지지는 재가 되는데 월주에 비견과 년간이 비겁이 있어서 좋지 못하다.

사주에서 이렇게 비견이 많으면 부모가 재가하여 배다른 형제가 있게 되고 년주 또한 겁재가 되어 편안한 가정이 못 된다. 비견과 겁재가 많아서 비겁으로 변하여 무엇이든지 귀중한 것을 빼앗아 가려는 성질이 있기 때문이다.

월간 · 비견 – 비견의 도움을 받는다.

[표 2] 월간 비견 사주의 예

시주	일주	월주	년주	구분
庚 戌	丁 未	丁 亥	戊 申	사 주
金 土	火 土	火 水	土 金	오 행

이 사주는 丁火 일간에 丁火 월간이다. 신약한데다가 시간에 庚金에 정재가 있다. 신약하므로 월간과 비견이 도움이 되고 있다. 비견이 많으면 나쁜 점도 있지만, 신이 약할 때에는 비견이 오히려 도움이 된다. 그것은 신이 허약할 때에는 비견과 겁재는 같은 동질성의 오행으로 신을 도와주기 때문이다.

그러나 반대로 신강하게 되면 비겁이란 무엇이든지 빼앗

아 가려는 속성이 있기 때문에 운이 잘 풀리지 못하는 것이다.

이 사주는 신약하기 때문에 일간을 도와주는 인수 木을 용신으로 잡게 되면 신이 강해지므로 후천 운인 대운 내지는 세운에서 木 운이 들어오면 운이 잘 풀리게 된다.

년주 · 비견 – 부모가 단명이다.

[표 3] 년주·비견의 사주 예

시주	일주	월주	년주	구분
壬 午	乙 酉	己 卯	乙 酉	사 주
水 火	木 金	土 木	木 金	오 행

이 사주는 년주 乙酉 일주가 乙酉로서 비견이고 거기에 월지 卯木이 양쪽에 酉에게 충을 당하고 있다.

년지와 일지가 월지를 동시에 卯酉 충을 하게 되면 모(母)가 단명하게 된다. 그리고 아버지는 후처를 맞이하게 됨으로써 배다른 형제가 있게 되었다. 사주 내에서 어느 오행이라도 무리하게 충을 당하면 좋지 못하다는 것을 기억해야 한다.

월간에 己土 역시 년간에 乙木과 일간에 乙木에게 극을 당하고 있어서 월간은 아버지 궁으로 아버지 역시 조사할 수 있다. 그렇다면 이 사주의 주인공은 부모와 인연이 희박하다고 보는 것이다.

월간 · 비견 — 비견이 있어서 불리하다.

[표 4] 월간·비견 사주 예

시주	일주	월주	년주	구분
辛 丑	壬 申	壬 寅	癸 卯	사 주
金 土	水 金	水 木	水 木	오 행

이 사주는 壬申 일주에 월주가 壬寅으로 일간에게 비견이다. 비견이라도 가령 일주가 신약하면 도움이 되지만 신왕할 때에는 경쟁자로 보기 때문에 좋지 않다. 이 사주의 경우에는 신왕함으로써 도움보다는 해악이 미치게 된다.

그것은 천간에서 오행이 신을 돕는 세력이고 지지에서도 일지가 壬水에게 금생수(金生水)로서 생을 하게 되므로 신왕한 사주다.

사주가 신왕하면 비견이 불리하다. 그리고 이 사주는 월간이 비견이고 월지가 식신이 되어서 부모의 덕이 없고 조상의 덕도 없다고 보는 것이다.

겁재(劫財)와 비겁(比劫)

사주에서 겁재를 비겁이라고도 말하게 되는데 비겁이나 겁재를 확실히 구분할 필요가 있다. 가령 나의 신이 왕할 때 비견이나 겁재가 들어오면 비겁이 된다. 비겁이란 나의 재물이나 나의 권한을 빼앗아간다는 뜻이다.

나의 신이 허약하여 나의 권한을 찾지 못할 때에는 도와주면 이것은 겁재가 되는 것이다. 그래서 비겁과 겁재는 확연히 다른 뜻을 내포하고 있다는 것을 기억해 주기 바란다.

사주에서 일간과 같은 오행이 많으면 이것은 비겁이 되는 것이다. 나의 살림살이를 간섭하기도 하고 빼앗아 가게 되는 경우이다. 나의 신이 허약할 때에는 겁재가 보약이 되므로 나에게 힘을 불어넣어 주는 세력으로써 크게 도움을 받게 되는 것이다.

그런데 신왕함에도 불구하고 겁재가 많으면 가난한 살림에 식구가 많은 것이나 다를 바 없고, 가령 재산이 어느 정도 있으면 이것을 형제 동지들이 빼앗아 자기 몫을 챙기려는 세력이 많게 됨으로써 이것을 대단히 나쁘게 보는 것이다. 심지어 재물뿐만 아니라 나의 처까지도 빼앗아가게 되는 경우도 생기게 된다. 여자의 사주에 겁재가 많으면 남편이 바람을 피우고 외부로 나돌게 된다.

특히 구별해야 하는 것은 비견이란 일간이 나와 음양도 같고 오행도 같은 것을 말하는데 대하여 겁재란 일간이 나와 오행은 같지만 음양이 다른 것을 말한다. 그러나 사주에서 활약하는 것은 확연히 다르다는 것이다. 비견의 성격은 나와 동등한 입장에서 모든 조건이 유사한 세력이므로 나와 힘에 균형이 같은 성격을 가지고 있지만, 겁재는 나와의 오행은 같지만 음양이 달라서 나와는 성격이나 힘의 균형이 확연히 다른 것이다.

나와 비교할 때에는 너무 힘이 세어서 아예 상대가 못된다거나, 아니면 나와의 힘에서 균형을 이루지 못하는 상대가 되는 것이다. 그러나 그의 세력이 비겁으로 변하게 되면 오히려 몰래 훔쳐간다든지 요사한 수단과 방법으로 대처하기 때문에 나는 무용지물이 되고 마는 경우이다.

비겁과 겁재를 확실히 구분하여 혼돈이 없기를 바란다. 남자 사주에서 일간에 비견과 겁재가 있으면 부부간에 화합이 원활하지 않다. 여자는 음이 되어야 할텐데 일주가 오행이 같으니 이것은 필시 좋지 못하다. 그러므로 비견이 많은 사람일수록 결혼을 하게 되면 일찍 헤어질 확률이 높다는 것이다. 이러한 사람이라면 결혼을 늦게 하는 것이 좋다.

사람은 누구나 젊은 시절에는 인내와 성격을 조절하기 어렵기 때문에 나이가 지긋할 때에는 가령 속상한 일이 있다 해도 참고 견뎌내므로 여자의 사주에서는 더욱 절실하다 하겠다.

여자 사주에 일주 비견이라면 남편 알기를 우습게 알고 오히려 손아귀에 쥐고 살려는 습성이 있기 때문에 바람 잘 날이 없다.

뿐만 아니라 주변 사람과도 싸우기를 좋아하고 시끄러운 일이 많이 생긴다. 그래서 음양오행이란 균형이 맞아야 하고 남녀의 구분이 있어야 한다.

가령 일주에 나와 같은 세력이 월주, 시주에도 있게 된다면 이것은 사회활동을 제지하는 운으로서 구설수가 따르게 된다. 그래서 여자가 됐건 남자가 됐건 비견이란 그리 좋지 못하다. 사주에서 비견을 두고 간여지동(干與支同)이라 하여 여성일 경우에는 혼자서 독수공방을 하게 되는 운이다.

비견이란 나와 음양과 오행이 같음을 말하고 겁재란 오행은 같으나 음양이 다른 것을 말함인데, 즉 간여지동이란 천간과 지지가 음양이 같다 하여 붙여진 이름으로서 이러한 사주를 타고 난 사람이라면 필시 남들보다 더욱 많은 노력이 필요하다.

월간 · 겁재 - 겁재의 도움을 받는다.

[표 1] 월간·겁재 사주 예

시주	일주	월주	년주	구분
丙	己	戊	甲	사
子	卯	申	午	주
		戊壬庚		장간

　이 사주는 己卯 일주에 월간이 戊土로서 겁재이다. 월주
는 부모궁으로서 월주가 겁재가 되어서 형제가 많은 격이
다. 그러나 일간이 나약할 때에는 겁재의 도움을 받게 된다.
비견이나 겁재가 그대로 있으면 싸움판으로 얼룩이 지겠는
데 신약하므로 겁재가 와서 도와주는 것이다. 도움을 주다
가도 신왕해지면 다시 빼앗아가는 것으로 그저 가만히 있
으면 만사형통이다. 일지 卯木이 관이 되어서 그 관을 제압
해주는 오행으로 월지에 申金이 있다. 이 사주는 월지 申金
의 지장간에 戊土가 암장되어 있고 그 戊土가 월간에 투출
이 됨으로써 겁재격이라 하게 되는데, 사주에서 어떠한 격
이 이루어졌다 함은 그 세력이 매우 강하다고 할 수 있다.

월간 · 겁재 – 부모형제 덕이 없다.

[표 2] 월간·겁재 사주 예

시주	일주	월주	년주	구분
甲 戌	己 亥	戊 辰	辛 巳	사 주
木 土	土 水	土 土	金 火	오 행

이 사주는 己亥 일주에 월주가 戊辰으로 겁재이다. 신이 왕한데 비해서 식신·상관이 없으므로 먹은 음식을 다 소화시키지 못하는 격이니 비견과 겁재끼리 싸우는 양상이다.

이렇게 비견 겁재가 많은 사주는 재산이 있게 되면 싸움밖에 할 줄 몰라서 재산을 모으기 힘들다.

시간에 甲木이 일간 己土와 甲己合土가 되고 년지에 巳火 역시 화생토(火生土)로서 힘이 土 오행에게 몰려 있어서 월간과 겁재가 비겁으로 행세를 하게 되면 부모덕이 없고 형제간에도 우애가 없어서 재산싸움을 하게 된다. 사주에서 土의 세력이 왕하여 토종(土從)으로밖에 볼 수가 없어서 앞으로 火·土 운이 와야 발운이 있게 된다. 오행은 왕한 오행 쪽으로 그 세를 형성하게 된다. 물도 많은 물을 따라서 흘러가듯이 오행도 이러한 이치이다.

일지 · 겁재 – 부부 이별이다.

[표 3] 일주·겁재 사주 예

시주	일주	월주	년주	구분
辛 丑	壬 子	癸 亥	甲 寅	사 주
金 土	水 水	水 水	木 木	오 행

이 사주는 壬子 일주로서 일지가 겁재이고 월주가 모두
겁재이다. 일지가 겁재가 되어서 처 덕이 없게 되고 부부
화합이 어려우므로 살림을 따로따로 구분하게 됨으로써 헤
어지는 경우이다. 그러나 초혼을 넘기게 되면 노년에는 생
활이 안정된다. 사주 내에서 부부 운은 일주만 보고도 가늠
을 할 수가 있다. 壬子 일주는 천간과 지지가 동일한 오행
이 되어서 음양이 같다 하여 간여지동(干與支同)이다. 천간
과 지지 오행이 모두 같다 함은 천간은 하늘이고 남자를 뜻
하고 지지는 땅으로서 여자를 뜻하는데, 천간과 지지가 같
다 함은 음양이 꼭 같아서 여자에게 남자가 없는 격이 된

다. 사람도 성격이 같은 사람끼리 만나면 서로가 양보할 줄 모르고 싸움이 빈발하게 되듯이, 사주는 인간의 족보(族譜)와 같아서 오직 사주를 보고서 이를 판단할 수 있다.

월간·시간·비겁 — 재산을 빼앗긴다.

[표 4] 비겁의 사주 예

시주	일주	월주	년주	구분
乙	甲	乙	丁	사
丑	辰	巳	未	주
木	木	木	火	오
土	土	火	土	행

이 사주는 월간이 乙木이고 시주가 乙木이니 비견이라고 하지 않고 일주가 甲木이 되어서 겁재격이라 한다. 겁재가 많으면 재산을 빼앗는다 혹은 겁탈한다 등으로 보기 때문에 좋지 않다.

그러나 만약에 甲일주가 신약일 경우에 겁재가 도움이 된다. 그런데 만약 사주가 운이 잘 풀리겠다 싶으면 양쪽에 있는 乙木이 비겁으로 변해서 벌떼처럼 달라붙게 되어 있다. 그래서 이 사주는 구성상 크게 발운이 어렵다고 보는 것이다. 내격에서 격을 꼭 이루지 않았다면 격을 붙이지 않아도 된다. 우선은 어느 오행이 가장 강한가를 판단하여 용신을 바로잡으면 되는 것이다. 이 사주는 일지 辰土 중에 乙木이 있고 그 乙木이 월간에 투출이 되었다 하더라도 격을 붙이지 않는 것이다.

월간 겁재 – 편모(偏母)이다.

[표 5] 월간 겁재 사주 예

시주	일주	월주	년주	구분
癸	庚	辛	甲	사
未	午	未	申	주
水	金	金	木	오
土	火	土	金	행

이 사주는 庚午 일주에 월간이 辛金이므로 겁재이다. 그리고 월지에 未土가 인수가 되어서 신이 태왕하게 되었다. 이렇게 庚午 일주가 왕할 때에는 겁재는 도움이 되지 않는다. 부모와 형제, 조상 덕이 없고 멀리 천리타향으로 떠나는 것이 신상에 도움이 된다. 월간과 겁재는 비겁으로 변하여 내가 가진 것을 빼앗으려고 달려 들 것이 뻔하다. 사주

는 중화를 가장 길하게 보는데, 중화란 일간이 너무 강해도 좋지 못하고 너무 약해도 좋지 못하여 중간 정도가 제일 좋다고 보는 것이다. 사람도 마찬가지로 욕심이 화를 초래하듯이 과욕은 금물이다. 그래서 사주도 중화(中和)를 가장 길한 것으로 본다.

월간·겁재격 – 겁재가 왕하다.

[표 6] 겁재격 사주 예

시주	일주	월주	년주	구분
乙	甲	乙	辛	사주
亥	子	未	酉	
		丁乙己		장간

이 사주는 甲子 일주에 未土 월지를 얻었으니 신왕한 사주이다. 월간과 시간에 겁재를 거느리고 있고 월지 未土의 지장간에 乙木이 월간과 시간에 투출이 되어서 겁재격이 되었다.

사주에서 겁재격을 이루었다 함은 겁재의 세력이 왕하다는 것이다. 이 사주는 火를 용신으로 잡았으면 하는데 돌출된 火가 없으나 다행히 월지에 내장된 丁火가 있으니 이

것을 용신으로 하는 것이 적당하다. 겁재는 신왕할 때에는 겁탈자로 변한다고 하지만 신약하다면 오히려 도와주는 세력이 된다. 그런데 이 사주는 겁재가 득세하므로 火로서 다스리는 것이 제일 현명한 일이다. 지지에도 용신이 되는 오행이 없다면 지장간에 있는 오행을 끄집어내어 용신을 잡게 되는데, 이럴 때에는 지장간에 있는 오행이 초기, 중기, 정기 중 어디에 해당이 되는지 계산을 해서 용신을 잡아야 한다.

월간 · 겁재격 – 배다른 형제이다.

[표 7] 월간 · 겁재격 사주 예

시주	일주	월주	년주	구분
庚午	己丑	戊寅	乙丑	사주
		戊丙甲		장간

이 사주는 己丑 일주에 월주가 戊寅이고 년주가 乙丑으로서 사주 내에 비견과 겁재가 많다. 일간에 옆자리에는 戊土에 겁재가 차지하고 있다.

월지 寅木은 일간에게 관이 됨으로써 비견과 겁재의 세

력을 제지하게 된다. 그러나 비견이 많으므로 사주의 구성
이 이렇게 되면 부모의 덕이 희박하고 월간과 겁재 격이 되
면 배다른 형제가 있게 되어서 형제로부터의 말썽이 생기
게 된다. 월지에 寅木의 지장간에 戊土가 월간에 투출이 되
어서 겁재격이 되는데, 겁재격이란 겁재가 사주 내에서 세
력을 장악했다고 보는 것이다.

월간·겁재격 – 이복형제이다.

[표 8] 월간·겁재격 사주 예

시주	일주	월주	년주	구분
庚	丁	丙	己	사
戌	卯	申	亥	주
		戊壬庚		장간

이 사주는 丁火 일간에 월간이 丙火로서 겁재이다. 사주
의 구성상 신약이 되므로 겁재의 도움을 받게 되는 경우
이다. 월지 申金에 지장간에 庚金이 시간에 투출이 됨으로
써 정재격이 되는데 약한 일주가 金을 녹이지를 못하는
격이다.

그러나 월주에 겁재의 도움이 있으면 재를 거뜬히 요리

할 수 있다는 뜻이다. 신약하면 겁재의 도움이 크게 된다.
사주가 신왕한 조건은 첫 번째는 인수가 왕할 것이고 두 번
째는 비견이나 겁재가 왕한 것으로 일간에 강약을 조절하
게 된다.

가령 신왕하다면 겁재는 하등의 필요가 없다. 사주 내에
서 겁재란 이복형제자매로 보기 때문에 복권에 당첨되면
형제들이 달려들게 뻔한 일이다. 그래서 일간이 왕하면 겁
재는 비겁으로 돌변하게 된다.

월간 · 겁재격 - 송사에 휘말린다.

[표 9] 월간·겁재격 사주의 예

시주	일주	월주	년주	구분
丁卯	甲辰	乙未	甲申	사주
		丁乙己		장간

이 사주는 일간이 甲木인데 년간이 甲木이여서 비견이다.
정확하게 격을 논하자면 겁재격이 되는데, 그것은 월지 未
土의 지장간에 乙木이 암장되어 있고 그 乙木이 월간에 투
출이 되었으므로 겁재격이 되는 것이다.

어느 오행이라도 격을 이루었다 함은 천간에 투출이 된 오행이 반드시 지지에 뿌리를 박고 있어야 강한 오행이 된다. 그래서 이 사주 역시 일간에서 본다면 겁재의 세력이 강하다고 보는 것으로 년간에 있는 甲木을 따지지 않고 격을 정하게 된다.

이 사주는 이미 겁재 乙木이 강하여 사주를 좌지우지하게 된다. 월간이 겁재가 되어서 후천 운에 대운이나 세운에서 운이 나쁘게 되면 형제나 친구 동료에게 재산을 다 빼앗기게 되고 때 아닌 송사에 휘말리게 되는 것이다.

사주 내에 비견이나 겁재가 많으면 좋은 예보다는 나쁜 예가 더 많게 된다. 이러한 경우에는 식신·상관인 火로서 용신을 하게 된다.

식신(食神)

식신이란 내가 생해 주어야 하는 세력으로 본인이 생을 받고 있는지라 내가 받은 것만큼 베푸는 것이 자연의 이치인데, 식신이란 음양이 같고 오행이 다른 것을 뜻한다.

식신은 내가 생해 주기에 여간 벅찬 일이 아니므로 양보심으로 생을 해 주게 된다. 그러다 보니 가정이 화목하고 부부 금슬이 좋으며 재물도 모이게 된다.

그래서 신왕할 때에는 식신이 있어서 크게 발복을 하게 되는데, 만약 신왕할 때 식신이 없다면 이것은 사주 운이 잘 풀리지 않게 되고 융통성이 없는 것을 뜻한다.

그러나 내가 신이 약할 때에는 식신이 있으면 오히려 도적으로 행세하기 쉽다. 내가 의지할 곳이 마땅치 않은데 식신에게마저 생을 해 주어야 하기 때문에 인생이 고달프다. 그러나 보편적으로 식신이 있어야 하는 것이 사주 구성의 원리이다.

일지·월지·식신 – 처가살이 한다.

[표 1] 일·월지·식신 사주 예

시주	일주	월주	년주	구분
己 丑	丙 戌	丙 辰	戊 午	사 주
土 土	火 土	火 土	土 火	오 행

이 사주는 丙戌 일주에 월간에도 丙火가 있어서 식신과 상관이 적당히 있어야 하는데, 월지와 일지, 시지가 모두 식신과 상관이 되어서 신약하다.

식신과 상관은 나보다 힘이 적다 싶을 정도로 있어 주면 좋은 것이다. 그런데 지지가 일지에 戌土와 월지에 辰土가 식신이고 시지에 未土가 상관이여서 식신과 상관이 모두 차지하고 있다.

남자 사주에서 식신과 상관은 육친에서 장모가 되어서 처가살이를 하면서 장모에게 눈치를 보고 부인에게 고분고분 복종을 하면서 살아야 할 신세다. 그러나 다행히 월간 丙火의 비견이 있어서 신약할 때에 도움이 된다. 비견은 내가 신왕할 때에는 부담스러운 존재이나 신약할 때에는 같은 형제이므로 가장 도움을 많이 받게 된다.

월간 · 식신 〔신약〕 – 악처로 돌변한다.

[표 2] 월간·식신 사주 예

시주	일주	월주	년주	구분
辛 酉	戊 申	庚 辰	丁 巳	사 주
金 金	土 金	金 土	火 火	오 행

이 사주는 戊申 일주에 庚辰 월주로서 신약이다. 일지에 申金은 식신이고 시주는 辛酉金 모두 상관으로 쌍립으로 서게 되어서 좋지 못하다.

과거에 농촌에서 보릿고개를 못 넘기던 시절에 한 집에 자식이 열 명 정도 우글우글했던 시절이 있었다.

식신이나 상관은 내가 왕할 때는 약이 되어서 좋지만, 신이 허약할 때는 이처럼 독이 되는 경우이다. 일지에 申金은 내가 신이 왕하면 좋은 격이 되지만, 신이 약할 때에는 처가 악처로 돌변하는 것이다.

남자 사주에서 일지는 처 궁인데 내가 신왕할 때에는 순종을 하나 일간이 허약해서 무력하면 각박하여 악처로 변하게 된다. 그것은 인생살이와도 무관하지 않다. 남자가 능력이 있으면 처도 현모양처가 될 수 있다.

식신격(食神格)

식신이란 내가 벌어서 먹여 살려야 하는 자식이나 다름이 없는 것으로 자식에게는 평생 벌어서 투자를 해야 하는 관계이다. 상업적으로는 내가 투자를 해야 하는 곳으로서 내가 여유가 있을 때 적당하게 투자를 해야 하는 것인 만큼 식신이 사주 내에 적당하게 있어주면 도움이 된다.

투자한 만큼 얻어 오는 것이 장사의 속성인데, 투자를 왕창해서 회수가 되지 않으면 이는 보람이 없게 된다. 식신은 투자도 해야 하므로 때에 따라서는 적당히 필요로 하는 것이다.

나를 생해 주는 오행이 있기에 내가 받은 것만큼 되돌려 주어야 하는 원칙에서 식신이 필요한 것이다.

그러면 식신격의 사주에 대해서 알아보기로 한다. 식신격도 일주를 중심으로 월지 지장간이 식신이 되어야 하고 그 식신이 천간에 투출되어야 한다. 식신격은 일간이 신강함을 바라고 일간이 신강해야 재성을 보게 되면 크게 발복하게 된다.

(1) 식신관살격(食神官殺格)

식신관살격이란 일주가 신왕하고 편재나 정재가 많으면 편관이나 정관을 용신으로 하는 것이다. 일간이 신왕하고 재성이 많으므로 관살은 일간의 재성의 식신과 상관이 되기 때문이다. 재성이 많으면 재의 힘을 빼앗아가는 것이 나의 관살이기 때문이다. 그리고 나의 왕한 힘을 억제하고 견제하는 역할을 동시에 하게 됨으로써 관성을 용신으로 잡게 된다.

(2) 식신식상격(食神食傷格)

식신식상격이란 일주가 신왕하고 비견과 겁재가 많으면 식신과 상관을 용신으로 하는 것이다. 일간이 강한데 비견과 겁재는 나의 형제와 동료로서 같은 무리가 너무 많아서 힘이 과다해지면 식신이나 상관으로 나의 기운을 설기해 감으로써 용신을 잡는다. 식신이나 상관이 사주 내에서 꼭 필요로 하는 예는 일간이 왕한데 비견과 겁재가 많을 때 식신이나 상관이 설기해 갈 것을 바라는 것이다.

(3) 식신재격(食神財格)

식신재격이란 일주가 왕하고 정인이나 편인이 많으면 편

재나 정재를 용신으로 하는 것이다. 신왕한데 나를 도와주
는 인성이 많으면 태왕하기 때문에 일거리를 주는 것이다.
일간이 왕하면서 식신과 상관이 있어도 편재나 정재를 용
신으로 잡는다.

(4) 식신인격(食神印格)

식신인격이란 일주가 신약하고 식신이나 상관이 많으면
정인이나 편인을 용신으로 하는 것이다.

몸이 허약한데 기운을 빼앗아가는 식신이나 상관이 많으
면 나를 도와주는 정인이나 편인이 용신이 된다. 일간이 허
약한데 정관이나 편관이 많아도 정인이나 편인이 용신이
된다.

(5) 식신겁격(食神劫格)

식신겁격이란 일주가 신약하고 편재와 정재가 많으면 비
견이나 비겁으로 용신으로 하는 것이다.

몸이 허약한데 일거리가 많으면 하는 수 없이 옆에 있는
형제나 동지에게 도움을 청한다. 그래도 급할 때에는 형제
나 동지밖에는 없다는 것이다. 이것은 인생살이와 다를 것
이 없다. 사람도 형제나 동지가 많을 때 그 중에서 제일 잘

사는 형제에게 매달리게 되어도 못하는 형제에게는 오히려
도와주려는 심성이 생기므로 바로 이러한 것을 뜻한다.

- 일주가 신강하고 편재와 정재가 많으면 편관이나 정관이 용신이 된다.
- 일주가 신강하고 비견과 겁재가 많으면 식신이나 상관이 용신이 된다.
- 일주가 신강하고 편인과 정인이 많으면 편재나 정재가 용신이 된다.
- 일주가 신약하고 식신과 상관이 많으면 편인이나 정인이 용신이 된다.
- 일주가 신약하고 편재와 정재가 많으면 비견이나 비겁이 용신이 된다.
- 일주가 신약하고 편관과 정관이 많으면 편인이나 정인이 용신이 된다.

월간 · 식신격 – 식상(食傷)이 용신이다.

[표 1] 식신격 사주 예

시주	일주	월주	년주	구분
乙	甲	丙	辛	사
丑	子	寅	未	주
		戊丙甲	丁乙己	장간

이 사주는 甲子 일주가 丙寅 월주에 태어나서 월령을 얻었다. 월주가 丙寅이므로 천간에 丙이 투출이 되어 있고 월지 寅木 지장간 중에 丙火가 암장되어 있어서 식신격인데 寅木의 지장간에 甲木이 암장되어 있어서 비견으로 나를 도와주는 세력이다. 그런데 월간의 丙火는 년간의 辛金과 丙辛合水로 변하게 되어서 일간에게 인수 역할을 하게 된다. 일지가 인수로서 신강한데 식신마저 인수로 변하여 신이 태왕하게 되었다.

사주는 구성상 辛金의 정관을 용신으로 하자니 丙辛合水하는 관계로 용신으로 쓸 수 없고 金을 용신으로 잡게 되면 水를 생해서 木을 더 왕하게 하여 쓸 수 없다. 그나마 식신과 상관으로 용신으로 잡을 수밖에 없는데 년지 未土를 용신으로 잡는 것이 좋다. 그것은 未의 지장간에

丁火가 甲木에 상관이 되어서 일주의 기운을 설기함과 동시에 화생토(火生土)로 土를 생해 줌으로써 土인 재가 왕해지면 木에 일거리가 생기게 되어서 재물이 들어오게 되므로 일석이조가 된다. 그러므로 木・火 운에서는 발복을 하게 된다.

월간 식신격 − 木 용재격이다.

[표 2] 木 용재격 사주 예

시주	일주	월주	년주	구분
壬	庚	壬	丙	사
午	申	子	辰	주
		壬 癸	乙癸戊	장간

이 사주는 庚申 일주에 월주가 壬子이다. 子水는 상관이나 子의 지장간에 壬水가 자리하고 있고 그 壬水가 천간에 투출이 되어서 식신격이 되었다.

식신격은 식신에 의해서 좌지우지된다는 것이다. 월지 子水가 상관인데 子水의 지장간에 壬水가 식신으로 작용하는 것이다. 庚申 일주가 식신격이 되고 보니 식신과 상관에게 힘을 설기하게 된다. 년지 辰土의 지장간에 乙木이 정재로서 용신을 잡게 되면 왕한 金에게 일거리를 제공하게 되므로 사주 내에 귀한 보석과 같다. 그리고 木이 들어와서 많은 水氣를 제거함으로써 운이 잘 풀리게 된다.

월간 · 식신격 – 차량사고 위험 있다.

[표 3] 식신격 사주 예

시주	일주	월주	년주	구분
乙	甲	丙	壬	사
丑	辰	午	申	주
		丙己丁		장간

이 사주는 甲辰 일주가 丙午 월주에 태어났다. 월지 午火 중에 암장된 丙火가 천간에 투출을 하여 식신격이 되어서 식신이 왕하여 신약하므로 水에 인수를 용신으로 하게 되면 일간을 돕게 된다.

사주 내에 木·火가 있으므로 水가 들어와서 火를 제압해 주고 木을 생해줌으로서 운이 풀리게 된다. 이 사주는 일주가 甲辰 백호대살인데 용신인 壬水가 월간 丙火와 丙壬 충이 되어서 매사에 충돌거리가 생기게 되는데 가령 충돌이라 하면 차량의 교통사고 등을 예시할 수 있다.

일주 백호대살은 호랑이에게 물려가서 피를 흘리고 죽는
다는 악명 높은 살인데, 근래에는 호랑이는 사라지고 차량
이 무서운 세상이 되었다.

상관(傷官)

상관이란 내가 생해 주고 내가 젖을 주고 입혀 주고 가르쳐 주어야 하는 관계이므로 자식을 두고 말하는 것이다. 우리는 부모에게 도움을 받아서 컸지만 부모에게 받은 것만큼 자식에게 돌려주어야 한다는 것이다.

내가 받은 것만큼 자식에게 되돌려 주는 것이 본연의 의무로서 그렇게 함으로써 물이 흘러가듯이 오행도 순환을 하게 되는 이치이다.

식신은 오행과 다르지만 음양이 같은 것을 말하고 상관은 음양과 오행이 모두 다르다. 그런데 식신이나 상관이 내가 신왕할 때에는 반가운 세력임에 틀림이 없으나, 내가 신약할 때에는 반갑지 않은 존재로 기신(忌神)으로 작용을 한다.

신약에 사주 내에 상관이 많으면 부부간에도 남보다 못하다 하여 가정파탄이 날 수 있으므로 많은 노력을 해야 하고, 반면에 신왕에 식신과 상관이 없다면 부잣집에 자손이 없는 것이나 다를 바가 없으므로 무엇이든지 적당한 세력이 항상 사주 내에 존재해야 좋은 사주의 원국이 되는 것이다.

일지 상관 – 처가 연하이다.

[표 1] 일지·상관 사주 예

시주	일주	월주	년주	구분
乙 亥	甲 午	戊 寅	庚 子	사 주
木 水	木 火	土 木	金 水	오 행

이 사주는 甲午 일주에 戊寅 월주이다. 년지에 子水에 인수가 있고 시주 또한 겁재로서 신강하므로 마땅히 힘을 설기해야 하는데, 일주의 지지가 午火의 상관이 됨으로써 더할 나위 없이 좋은 관계이다. 초두에서도 말했듯이 신왕하면 설기하고 신약하면 보(保)해 주는 것이 가장 좋은 처방이 된다.

그러나 오행 간에 강약을 잘 판단하는 것은 그렇게 간단치 못하다는데 문제가 있다. 이 사주는 대운이나 세운에서 土·金 운에서 발운이 따르게 된다. 일간은 木이고 일지는 火가 되어서 목생화(木生火)로서 甲木에 일간을 생하게 되므로 부부화합이 잘 이루어지는 사주다. 일주가 甲午가 되어서 甲午는 천간에서 지지를 목생화(木生火)로 생하게 되어서 본인과 나이 차이가 매우 많이 나는 딸 같은 여자와 결혼을 하게 되는 사주다.

월간·상관 — 남편이 연하이다.

[표 2] 월간·상관 사주 예

시주	일주	월주	년주	구분
癸卯	壬申	乙巳	丁未	사주
水木	水金	木火	火土	오행

이 사주는 壬申 일주에 시간이 겁재로서 신왕하다. 일지가 편인으로 일간을 생하므로 신왕이다.

신왕하다면 마땅히 설기할 오행을 찾아야 한다. 다행이 월간에 乙木이 상관으로 자리하고 있어서 아들이 귀한 집안에서 아들을 얻는 격이다. 월간에 乙木이 나약해 보여도 년지·시지에 뿌리를 박고 있어서 대단히 강한 木이여서 상관의 역할을 톡톡히 하게 된다. 사주 내에 식신·상관이 너무 많으면 좋지 않으나, 신왕일 때는 식신·상관이 있어야 사주 오행의 소통이 원활하다. 이 사주는 壬申 일주로서

일지가 申金이 일간 壬水에게 금생수(金生水)로 생을 하게
되므로 이 사주는 여자가 나이가 많고 남자는 나이가 적은
연상연하 커플이다.

시지 · 상관 〔신약〕 − 金 운에 발복한다.

[표 3] 시지 · 상관 사주 예

시주	일주	월주	년주	구분
癸 卯	壬 寅	丙 子	甲 戌	사 주
水 木	水 木	火 水	木 土	오 행

이 사주는 壬寅 일주에 월지가 子水로서 사주가 신왕하
려면 제일 먼저 월지를 얻어야 하는데 이 사주는 득령을 하
였다. 월간은 丙火로서 일간 壬水와 丙壬 충이다. 년간에
甲木과 일지에 식신이 있고 시지에 卯木이 상관으로 식상
이 왕한 듯하나 시간에 癸水의 겁재가 있어서 걱정할 정도
는 아니다.

사람이 병약해 보이는 것보다는 건강한 듯이 보이는 것
이 좋은 것처럼 사주도 일간이 약간 왕한 듯해야 좋고 인수

또한 약간 많은 듯한 것을 가장 길하게 본다. 그러나 이 사주는 년간과 일지가 식신이요 시지에 卯木이 상관이 되어서 기존에 水의 세력과 비슷한 균형을 이루고 있으므로 신이 조금 약하게 보인다. 그것은 일간 壬水를 생해 주는 金오행이 없는 관계이다. 그러므로 후천 운인 대운과 세운에서 金 운이 들어오면 운이 열리게 된다.

일지 · 상관 〔신강〕 – 애처가이다

[표 4] 일지·상관 사주 예

시주	일주	월주	년주	구분
癸 未	庚 子	丁 酉	戊 戌	사 주
水 土	金 水	火 金	土 土	오 행

이 사주는 庚子 일주에 월주가 丁酉로서 월지에 酉金의 겁재를 만나서 신강한 사주이다. 월지에 酉金은 金氣가 절정기에 달하고 있어서 庚金이 너무 신강하면 金에 힘을 설기하는 식신과 상관에 水 오행을 필요로 하는 것이다. 다행히 일지가 子水에 상관이고 시주의 癸水도 상관이다.

사주가 이쯤 되면 왕한 金氣를 설기해 줌으로서 운세가
잘 풀리는 것이다. 庚金은 천간으로 남자이고 子水는 지지
에 여자로서 천간이 지지를 금생수(金生水)로서 생해 주
게 되므로 애처가다. 사주 내에서 신강하면 설기를 해 주
어야 하고 신약하면 인수가 있어서 생해 줌으로 도와주어
야 한다.

시주 · 상관 – 자녀가 효도한다.

[표 5] 시주·상관 사주 예

시주	일주	월주	년주	구분
辛	戊	丙	甲	사
酉	午	戌	子	주
金	土	火	木	오
金	火	土	水	행

이 사주는 戊午 일주에 丙戌 월주로서 土氣가 왕한데 시
주가 辛酉金의 상관이 있어서 나의 힘을 설기해 주는 적당
한 오행이다. 일간을 극하는 관이 없는 데다 상관마저 없었
다면 그야말로 볼품없는 사주가 되었을 텐데, 시주 상관이
귀하게 자리를 잡고 있어서 자녀가 부모에게 효도를 하게

된다. 사주에 오행이란 순행을 해야 한다. 년주에서 월주로, 월주에서 일주로, 일주에서 시주로 순차적으로 순행하게 되면 더욱 좋다. 물이 아래로 흘러가듯이 오행도 역행보다는 순행함을 길하게 본다.

상관격(傷官格)

상관격이란 일주를 중심으로 월지와 지장간에 상관이 있어야 하고 천간에 투출이 되어야 한다. 그러나 상관이란 관을 상하게 하는 기신(忌神)으로 작용하므로 신이 허약하다면 매우 흉하게 본다.

상관격은 내격으로 보면서도 원칙대로만 보는 것이 아니고 년주나 월주와 시주를 구분하지 않고 상관격이 형성될 수 있는 것으로 식신과 다른 점이다.

그래서 상관격은 그 범위를 대단히 넓게 본다. 상관격이란 식신과는 단지 음양만 다를 뿐 일간의 기운을 설기해가는 오행으로서 매우 까다롭게 보게 본다.

과거부터 상관처럼 받들어 모신다 하여 상관이라는 말이 있다. 상관이란 직장에서는 상사요 가정에서도 상사처럼 모셔야 하는 것이 상관인데, 그래서 여자 사주에서는 상관을 두고 딸로서 보게 된다. 딸자식은 먹여서 가르쳐서 키워서 제 갈 길로 가게 되면 친정이라 찾아오면 하찮은 것까지 모두 가져가는 것이 딸이기 때문이다.

⑴ 상관재격(傷官財格)

상관재격이란 일주가 신강하고 정인과 편인이 많으면 정재나 편재를 용신으로 잡는 것이다.

일간이 신왕한데 인성이 많으면 우선은 내가 극하는 편재와 정재로 용신을 잡게 되면 태만하지 않도록 일거리를 제공한다는 것이다. 사주에서는 신왕하고 인성이 많게 되면 태만해져서 안방에서 처음에는 앉아 있다가 도가 지나치면 누워서 지내는 사주라 했다.

⑵ 상관살격(傷官殺格)

상관살격이란 일주가 신왕한데 비견이나 겁재가 많으면 정관이나 편관을 용신으로 잡는다. 신왕하고 형제 동지가 많으면 자만하기 쉽다. 이럴 때에는 나를 극하고 억제하고 견제하는 관살로 용신으로 잡는 것이 효율적이라는 것이다. 예를 들어 몸이 건강하면 적당한 운동이나 일을 해서 기운을 소비해야 하듯이 사주에서도 일간이 왕하면 관살이 극을 해서 왕한 오행의 힘을 설기시켜 주어야 한다.

⑶ 상관관격(傷官官格)

상관관격이란 일주가 신왕하면서 편관이나 정관이 많게

되면 상관을 용신으로 잡는다. 그래서 나를 극하는 관에게 억압하여 힘을 제어하도록 만드는 것이므로 상관을 용신으로 삼는다. 예를 들어 土 일간에게 木이 관이라면 土 일간에 金의 식신과 상관이 있으면 木이 관이 됨으로써 土 일간에 관을 제압해 주게 되는 이치가 된다.

(4) 상관인격(傷官印格)

상관인격이란 일주가 신약한데 식신이나 상관이 많으면 정인이나 편인을 용신으로 삼는다.

신약한데 식신과 상관의 힘을 설기해 가므로 더욱더 허약해지게 되므로 정인이나 편인을 용신으로서 나를 돕게 하는 것이다. 신약과 사주에 편관이나 정관이 많아도 편인이나 정인을 용신으로 삼는다.

나의 인수는 나의 관에 식신과 상관이기 때문에 기운을 설기해 줌으로써 관살이 활동하는 것을 줄이게 되는 것이다.

(5) 상관겁격(傷官劫格)

상관겁격이란 일주가 신약한데 편재나 정재가 많게 되면 비견과 겁재가 용신이 된다. 허약한데 너무나 많은 일을 혼자서 해결하지 못함으로써 형제나 동지에게 도와달라는 것이다. 그래서 일감을 분배하여 같이 돈을 벌자는 것이나 다름없다. 허약할 때에는 가장 가까운 비견과 겁재가 도움이 된다.

- 일주가 신왕하고 정인과 편인이 많으면 편재나 정재를 용신으로 삼는다.
- 일주가 신왕하고 비견과 겁재가 많으면 식신이나 상관이 용신이 된다.
- 일주가 신약하고 식신이나 상관이 많으면 정인이나 편인이 용신이 된다.
- 일주가 신약하고 편관과 정관이 많으면 정인이나 편인이 용신이 된다.
- 일주가 신약하고 편재나 정재가 많으면 비견이나 비겁이 용신이 된다.

월주·상관격 – 金·水 운이 좋다.

[표 1] 상관격 사주 예

시주	일주	월주	년주	구분
辛	丙	己	戊	사
卯	午	丑	戌	주
		癸辛己		장간

이 사주는 丙午 일주가 己丑 월주에 태어남으로써 월령을 얻지 못했으나 일지에 득지를 하였다. 월지 丑土의 지장간에 己土가 월간에 투출이 됨으로써 상관격이 되었다. 시지에 卯木이 인수가 되어서 신강한 사주라 할 수 있으나 일주가 丙午의 양인격의 간여지동(干與支同)이 됨으로써 조혼하면 실패하고, 더구나 상관의 방해로 결혼 운이 좋지 못하다. 중년 운이 지나야 비로소 안정을 되찾게 되며 재물과 명예가 들어오게 된다. 후천 운인 金·水 대운에서 발복을 하게 되는 사주로서 초년기에는 떠도는 신세이거나 불운을 겪기도 하지만 자수성가하는 사주이다.

월주 · 상관격 - 상관이 합이 된다.

[표 2] 상관격 사주 예

시주	일주	월주	년주	구분
丁未	壬戌	乙未	庚申	사주
		丁乙己		장간

이 사주는 壬戌 일주가 乙未 월주에 태어나서 월지 未土
의 지장간에 乙木이 월간에 투출이 됨으로써 상관격이다.
월간의 乙木이 년간에 庚金과 乙庚合金으로 변하게 됨으로
써 일간에게 도움이 되었고 일간이 년주 庚申金에 인수의
도움이 있어서 비록 월지를 얻지 못했다고는 하지만 신약
하지는 않다.

이 사주는 일간이 일지에 戌土에 편관을 깔고 앉았고 사
주 내에 관이 왕하여 水를 용신으로 하게 된다. 일지 · 월지
가 土로서 관성이 되어 일간을 극하고 있기 때문에 년주의
庚申金이 土의 기운을 설기하고 있어서 水운이 들어오면
발복을 하게 된다. 만약 火를 용신으로 하게 되면 상관을
불태워버리게 됨으로써 희망이 없는 사주가 되는 것이다.

월주 · 상관격 – 상관이 가로막고 있다.

[표 3] 상관격 사주 예

시주	일주	월주	년주	구분
乙 卯	戊 辰	辛 酉	癸 丑	사 주
		庚 辛		장간

이 사주는 戊辰 일주에 辛酉 월주에 태어나서 酉金의 지장간에 辛金이 상관인데, 그 상관이 월간에 투출이 되었으므로 상관격이다. 나를 생해 주는 인수가 없고 오히려 상관이 왕하고 乙卯의 정관이 시주에 자리하고 있어서 신약하다. 일간이 신약하여 일지 비견의 도움을 받는다.

년간에 癸水는 상관의 기운을 설기하고 있고 癸水와 일간 戊土가 戊癸合火로 되지 않을까 고민하지만, 戊土는 일지에 辰土가 붙들고 있고 월주에 상관이 가로막고 있어서 합이 이루어지지 않는다. 사주를 풀이할 때에는 여러 가지 예상치 못한 어려움이 많이 따르게 된다. 사주 내에 火가 없어서 용신이 없는 사주가 되었다. 용신이 없는 사주는 발복이 없는 사주라고 보는 것이다.

월주 · 상관 [신약] - 중년 운이 좋지 못하다.

[표 4] 상관격 사주 예

시주	일주	월주	년주	구분
辛 卯	丙 申	己 丑	己 亥	사 주
		癸辛己		장간

이 사주는 丙申 일주에 己丑 월주로서 丑土의 지장간에 己土가 암장되어 있고 월간에 己土가 투출이 되었으니 상관격의 사주이다. 丙火가 신약인데 상관격이 되어서 더욱 견뎌 내기가 힘들다.

水를 용신으로 하자니 일간을 극하게 되어서 좋을 것이 없고 일간도 丙火뿐이여서 신약하여 좋지 못하다. 그래서 시지에 卯木을 용신으로 잡게 됨으로써 후천 운인 대운과 세운에서 木·火 운에 발복을 하게 된다. 그러나 이 사주는 중년운이 좋지 못하다. 권세도 10년을 가지 못한다는 권불십년(權不十年)이라는 말이 있듯이 대운 역시 10년 단위로 오행이 바뀌어 들어오게 되므로 용신이 들어온다 해도 평생 동안 좋을 수가 없는 것이다.

년간 · 상관격 – 가난한 집안에 자식이 많다.

[표 5] 상관격 사주 예

시주	일주	월주	년주	구분
己	壬	己	乙	사
酉	寅	卯	未	주
		甲乙		장간

이 사주는 壬寅 일주가 己卯 월주에 태어나서 실령을 하였다. 일지에 寅木에 관을 깔고 앉았고 월지 卯木의 지장간에 乙木이 년간에 투출이 되어서 상관격이다.

이렇게 상관이 많을 경우에는 식신과 상관을 극하는 오행으로 용신을 잡는 것이 효과적이다. 시지에 酉金으로 잡게 되면 일간 壬水를 생조해 주는 인수 역할을 하게 되고 월지와 년간에 있는 상관을 제어해주는 역할을 하므로 누이 좋고 매부 좋은 격이다. 그래서 金이 용신이 되면 金 용신을 돕는 土는 희신(喜神)으로 변하게 되므로 매우 좋다. 사실 일지에 寅木도 식신이라서 일간이 너무 허약하다.

사주가 허약한 것은 먹을 양식이 없는 가난한 집안에 자식이 많은 것이나 다를 바 없어서 壬水를 도울 수 있는 金 오행이 절실히 필요하게 된다.

년간 · 상관격 – 가난한 살림에 자식이 많다.

[표 1] 상관격 사주 예

시주	일주	월주	년주	구분
壬寅	丁未	丙辰	戊子	사주
		乙癸戊		장간

이 사주는 丁未 일주로서 일지 未土에 식신이 자리하고 있어서 丁火에 기운을 설기 당하고 있다. 년간 상관격으로 이것은 월지 辰土 지장간에 戊土가 암장되어 있는데, 년간에 투출이 되어서 격상관격이 됨으로써 일간이 허약하게 되었다.

그나마 월간에 겁재가 있어서 많은 도움을 받고 있으나 이것만으로는 부족하다. 가난한 살림에 자식을 많이 두어서 먹이고 입히는데 고생을 하는 격이니, 이런 경우를 두고 신이 허약할 때 식신과 상관이 있어서 좋지 않다는 것이다. 이 사주는 후천 운인 대운이나 세운에서 木이 들어오게 되면 일간을 생해 줌으로써 발운이 있게 된다.

편재(偏財)

편재는 아극자(我剋者)라 하여 내가 극하는 세력으로서 오행이 다르고 음양이 같은 것으로 내가 이길 수 있는 오행 중 하나이다. 편재는 보편적으로 재물을 뜻하며 남자에게는 여자를 말한다. 그래서 남자 사주 내에서 편재가 많으면 여자가 많이 따르고 본처를 두고도 여색을 밝히게 된다.

사주 내에 편재가 많으면 돈을 잘 벌어들이기도 하지만 낭비가 심하여 재물을 축적하지 못하는 것이 특징이다. 평소에 돈을 많이 벌어들임으로 돈을 우습게 알게 되고 돈의 귀중함을 느끼지 못하게 되는 것이다. 또한 편재가 많은 사람은 명예와 권위를 찾게 되므로 낭비벽이 심하다.

그러나 신왕하면 많은 돈을 벌어서 재벌이 되기도 하는 것이 편재의 특성이다. 편재가 많으면 머리가 영리하고 계산이 빠르고 기회가 주어지면 놓치지 않고 거둬들이는 습관이 있어서 많은 욕심을 부리기도 하는 것이 편재의 기질이다. 일단 사주 내에 편재가 많으면 일생 동안 크게 곤란을 당한다거나 비열해지지 않고 일생 동안 남자는 여복이 있어서 미인들과 잘 어울리게 되는 팔자라 하겠다.

그렇지만 사주 격국이 허약하고 편재가 많으면 어려움을 당하는 경우가 많다. 그래서 사주 구성에 따라서 편재가 좋은 경우도 있고 정재가 좋은 경우도 있는데, 편재가 되었건 정재가 되었건 사주의 신강·신약의 강도에 따라서 적당하게 있어야 길성(吉星)으로써 작용하게 된다. 일주가 신약한데 편재가 많으면 용신이 들어올 때 큰 역할을 하게 되고 용신의 운이 지나가게 되면 완전히 재(財)로 끌려가게 되는 경우이다.

월간·편재 – 부모의 유산을 물려받는다.

[표 1] 월간·편재 사주 예

시주	일주	월주	년주	구분
丁未	壬午	丙申	戊戌	사주
火土	水火	火金	土土	오행

이 사주는 壬午 일주에 월간 丙火가 편재이고 시간에 丁火는 정재이다. 신왕한 사주에 정재와 편재가 있게 되어서 매우 길하다.

신왕하고 재왕하면 재물에 인색하지 않고 매우 활동적이고 주변에 여자가 많이 따르게 된다. 그러나 재물을 많이 모을수록 많이 쓰게 되므로 돈의 귀중함을 모르게 된다.

일간 壬水는 월지 申金을 만나서 금생수(金生水)로서 생을 받게 되는데, 재가 사방으로 깔려 있고 壬水를 극하는 관(官)이 많아서 사주가 신강하고 관왕재왕(官旺財旺)하다. 이러한 사주의 경우에는 어느 오행이 가장 왕한가를 잘 판단하는 것이 중요하다.

월간 · 편재 〔신약〕 – 재산을 탕진한다.

[표 2] 월간·편재 사주 예

시주	일주	월주	년주	구분
戊 午	癸 亥	丁 巳	乙 卯	사 주
土 火	水 水	火 火	木 木	오 행

이 사주는 癸亥 일주에 丁巳 월주로서 월간에 丁火가 편재이고 시지 午火에도 편재가 있다. 癸亥 일주가 약한데 비해 재가 많아서 재다신약(財多身弱)이다. 재다신약이란 내몸이 허약한데 농사를 지을 농토가 많은 것이나 다름없다.

신약한 사람이 많은 농사를 다 가꾸지 못하여 구경만하는 처사이다. 그렇다고 해서 시간에 戊土와 일간에 癸水가 戊癸合火가 되느냐 하면 그것도 아니다. 일간이 癸亥이므로 일지에 亥水가 癸水를 붙들고 있기 때문에 합으로 가지 않는다. 재가 많고 신이 약하면 자기도 모르게 재물이 술술 나가게 된다. 돈을 많이 벌면 번만큼 쓰게 되고 낭비 또한 매우 심하다. 그러나 신을 돕는 용신이 들어오면 금시발복을 할 수 있는 특성이 있다. 대운에서 신을 돕는 인수 운이

들어와야 한다. 설령 돈이 들어온다 해도 그 운이 지나가게
되면 재물이 다시 나가게 되고 주색을 탐하여 자칫하면 망
신당하기 십상이다. 그러나 초혼에 실패하고 재혼을 하게
되는 경우에는 의식주 걱정이 없이 잘 살게 된다.

일지·편재 – 후처와 산다.

[표 3] 일지·편재 사주 예

시주	일주	월주	년주	구분
乙亥	甲戌	戊午	辛未	사주
木水	木土	土火	金土	오행

이 사주는 甲戌 일주로서 일지에 戌土가 편재요, 월간에
戊土 역시 편재로서 월지 午火는 재성을 도와서 사주 내에
재가 왕하다. 사주 내에 재가 왕하면 오히려 재물을 가볍게
생각하게 되고 사교와 외교에 능하며 성격이 명랑하고 주
색을 밝혀서 두 집 살림하기가 십상이다.

그것은 사주 내에서 편재가 많은 관계이다. 사주에서 정
재가 년지에 있는데 월주와 일주에 편재가 있게 되면 남자

가 바람을 피우게 된다는 증거가 된다. 가령 본처와는 이별하고 재가하는 경우도 있다. 이 사주도 甲木이 월령을 얻지 못해서 신약한데 일거리가 산더미처럼 쌓여 있는 형국이다. 이러한 사주는 약한 신을 돕는 오행이 들어와서 신이 강할 것을 요구한다. 신이 강해지면 주변에 많은 재는 모두 자기 것이 된다.

월간·편재 - 유산을 지키지 못한다.

[표 4] 월간·편재 사주 예

시주	일주	월주	년주	구분
乙	乙	己	甲	사
酉	巳	丑	子	주
木	木	土	木	오
金	火	土	水	행

이 사주는 乙巳 일주에 월주가 己丑土에 편재이다. 월주는 부모궁인데 월주가 편재이면 부모로부터 유산을 물려받게 되면 재물을 탕진하고 권모술수가 있어서 남을 속이기도 한다.

시간에 乙木에 비견이 되어서 자식의 덕이 없고 자식과

의 마찰이 심하고 신용이 없다. 사주가 신왕한데 비견과 겁재가 많은 것은 좋지 못한 현상이다. 그러나 사주가 신약할 때에는 비견과 겁재의 힘으로 살아가게 된다. 이 사주는 년주가 甲子가 되어서 甲木에 겁재가 일간을 도와주고 월지가 丑土로서 지지가 亥子丑 반국이 되어서 신약하지 않다. 그런데 시간에 乙木은 비견으로 크게 반기는 존재가 되지 못하므로 자식 운이 없게 된다.

편재격(偏財格)

　사주의 격국에서 정재와 편재는 매우 중요한 역할을 한다. 편재는 나와 오행만 다를 뿐 음양이 같으므로 별로 반갑지 않은 존재임에는 틀림없고, 반면에 정재는 음양과 오행이 모두 다르기 때문에 나에게는 절실히 필요한 음양오행의 관계로서 반가운 재가 되는 것이다.

　그러나 사주 내에 정재가 없다면 편재는 정재의 역할을 하게 되고 편관이 있을 때에는 편재가 절실히 필요하게 됨으로써 사주가 크게 발복할 수 있게 된다.

　그렇다면 편재의 용신격을 살펴보기로 하자. 육신을 일반적으로 볼 때에는 편재다, 정재다라고 하게 되는데, 사주에서 하나의 격을 이룰 때에는 반드시 원칙이 있다.

　월지 지장간에 편재가 암장되어 있어야 하고, 그 암장된 편재의 오행이 천간에 투출이 되어 있어야 하나의 격을 이루게 되는 것이다.

⑴ 편재재격(偏財財格)

편재재격은 일간이 왕하고 정인과 편인이 많으면 편재나 정재로서 용신을 잡고 일간이 왕하고 비견과 비겁이 많아도 정재나 편재를 용신으로 잡는다.

이것은 힘이 넘치는데 일을 하지 않으면 태만해지게 되고 실업자가 되는 것이므로 이럴 때에는 돈벌이가 되는 일거리를 맡겨서 수입원이 되도록 하는 것이다.

⑵ 편재식상격(偏財食傷格)

편재식상격은 일간이 왕하고 비견이나 비겁이 많으면 식신이나 상관을 용신으로 하게 되고 그렇지 않으면 편관이나 정관을 용신으로 삼는 것이다. 일간이 신왕하고 식신이나 상관이 있으면 편관이나 정관을 용신으로 잡게 된다.

신왕하면서 정재나 편재가 있을 때 관살로서 용신을 잡게 된다. 재가 없는 편관이나 정관은 힘을 쓸 수가 없다는 것이다. 나의 재성은 편관과 정관에게는 인수가 되기 때문이다. 이렇게 구분하지 않으면 용신을 잡는데 많은 어려움이 있게 된다.

⑶ 편재인격(偏財印格)

편재인격은 사주의 일간이 약한데 편관이나 정관이 많으면 정인이나 편인으로 용신을 잡고 일간이 약한데 식신이나 상관이 많아도 역시 정인이나 편인을 용신으로 잡는다. 약하면 역시 보해주는 방법 외에는 별다른 도리가 없기 때문이다. 배가 고프면 음식을 잘 먹어야 하듯이 사주가 약할 때에는 정인이나 편인이 나를 도와주는데 제일가는 오행이 된다.

⑷ 편재비겁격(偏財比劫格)

편재비겁격은 일간이 약한데 편재가 많음을 뜻한다. 이럴 경우에는 비견이나 비겁으로 용신을 잡는다. 신이 허약함이 어느 정도인지 구분이 되어야 하겠지만, 너무나 허약한데 일거리가 산더미처럼 쌓여 있다면 역시 비견이나 비겁이 같은 형제요 동지로서 나의 일을 도와주는 것이다.

신이 왕할 때에는 비견이나 비겁이 옆에서 괴롭히고 빼앗아 가려는 것이 못마땅하지만, 그래도 신이 너무나 허약할 때에는 도움이 되는 것으로 인수보다는 시급하게 활용을 하는데 적당하다.

- 일간이 왕하고 정인이나 편인이 많으면 정재나 편재를 용신으로 본다.
- 일간이 왕하고 비견이나 겁재가 많으면 식신이나 상관을 용신으로 본다.
- 일간이 약하고 편재나 정재가 많으면 비견이나 비겁을 용신으로 본다.
- 일간이 약하고 식신이나 상관이 많으면 정인이나 편인을 용신으로 본다.

월간·편재격 〔신약〕 - 중년에 고독하다.

[표 1] 편재격 사주 예

시주	일주	월주	년주	구분
己	丁	辛	甲	사주
酉	亥	酉	辰	
	戊甲壬	庚辛		장간

위 사주는 丁亥 일주에 辛酉 월주로 태어나서 월령을 얻지 못했다. 월지 酉金의 지장간에 辛金이 편재이고 시간에 辛金이 월간에 투출이 되어 편재격이 되었다. 일지 亥水가 정관이 되어서 중년에는 부인마저 떠나게 되는 사주다. 木운에서는 그런대로 지탱할 수가 있으나 타 운이 오면 고생을 하게 되는 사주다. 일지 亥水의 지장간에 甲木이 투출되어 있어서 木이 왕하므로 甲木 정인으로 용신을 잡는 것이 가장 적합하다. 木이 왕하면 관성이 약해진다. 만약 亥水의 지장간에 戊土를 용신으로 하면 관의 기운을 설기하는 데에는 도움이 되지만, 丁火의 힘을 함께 설기하기 때문에 오히려 좋지 못하다. 이 사주는 정인 내지는 비견이 용신이 된다.

월간 · 편재격 – 부모 덕이 있다.

[표 2] 편재격 사주 예

시주	일주	월주	년주	구분
戊	辛	乙	庚	사
戌	巳	卯	子	주
	戊庚丙	甲乙		장간

위 사주는 辛巳 일주가 乙卯 월주에 태어나서 실령을 하였다. 월지 卯木의 지장간에 乙木이 암장되어 있는데 그 乙木이 월간에 투출이 되어서 편재격이다.

월령을 얻지 못했으나 시주에 戊戌土의 인수의 도움이 있고 일지 巳火의 지장간 중에 庚金과 년간에 庚金의 겁재가 있어서 신강한 사주라 할 수 있다.

초년에는 부모에게 물려받은 유산이 있어서 좋은 운이고 대운에 흐름이 남방운으로 흘러서 중년 운에는 크게 발복하지 못했으나 말년에는 재물과 부를 축적하고 명예도 얻게 되는 사주다. 그러나 건강상 사주 내에서 火가 약하여 심장이 허약하며 말년에는 심장질환으로 고생을 하게 된다.

일지 · 편재격 − 처 덕이 있다.

[표 3] 편재격 사주 예

시주	일주	월주	년주	구분
丁卯	甲戌	戊寅	庚子	사주
		戊丙甲		장간

이 사주는 甲戌 일주가 戊寅 월주에 태어나서 월령을 하였다. 寅木의 지장간에 戊土가 편재인데 월간에 戊土가 투출이 되어서 편재격이다. 사방이 재국으로 되어서 재를 많이 축적할 수 있는 사주다.

그리고 일지에 편재를 누르고 앉아 있게 되어 편처가 있게 되는데 정처와 일찍 사별하고 재취로 가게 되는 사주다.

사주 내에 재가 많아서 재물과 여복이 따르는 사주로서 사회에서 성공을 거두게 됨으로써 학계 내지는 정치계에서 이름을 크게 날리기도 한다. 재치가 있고 의리를 중히 여기기는 하지만 건강상 심장이 좋지 못하여 고혈압으로 고생하게 된다.

용신을 丁火(상관)로 보게 되면 대운의 흐름이 남방운으로 달리게 되므로 중년 이후부터는 재물과 명성을 얻게 된다.

원래 甲木의 일간은 천간에서 제일가는 우두머리로서 어디를 가나 보스 기질이 다분하며 활동력이 강하다는 것이다. 그러므로 다방면으로 재능이 있어서 주위로부터 이목을 받게 되는 사주이다.

일지 · 편재격 – 처 덕이 있다.

[표 4] 편재격 사주 예

시주	일주	월주	년주	구분
丙 子	甲 辰	丁 巳	戊 午	사 주
		戊庚丙		장간

이 사주는 甲辰 일주가 丁巳 월주에 태어나서 월령을 얻지 못했다. 巳火의 지장간에 戊土가 있어서 편재이고 그 편재가 년간에 투출이 되어서 편재격이다. 시지에 子水가 인수로서 일지와 子辰으로 수국을 이루어 甲木에는 크게 도움이 되었다.

甲辰 일주가 일지에 辰土의 재를 깔고 앉았고 시주에 戊土 역시 편재로서 재왕격이다. 신왕하고 재왕하므로 관

을 용신으로 잡게 되면 巳 중에 庚金이된다. 관인 金은 水를 생해 주는 동시에 왕한 신을 억제하는 역할을 하게 되므로 명예가 따르게 된다. 인수인 水를 용신으로 하면 金이 희신이 됨으로써 甲木에 관이 올바른 구실을 하게 되므로 역시 水가 용신이 된다.

정재(正財)

정재는 음양오행에서 아극자(我剋者)라 하여 내가 극하는 오행으로 나와 음양과 오행이 다른 것이다.

오행의 상생상극론에서 서로 극과 극으로 달리는 과정에서 유일하게 내가 극하고 이길 수 있는 세력이 바로 편재와 정재이다.

편재는 오행은 다르지만 음양이 같은 것을 말하고 정재는 음양과 오행이 모두 다르다. 사주에서는 음양을 중요시하는 것이고 보면 정재는 나와는 음양의 조화가 잘 맞는다고 본다.

내가 남자라면 정재는 여자를 말함이다. 사주에서 편재보다는 정재가 있어야 좋다고 하지만, 사주 구성에 따라서 각각의 작용이 다르다는 것이다.

예를 들어 甲木이라면 지지에서 丑土나 未土가 정재가 되므로 남자 사주에서 재는 재물과 여자로 보게 되는 것이다. 그러므로 음양이 달라야 하는데 남자나 여자가 음양이 같아서는 별 의미가 없다는 것이다. 그래서 정재가 사주 내에 있으면 좋다고 하는 것이다.

그러나 너무 정재가 많으면 성격이 소심해지고 소극적이 되어서 모험심이 사라지고 조심성만 늘게 된다. 반면에 가정 내에서는 충실하고 자상한 면을 보여주게 된다. 그러나 남명에서 재는 여자에 해당함으로 사주의 신이 허약한 사람이 정재가 많으면 주색에 빠지면 거기서 헤어나지 못하고 가정파탄에 이르게 되는 예가 많이 있다.

그러나 신왕한 사주에 정재가 많으면 여성들에게 인기가 많고 가정 내에도 충실하여 재물을 모으게 되고 현모양처를 두게 되는 것이다.

신용과 덕망이 뒤따르게 되어 대인관계에서 좋은 평을 받게 된다. 편재나 정재는 내가 이기고 극할 수 있는 오행으로서 모든 것이 나에게 의지를 해야 하는 오행으로 귀한 오행임에 틀림없다. 정재는 사주의 신이 강할 때에 그 효력을 크게 발휘하게 된다.

시간 · 정재 – 여복(女福)이 많다.

[표 1] 시간 · 정재 사주의 예

시주	일주	월주	년주	구분
庚 子	丁 酉	丙 申	戊 午	사 주
金 水	火 金	火 金	土 火	오 행

　이 사주는 丁酉 일주로서 일지 酉金이 편재이고 월지는
申金으로 정재이다. 신왕에 재를 깔고 앉아 있는 것은 좋은
격으로 볼 수 있으나, 이 사주는 丁火를 도와주는 인수가
없어서 그나마 월간에 丙火의 비겁이 후원자가 되고 있다.

　월지가 정재격으로서 부모 덕이 있고 처 덕도 있게 되는
데, 丁酉 일주는 길신이 많아서 미인이 많이 따르고 처복도
있게 된다.

　년주가 戊午가 되어서 년지 午火가 크게 도와주므로 신
약하지 않게 된다. 사주 내에서 년지의 도움을 받으면 이것
은 조상의 묘를 명당에 모신 예가 많다고 보는 것이다.

월간 · 정재 — 재다신약이다.

[표 2] 월간·정재 사주의 예

시주	일주	월주	년주	구분
乙 巳	丁 丑	庚 戌	丁 亥	사 주
木 火	火 土	金 土	火 水	오 행

이 사주는 丁丑 일주가 戌土에 월지를 만나서 실령을 하였다. 시지 巳火 중에 庚金이 암장되어 있는데 그 庚金이 월간에 투출이 되어서 정재격이다.

일지에 丑土의 지장간에 辛金이 편재로서 사주 내에 정재와 편재가 많고 인수가 없어서 재다신약 사주다. 년간에 丁火의 비견이 있어서 木이 용신이 되고 후천 운인 대운과 세운에서 木운에 발운이 있게 된다. 년지 亥水의 지장간에 甲木이 丁火를 활발하게 불붙일 수 있다. 물론 월지와 지장간에 丁火도 있으나, 용신을 잡을 때에는 돌출된 오행부터 용신으로 잡는 것이 순서이다. 제일 먼저 천간에 투출된 오행을 용신으로 잡고 투출된 오행이 없다면 지지에서 용신을 잡게 된다.

월간 · 편재 — 부모 덕이 있다.

[표 3] 월간 · 정재 사주의 예

시주	일주	월주	년주	구분
乙卯	戊辰	癸亥	庚午	사주
木木	土土	水水	金火	오행

　이 사주는 戊辰 일주에 월주가 癸亥로서 월간 癸水는 정재이고 월지에 亥水는 편재이다. 사주 내에 편재와 정재가 모두 갖추어져 있으므로 부모 덕이 있고 재물도 많이 모을 수 있다.

　일간 戊土와 월간 癸水가 戊癸合火로 변신할 염려가 있어서 일간이 월간과 자주 합을 한다 함은 마음이 갈대 같아서 주관이 뚜렷하지 못하다.

　戊土 일간이 타 오행과 합이 되면서 변심을 하게 되면 타 오행에게 신용을 잃게 되는 원인이다.

　그리고 戊辰 일주는 일간이 戊土에 일지가 辰土가 되어 천간과 지지의 음양의 구분이 없으므로 조화가 맞지 않고 분별력이 없으므로 부부 운이 좋지 못하다.

월간 · 일지 · 정재 — 재혼이다.

[표 4] 일지 · 정재 · 사주의 예

사주	일주	월주	년주	구분
甲 戌	己 亥	壬 午	辛 未	사 주
木 土	土 水	水 火	金 土	오 행

이 사주는 己亥 일주로서 일지 亥水에 정재를 깔고 앉았고 월간에 壬水도 정재이므로 재성이 강한데 월지 午火에 인수가 있어서 신강한 사주다.

평소 근면 성실한 생활을 하며 물려받은 유산도 많게 된다. 그리고 사주 내에서 일지에 정재를 깔고 앉게 되면 처복이 있어서 현모양처를 만나게 되고 주위에 타 여자들이 많이 따르게 된다.

그러나 사주 내에서 정재란 본부인을 뜻하는데 정재가 2개가 있다 함은 불길하다. 사주는 사람의 일생을 그려놓은 복사판으로서 정재 2개가 한꺼번에 들어 있다 함은 정식으로 결혼을 두 번 하게 된다는 뜻이다. 그렇다면 초혼에 실패하고 재혼을 하게 되는 사주다.

정재격(正財格)

　정재격이란 월지·지장간에 정재가 암장되어 있어야 하고 그 오행이 천간에 투출이 되어야 정재격이라 할 수 있다.

　정재란 재물이요 남자에게는 재물과 여자를 뜻한다. 정재격이란 신왕에 대운이 잘 들어오게 되면 발복하여 많은 재산을 모으며 현모양처를 두게 된다. 그러나 신약에 재가 많으면 몸이 허실한데 일거리가 많은 것이고, 신왕에 재가 없으면 몸이 건강한데 실업자나 다름없다.

　그래서 신약 사주에 재성이 많으면 재다신약(財多身弱)이라 하여 대인과의 관계는 많지만 특별한 수확이 없고 바쁘기만 하다.

　그러나 사주 내에 적당한 정재가 있으므로 매사가 순조롭게 풀리는 이치이다. 정재격의 용신을 잡는데는 대략적으로 다음 4가지로 분류한다.

⑴ 정재재격(正財財格)

정재재격이란 일간이 왕한데 정인이나 편인이 많고 비견과 비겁이 많으면 정재나 편재를 용신으로 삼는 것이다. 일간이 왕한데 인수가 많다면 신이 더욱 강해지게 되고, 또한 비견이나 비겁은 나의 형제나 동지가 되므로 일거리가 필요함으로써 재를 용신으로 하는 것이다.

⑵ 정재식상격(正財食傷格)

정재식상격이란 일간이 왕한데 비견이나 비겁이 많으면 식신과 상관으로 용신으로 잡는다. 신이 태왕하게 되면 식신이나 상관으로 설기하여 주는 것이 마땅하고 일간의 강약을 구분하여 정관이나 편관으로 용신을 잡을 수도 있다.

이것은 억부용신법에서도 크게 벗어나지 않는다. 정재격의 사주가 구성이 되었다면 정재격에서 용신을 결정하는 것이 좋다.

⑶ 정재인격(正財印格)

정재인격이란 일주가 신약하고 정관이나 편관이 많으면 정인이나 편인으로 용신을 잡는 것이다. 일간이 약한데 식신이나 상관이 많아도 역시 억부법에서 말했듯이 약하면 도와주고 강하면 설기하고 억제해 주는 용신법에서 크게 벗어나지 않는다.

사주에서 가장 중요한 것은 그 일간이 얼마나 신약한지 또는 신강한지 빨리 구분하여 여기에 상응하는 용신으로 잡아 주는 것이 상책이다.

⑷ 정재비겁격(正財比劫格)

정재비겁격은 일간이 신약하면 비견이나 겁재로서 용신을 잡고 일간이 허약하고 정재나 편재가 많아도 비견이나 겁재가 용신이 된다. 사주의 일간이 신약하면 우선 시급하게 비견이나 비겁이 나의 형제요 동지이므로 도와주게 되는 것이다.

그러나 허약하지 않고 시급한 상황이 아니라면 정인이나 편인이 그래도 안정된 나의 인수로서 용신이 되는 것이므로 사주의 구성을 잘 살피는 것이 중요하다.

- 일간이 강하고 정인이나 편인이 많으면 편재나 정재를 용신으로 본다.
- 일간이 강하고 비견이나 비겁이 많으면 식신이나 상관을 용신으로 본다.
- 일간이 약하고 정관이나 편관이 많으면 정인이나 편인을 용신으로 본다.
- 일간이 약하고 편재나 정재가 많으면 비견이나 비겁을 용신으로 본다.

월간 · 정재격 — 재산을 보존하지 못한다.

[표 1] 정재격 사주의 예

시주	일주	월주	년주	구분
丁 丑	乙 卯	戊 申	己 未	사 주
		戊壬庚	丁乙己	장간

　이 사주는 乙卯 일주에 戊申 월주로서 월지 申金의 지장
간에 戊土가 암장되어 있고 그 戊土가 월간에 투출이 되어
서 정재격이다.

　이 사주는 월지를 얻지 못하여 乙卯 일주가 매우 신약하
다. 년지 未土의 지장간에 乙木이 뿌리가 있고 일지와 卯未
의 반합의 목국(木局)을 이루고 있어서 유지를 하고 있는
데, 월지 申金이 정관이 되어서 대운만 잘 들어온다면 크게
발복을 누릴 수 있는 사주이다.

　그러나 사주 내에 재가 너무 많은 것이 흠이라 할 수 있
다. 이 사주는 水로서 용신을 하면 많은 재를 감당할 수 있
어서 부를 누릴 수도 있으므로 대운이 얼마나 잘 들어오느
냐에 달려 있는데, 만약 일지에 비견으로 용신을 한다면 인
수가 부족하여 메마른 사주 구성이 되므로 좋지가 않다.

월간 · 정재격 – 재산을 운용하기 어렵다.

[표 2] 정재격 사주의 예

시주	일주	월주	년주	구분
癸	癸	丙	乙	사
亥	未	午	酉	주
		丙己丁		장간

이 사주는 癸未 일주에 丙午 월주로서 午 중 丙火가 있고 월간에 투출이 되었으므로 정재격이다.

癸 일간에 시주도 癸亥가 되어서 매우 차가운 사주가 되어서 丙午 월주가 대단히 귀하게 되었다.

그러나 癸未 일주는 일지에 관을 깔고 앉았기 때문에 이러한 경우에는 일간이 강해야 한다. 일간의 癸水가 약하면 신이 급속도로 약해짐으로써 재를 감당할 수 없게 되므로 재산을 운용하기 어렵다.

그래서 이 사주는 金 용신으로 잡게 되면 일간을 생해 줌으로써 火에 재를 활용하게 되는 것이다.

월간 · 정재격 – 부와 명예가 따른다.

[표 3] 정재격 사주의 예

시주	일주	월주	년주	구분
辛 巳	庚 申	乙 未	己 亥	사 주
		丁乙己		장간

이 사주는 庚申 일주에 월지 未土의 지장간에 乙木이 월간에 투출이 되어서 정재격이다. 庚申 일주가 강한데 시간에 辛金에 겁재가 있고 시지 巳火 중에 庚金이 암장되어 있어서 일간이 태왕하다.

그리고 월간에 乙木과 일간에 庚金이 乙庚合金으로 합을 하게 된다.

사주의 구성이 신이 강하여 명예와 부를 누릴 수 있으나 이렇게 천간 합이 빈번하게 된다 함은 주관이 없고 주위 말에 쉽게 이끌리고 어울리게 됨으로써 이성관계가 복잡해지고 주색에 빠지게 된다. 이 사주는 특히 庚申 일주가 간여지동(干與支同)이 되어서 음양의 구분이 없어서 부부 운이 희박하다.

월간 · 정재격 - 재물이 많다.

[표 4] 정재격 사주의 예

시주	일주	월주	년주	구분
丙	甲	己	辛	사
子	寅	未	酉	주
		丁乙己		장간

이 사주는 甲寅 일주에 己未 월주이다. 월지에 未土가 정재인데 未土의 지장간에 己土가 암장되어 있고 己土가 월간 투출이 되어서 정재격이다.

시지에 子水가 정인이므로 甲木이 신왕한데 월주에서 정재격을 이루었다 함은 사주 내에서 정재의 힘이 가장 왕성하다는 뜻이고, 정재 세력에 의해서 사주가 좌지우지될 가능성이 높다는 것으로 중년 운에 많은 재물을 얻게 된다.

이 사주는 특히 일주가 甲寅으로 甲木은 과거부터 천간에 우두머리로서 여자 사주에서 甲木이 있다 함은 이것은 팔통사주라 하여 대단히 꺼려왔다. 甲木은 십간을 통솔한다는 의미가 있다.

편관(偏官)

　편관이란 오행 중에서 유일하게 나를 이기고 극하는 것으로 편관과 정관이 있다. 내가 다른 오행을 극하고 제어하듯이 나도 관에 의해 굴복을 해야 한다. 관은 남자 사주에서는 자식이 되고 여자 사주에서는 남자가 된다.

　간혹 편관은 나쁘고 정관은 좋다는 말을 하게 되는데, 이것은 역시 사주의 원국에 따라서 다르므로 어느 것이 특별히 좋다고 논할 수는 없다.

　다만, 편관의 오행은 나와 다르지만 음양이 같고 정관은 음양과 오행이 모두 다르다는 것일 뿐이다.

　사주 내에 편관이 많으면 성격이 성급하고 영웅호걸처럼 행동하기 좋아하며 자존심이 강하고 권위주의적이고 모험심이 매우 강하다.

　그래서 군인이나 검찰 또는 경찰계통에서 종사하는 사람이 많은데, 신약한 사주에 편관이 많으면 성격이 난폭하여 범죄를 저지르기 쉽고 감옥살이까지 하게 되는 경우도 있다.

　그러나 신왕한 사주에서의 편관이란 강한 자에게는 강하

고 약한 자에게는 동정심을 가지게 되는 희생정신을 보이게 된다. 여자가 편관이 많게 되면 남편과 뜻이 맞지 않게 되어 부부싸움을 자주하게 되고, 끝내는 홀로 되는 경우가 많아서 독신생활을 하게 된다.

신왕한 사주에서의 편관이란 법조계에서 성공하는 예가 많으며, 신왕하면 나를 제어 해주는 신이 절대적으로 필요하다. 하지만 사주 원국에서 신약의 강약을 판독하기란 매우 어려운 관계로 사주를 많이 풀어 보고 판독하는 연습이 반드시 필요하다. 어떤 사주의 오행이던 간에 적당하게 배열이 되어 있으면 대단히 좋으나, 그것이 뜻대로 되지가 않는 관계로 관성이란 후천 운인 대운과 세운에서 들어오는 것을 잘 감지함으로써 정확한 판독이 가능할 것이다.

월간·편관 — 부부가 해로하지 못한다.

[표 1] 월간·편관 사주의 예

시주	일주	월주	년주	구분
戊 申	壬 子	戊 辰	乙 巳	사 주
土 金	水 水	土 土	木 火	오 행

이 사주는 일주가 壬子인데 월주가 戊辰이다. 월지 辰土의 지장간에 戊土가 월간에 투출이 되어서 편관격이 된다. 관이란 원래 내가 신강할 때에는 벼슬이 되는데 신약하면 관재구설수가 되고 남과 다투기를 좋아하는 기질이 있다. 이 사주는 일주의 강한 水를 제압함으로써 참회하고 반성하는 기미도 보인다. 그렇지 않으면 壬子 일주에 강한 水로서는 사회생활이나 부부생활이 원만하지 못하다. 여자 사주라면 壬子 일주가 간여지동이 되어서 결혼을 하게 되면 부부생활이 원만하지 못하여 헤어지는 경우가 대부분이다. 천간은 남자이고 지지는 여자인데 壬子는 천간과 지지가 똑같은 水로서 천간과 지지의 구분이 없어서 여자는 남자를 대우할 줄 모르고 남자도 역시 해로하기 어렵다.

월간·편관 – 재물이 없다.

[표 2] 편관 사주의 예

시주	일주	월주	년주	구분
甲寅	癸亥	己丑	壬寅	사주
木木	水水	土土	水木	오행

이 사주는 癸亥 일주에 己丑 월주로서 월지 丑土의 지장간에 己土가 월간에 투출이 되었기 때문에 편관격이다. 월주 편관은 모험심이 강하고 타인을 이용하게 되고 권모술수에 능하게 된다.

여자 사주라면 좋은 남편을 잘 만나서 현모양처가 되고 남자 사주라면 주색에 눈이 어둡게 된다.

이 사주는 특히 癸亥 일주에 음인격의 간여지동이 되어서 성격이 소심하고 부부가 서로 만족하지 못한다. 월지 丑土의 지장간에는 辛金이 있어서 일간에는 보이지 않는 도움이 있게 된다.

월간 · 편관 - 고위 관직이다.

[표 3] 월간·편관 사주의 예

시주	일주	월주	년주	구분
丙子	甲申	庚子	癸未	사주
火水	木金	金水	木土	오행

이 사주는 甲申 일주로서 일지에 申金과 월간에 庚金이 편관이다. 월지 시지에 子水에 인수가 있어서 甲木에 나무는 하늘 높은 줄 모르고 자라고 있는데, 아래에서 옆에서 편관이 제지해줌은 다행이라 할 수 있다. 일간이 甲木이라면 자존심과 욕심이 남다르고 학문이 깊고 유식하여 덕망이 높은 학자가 많게 되고 월간과 일지에 편관이 있다 해도 지지가 申子 수국(水局)에 반합을 이루고 있어서 일간을 돕고 시간에 丙火는 관을 견제하는 역할을 한다. 일지 申金의 지장간 중에는 庚金이 암장되어 있는데 그 庚金이 월간에 투출이 되므로 관이 왕하다. 신강한 사주에 관이 왕하면 관직에서 높은 직위에 오르게 된다.

월간·편관 – 재물이 많다.

[표 4] 월간·편관 사주의 예

시주	일주	월주	년주	구분
丁丑	乙卯	辛未	壬子	사주
火土	木木	金土	水水	오행

이 사주는 乙卯 일주에 월간 辛金이 편관이다. 다행히 년지에 인수가 뿌리를 하고 있고 일지 卯木이 비견으로 동지가 되어서 걱정이 없다.

월지에 未土 중에는 乙木이 암장되어 있어서 일간이 약하지 않고, 시주 또한 丁丑土로서 재가 되어서 말년에는 재물도 따르게 된다.

일간이 강하고 관과 재가 적당하여 구성이 잘 어울려졌다고 보게 되나, 사주 내에서는 火 오행이 없어서 식신과 상관이 없다. 사주 내에서 식신과 상관이 없다 함은 결실이 없는 것이 되어서 아쉬움이 있는 사주다.

편관격(偏官格)

편관격이란 일주와 월지를 중심으로 해서 격을 정하게
되는데, 천간에 투출된 관을 의미있게 보는 것이다. 편관이
란 나를 극하는 오행으로서 음양은 같은데 오행이 다른 것
을 말한다.

편관격이란 나의 신이 왕할 때에는 견제역할을 해줌으로
써 사주의 신을 평정하게 해 준다는 의미이다.

그러나 편관이란 오행의 속성상 정당하고 정확하게 극을
하고 제어해 주는 것이 아니므로 신약에 편관이 강하면 좋
지 않고 신왕에 편관이 없거나 약하면 견제하는 역할이 없
어서 매우 곤란하다.

편관이 강하면 식신으로 편관에 힘을 제거하는 방법이
있고 인수가 용신이 되어 편관의 식신이 되고 나에 인수가
되어 줌으로서 용신이 되는 것이다. 식상제살 겁재로서 그
살기를 제거하는 방법으로써 신에 극을 막는 방법과 인수
가 있으면 통관을 시켜주는 역할로서 일주를 생해 주는 것
이다.

편관격은 그 관살을 잘 중화시키는 오행이나 대운이 들

게 되면 크게 발복하는 경우가 많다. 나를 생해 주는 오행인 인수가 들게 되면 신이 왕해지므로 편관이 적당히 억제해줌으로써 사주가 귀하게 되는 것이다.

편관격의 용신을 잡는데 대략적으로 순서만 알아보았지만, 구체적인 용신을 나열해 보기로 하는데, 편관격도 대략 다음의 4종류로 요약할 수 있다고 본다.

⑴ 편관식상격(偏官食傷格)

편관식상격은 일간이 강한데 편관과 정관이 많으면 식신이나 상관으로 용신을 잡는 것이다. 식신과 상관은 중간에서 통관역할을 할 뿐 아니라 일간과 관살이 대립된 살을 중간에서 막아주는 역할을 하게 된다. 즉 내가 木이라면 木에 식신이나 상관은 火가 된다. 그러나 나를 극하는 편관이나 정관은 金이므로 火로서 金을 억제하여 주는 것이다. 그래서 양면의 조절역할을 담당하는 식신이나 상관을 용신으로 삼게 되는 경우이다.

⑵ 편관재격(偏官財格)

편관재격이란 일간이 왕한데 정인이나 편인이 많으면 편재나 정재를 용신으로 잡는다. 일간이 태왕한데 놀고 먹기만 한다면 게으르게 되어서 그래서 일거리를 맡겨 수확을 바랄 수 있는 것이다. 사주가 신왕재왕(身旺財旺)하면 발복을 하게 된다.

(3) 편관인격(偏官印格)

편관인격은 신이 허약한데 편관이나 정관이 많으면 편인과 정인이 용신이 되고 식신이나 상관이 많아도 편인이나 정인이 용신이 된다.

나를 도와주는 세력이면 되는 것이다. 가령 나를 극하는 세력이 많아도 내가 튼튼하면 되고 나의 기운을 설기해가는 쪽이 있는 것만큼 나를 도와주는 인수가 절실히 필요하다.

(4) 편관재격(偏官財格)

편관재격이란 내가 허약한데 정재나 편재가 많으면 일거리가 많아서 일처리를 다하지 못하게 된다. 그 때에는 나의 친구나 동료에 비견이나 비겁으로 용신을 삼는다. 비겁이나 비견은 나의 형제이기 때문에 시급할 때 가장 쉽게 도와줄 수 있는 신이다. 그래서 사주가 재다신약(財多身弱)일 경우에도 비견이나 비겁으로서 용신을 잡는다.

- 일간이 왕하고 정관이나 편관이 많으면 식신이나 상관을 용신으로 본다.
- 일간이 왕하고 정인이나 편인이 많으면 정재나 편재를 용신으로 본다.
- 일간이 왕하고 비견이나 비겁이 많으면 칠살을 충하는 용신으로 본다.
- 일간이 약하고 정관이나 편관이 많으면 정인 편인을 용신으로 본다.
- 일간이 약하고 식신이나 상관이 많으면 정인 편인을 용신으로 본다.
- 일간이 약하고 편재나 정재가 많으면 비견이나 비겁을 용신으로 본다.

년간 · 편관격 – 재물이 없다.

[표 1] 편관 · 용재격 사주의 예

시주	일주	월주	년주	구분
癸	庚	己	丙	사
未	申	巳	午	주
丁乙己		戊庚丙		장간

이 사주는 庚申 일주에 년주가 丙午이고 월지가 巳火로
서 편관이기는 하나, 오행이 화생토(火生土)…토생금(土生
金)으로 흘러서 신이 왕하다.

그런데 시주에 癸水가 상관으로 톡톡히 한몫을 하고 있
다. 癸水마저 없었다면 이 사주는 인수가 많아서 방 속에서
구들장만 짊어지고 사는 게으른 사주인데, 그나마 癸水에
상관이 있어서 보석 같은 역할을 하고 있다. 이렇게 신왕
한 사주에는 재를 용신으로 삼아서 일거리를 제공하게 되
는 것이다.

그러나 자칫 식신이나 상관이 약하다 하여 식신이나 상
관을 용신으로 삼으면 너무나 설기가 많게 되어 오히려 단
단한 金의 체질이 변하게 되므로 未 지장간에 乙木에 재성
을 용신으로 삼게 되면 그나마 오행이 생하게 되어 사주 운

이 풀리게 되는 경우이다. 乙木에 재가 癸水의 설기를 담당하게 되므로 乙木을 용신으로 삼게 된다. 이를 두고 편관용재격이라고 하게 된다.

월간·편관격 — 재물이 없다.

[표 2] 편관·용겁격 사주의 예

시주	일주	월주	년주	구분
丁 亥	乙 卯	辛 酉	壬 子	사 주
戊甲壬		庚辛		장간

이 사주는 乙卯 일주에 辛酉 월주로서 월간과 편관을 만났으니 일주에 가깝게 붙어 있어서 대단히 흉악스럽게 보인다.

지지는 卯酉는 충이요 천간에서 乙辛 충이므로 이것은 칠살격이 되는 셈이다. 그나마 년주가 壬子로서 월주에 식신과 상관이 되어서 金氣를 설기해주고 고 일주에 인성으로서 도와주므로 일간이 견디고 있는 것이다.

편관과 정관이 일간을 극하는 것은 당연한 이치로서 일간이 관에 극을 버틸 수만 있다면 오히려 복이 되므로 사주가 크게 발복할 수 있는 것이다.

이 사주는 火로서 용신을 잡게 되면 金의 힘을 제어하게 되고 차가운 사주의 원국에 온도역할을 하게 될 것 같지만, 아쉽게도 사주 내에 火 오행이 보이지 않으므로 亥水 지장간에 중의 甲木을 용신으로 잡게 되면 위협적인 편관을 달 랠 수 있는 것이다.

년간 · 편관격 – 재물이 많다.

[표 3] 편관격 사주의 예

시주	일주	월주	년주	구분
壬 辰	辛 未	壬 午	丁 酉	사 주
		丙己丁		장간

이 사주는 辛未 일주로서 월지가 午火와 년간에 丁火가 있어서 편관격이다. 월지에 午火는 편관으로서 매우 위험스러운 존재이다.

이 사주는 水를 용신으로 잡자니 일간을 설기하게 되어서 좋지 못하여 나를 도와주는 인성을 용신으로 쓰게 되면 왕한 火氣를 설기시키는 동시에 허약한 나를 도와주는 인성이 되어서 제격이다.

　그래서 이 사주는 편관용인격으로 인수가 용신이 되는 것이다. 인수인 土가 들어오게 되면 약한 金을 도와주고 강한 水氣를 제거함으로써 편관에 기운을 조절하게 된다.

월간 · 편관격 – 재물이 없다.

[표 4] 편관격 사주의 예

시주	일주	월주	년주	구분
壬寅	壬辰	戊寅	庚子	사주
		戊丙甲		장간

　이 사주는 壬辰 일주에 戊寅 월주를 만나서 戊土가 편관격이다. 월지 寅木 지장간에 戊土가 천간에 투출이 되었기 때문에 편관격이 되는 것이다.

　庚子 년주로서 편인과 겁재가 되고 시간에 壬水에 비견이 있어서 편관격이지만 일간 壬水가 매우 왕하다. 그래서 이 사주는 木과 土오행이 있으나 水를 감당하기에는 역부족이다. 그래서 차가운 물을 따뜻하게 해주는 것이 급선무로서 조후용신으로 보아서 寅 지장간에 丙火를 용신으로

하게 되면 土를 생조해 줌으로써 관에게 힘을 실어주고 차가운 물에게 우선 온도의 역할을 해주게 되는 것이다.

일지·시지에 寅木에게도 온도를 주게 되므로 많은 水氣를 설기할 수 있다. 이 사주는 土가 들어와도 토극수(土剋水)를 하여 많은 물을 설기를 함에 따라서 사주의 운이 열리게 된다. 그래서 이 사주는 火·土 용신이 되는데 정확하게 말하면 土가 용신이고 火는 희신이 된다.

정관(正官)

정관이란 극아자(剋我者)라 하여 나를 극하는 오행으로서 음양이 다르고 오행도 다른 것을 말한다. 사주의 원국에 구성에 따라서 정관이 좋은 경우가 있고 편관이 좋은 경우도 있는데, 편관이나 정관은 모두 나를 극하고 나를 재물로 삼고 나를 이기고 조종하는 세력이기도 하지만, 신이 너무나 강하게 되면 정관보다는 편관이 더 좋다. 편관은 자신과 동일한 힘을 가지고 있어서 나를 제어하기에 충분한 힘을 가지고 있기 때문이다.

반면에 정관은 나와 음양이 다른 것으로 남녀관계에 불과하다. 오행이 적당할 때에는 편관보다는 정관이 제격이다. 여자에게 남편이 관이요 남자에게는 자식이 관이니 이왕이면 음양이 다른 정관이 되어야 남편과의 사이도 원만하게 되고 자식과도 사이가 원만하다는 이론이다.

사주 내 정관이 있으면 정직하고 솔직하여 남에게 신임이 두텁고 성격이 온화하여 타인으로부터 인정을 받게 된다. 따라서 부와 명예를 누릴 수 있고 책임감이 강하고 성실하므로 관직에서도 승승장구하게 된다. 그러나 신약 사주에 정관이 많게 되면 겁탈자로 행세를 하게 되고 관에 눌려서 무능력하고 관재구설수에 휘말리게 된다.

그러나 신왕한 사주가 정관이 많으면 봉황이 날개를 단 격으로 일사천리로 출세가도를 달리게 되는 것이다. 그러므로 사주 내에서 정관과 편관이 두루두루 있어야 비로소 운이 잘 풀리게 된다.

월간 · 정관 – 성격이 온화하다.

[표 1] 정관 사주의 예

시주	일주	월주	년주	구분
乙 卯	戊 子	乙 未	己 丑	사 주
木 木	土 水	木 土	土 土	오 행

이 사주는 戊子 일주에 乙未 월주로서 월간 乙木과 시주에 乙卯가 정관이다. 월지 未土 중에 乙木이 월간에 투출이 됨으로써 정관격을 이루었다.

신왕 사주에 월간과 시주에 乙木의 정관이 자리하고 있어서 성격이 온화하고 명랑하며 자존심이 강하다. 사주가 정관격이 되고 木이 많으므로 매사에 성실하며 신용이 좋으나, 여자 사주라면 여자에게는 정관이 남편이 되는데 정관이 여러 개가 있다 함은 남편 외에 타 남자가 여러 명이 있다는 암시가 되는 것이다. 여자 사주에는 정관이 하나만 있되, 그것이 강해야 한다. 정관이 여러 개가 있어서 일간이 허약하다면 이것은 더욱 좋지 못하다.

월간·정관 – 두 남자를 섬기게 된다.

[표 2] 월간·정관 사주의 예

시주	일주	월주	년주	구분
甲 戌	己 丑	甲 寅	戊 午	사 주
木 土	土 土	木 木	土 水	오 행

이 사주는 己丑 일주가 甲寅 월주에 태어나서 실령을 하였다. 월지 寅木의 지장간에 甲木이 시간에 투출이 되므로 정관격이다. 남자 사주라면 부모의 덕이 있고 관직에서도 승승장구하게 된다. 그러나 여자사주로서는 甲木에 관을 양쪽에 거느리고 있게 되어서 팔자가 매우 사납다. 특히 월

지의 영향을 가장 많이 받게 되는데, 일간이 시간의 甲木과 甲己合土가 됨으로써 한 여자가 두 남자를 섬기게 되었다. 흔히 이러한 사주를 쌍팔통 사주라고 하게 되는데 사주란 오행의 구성에 따라서 천차만별로서 다르게 나타나게 된다.

사주 내에서 甲木이 있게 되면 팔통사주라 하고 甲木이 2개 있으면 쌍팔통 사주라 한다. 여자 사주에서 정관이 1개만 있어서 그 정관이 강해야 하는데, 정관이 양쪽에 버티고 있다 함은 정부(正夫)가 2명꼴이 되므로 여자 팔자가 세다고 보는 것이다.

월간 · 정관 – 벼슬자리에 오른다.

[표 3] 월간·정관 사주의 예

시주	일주	월주	년주	구분
己卯	庚戌	丁酉	辛未	사주
土水	金土	火金	金土	오행

이 사주는 庚戌 일주에 丁酉 월주로서 丁火가 정관이다. 신이 왕하여 외로운 처지인데 정관이 있다 함은 반가운 오행이다. 여자이면 남편이 애처가로서 사랑을 받게 되고, 남자이면 부모의 사랑을 받게 되고, 부모에게 덕망이 자손에까지 미치는 사주 구성이다. 관이란 여자 사주에서는 남편을 뜻하고 남자 사주에서는 명예와 벼슬을 뜻하게 되므로 월간에 투출된 정관이 일지 戌土에 지장간에 뿌리를 박고 있어서 이것은 대단히 귀한 사주로서 높은 벼슬자리에 오르게 된다.

남자 사주에서 관이 월간에 투출이 되었다면 이것은 처의 인맥으로 인하여 처의 부모형제 덕으로 벼슬자리에 오르는 경우이다.

이 사주는 신왕하고 정관이 있어서 좋은데 인수 木 오행이 없는 것이 아쉽다. 후천 운인 대운과 세운에서 木 운이 들어오면 발복하는 사주다.

월간 · 정관 – 관의 역할을 못한다.

[표 4] 월간 · 정관 사주의 예

시주	일주	월주	년주	구분
辛 卯	辛 未	丙 申	戊 子	사 주
金 木	金 土	火 金	土 水	오 행

이 사주는 辛未 일주에 丙火 월간이 정관으로 관살은 나를 극제하는 신인데 월간 丙火의 정관이 辛金과 丙辛合水가 되어서 관의 역할을 제대로 하지 못하게 되었다.

그래서 실속이 없는 명예를 중요시하게 된다. 일간이 타 오행과 합을 하여 타 오행으로 변하게 되면 주변의 오행으로부터 신용을 잃게 되어서 좋지가 못하다. 이 사주는 일간 辛金이 월간 丙火와 丙辛合水가 되어서 본인은 金인데 金의 신분을 버리고 水로 합하여 변하게 된다. 사회생활에서 사람도 신용이 있어야 하는데, 이리저리 옮겨 다니게 되면 믿음을 줄 수 없어서 결국 신용을 잃게 되는 것으로 사주도 이와 다를 바가 없다.

정관격(正官格)

정관은 극아자(剋我者)라 해서 나를 극하는 오행으로 나와 오행이 다르고 음양이 다른 것을 말한다. 편관은 나와 오행은 다르지만 음양이 같은 것을 말한다.

정관은 음양과 오행이 모두 다름으로서 모든 환경과 조건이 달라서 나에게는 반가운 존재이다. 남녀가 궁합을 보고 백년가약을 맺을 때에는 틀림없이 나와의 모든 조건이 다른 남남끼리 만나서 가정을 이루고 살게 된다.

어렴풋이 알거나 먼 친척 또는 사돈관계로 얽히고 설키는 것보다 오히려 낫다는 말이다.

그러므로 사주 내에서 정관격이 이루어지거나 정관이 용신이 되면 정관의 세력에 의해서 운세가 좌지우지된다. 정관이란 사주에서 열매와 같다고 보는 것인데 정관의 역할이 그만큼 중요하다는 뜻이다.

정관은 명예와 권력과 직위 또는 벼슬을 뜻한다. 그래서 정관을 편관보다 좋게 보기도 하지만, 정관이나 편관은 모두 신이 약하면 오히려 극흉의 작용을 하게 되는 것이다.

그래서 사주를 판단함에 있어서 한 치라도 잘못 보게 되면 남의 사주를 봐주게 되는 꼴이 되어서 정반대로 판독하는 경우가 생긴다.

정관의 용신법은 그 사주의 격국에 따라서 달라지는데, 사주의 격이 정관격이라고 해서 아예 용신도 정관이 되는 것인지 알아둘 필요가 있다. 그 해답은 간단하다. 정관의 격국이라고 해서 정관이 용신이 되어야 한다는 법은 없다.

단지 일주와 월지와의 상호관계를 살피어 신이 왕한지 신이 약한지를 잘 판단하여 정관이 용신이 될 수도 있고 인수가 용신이 될 수도 있으며, 아니면 식신이나 재성으로 용신이 될 수도 있으므로 그 사주의 흐름을 잘 판단하여 결정을 하게 된다.

사주의 길흉을 판단하는 데는 사주에 신강, 신약을 잘 구분하여 격을 정하고 운세의 흐름을 잘 감지하여 용신을 정하게 된다.

⑴ 정관재격(正官財格)

사주가 정관격에 정재나 편재로 용신을 쓰게 되는 경우를 두고 정관재격이라고 한다. 정관재격은 사주의 일간이 왕하고 신강하면서 식신이나 상관 또는 인수가 많으면 편재나 정재를 용신으로 정할 수 있다.

(2) 정관관격(正官官格)

사주가 신왕하고 강하며 비겁이 많으면 아예 정관으로서 용신을 쓰게 되는 경우이다. 아무리 일주가 왕하다 하더라도 비겁이 많으면, 사주에서 비겁이란 신강할 때에는 겁탈자·쟁탈자로 보기 때문에 정관이 들어와서 비겁을 견제하는 역할이 필요한 것으로 정관격의 정관용신이 되는 것이다.

(3) 정관인격(正官印格)

사주가 신약하고 편관이나 정관이 많으면 약한 신을 억누르고 있는 데다 또 다시 식신이나 상관이 많으면 이것은 별다른 수단이 보이지 않는다.

이렇게 되면 아예 나를 도와주는 인수가 용신이 되는 것이다. 편인이나 정인이 그래도 나를 도와주는 세력으로써 용신이 되는 것이다.

(4) 정관겁격(正官劫格)

사주가 신약한데 편재나 정재가 많으면 이것은 나의 힘이 부족한 만큼 나의 편이 되어주는 비견이나 비겁으로 용신을 한다. 그러나 비견이나 비겁이 없다면 나를 도와주는 인수를 용신으로 한다.

이렇게 간단히 구분해 보았듯이 정관격의 용신을 정하는
데는 여러 가지의 상황을 그때그때 잘 판단하여 용신을 정
하는 것이 좋다.

다양한 사주를 세워서 정관격의 용신을 어떻게 삼느냐하
는 것은 많은 연습을 필요로 한다.

- 일간이 왕하고 식신이나 상관이 많으면 편재나 정재를
  용신으로 삼는다.
- 일간이 왕하고 편인이나 정인이 많으면 편재나 정재를
  용신으로 삼는다.
- 일간이 왕하고 비견이나 겁재가 많으면 편관이나 정관
  을 용신으로 삼는다.
- 일간이 약하고 편관이나 정관이 많으면 편인이나 정인
  을 용신으로 삼는다.
- 일간이 약하고 식신이나 상관이 많으면 편인이나 정인
  을 용신으로 삼는다.
- 일간이 약하고 편재나 정재가 많으면 비견이나 겁재를
  용신으로 삼는다.

년간 · 정관격 – 木이 용신이다.

[표 1] 정관격 사주의 예

시주	일주	월주	년주	구분
甲 辰	丁 卯	己 亥	壬 午	사 주
		戊甲壬		장간

이 사주는 丁卯 일주로서 월지에 亥水와 년간에 壬水가
정관이다. 그래서 정관격이 되었다. 사주에서 어떠한 격이
이루어지는 것은 월지에 뿌리를 한 오행이 천간에 투출이
되었다는 뜻이다.

이 사주는 다행히 일지 卯木이 인수가 되어 신이 약해지
지 않고 견딜 수 있다. 년지의 午火는 비견으로 이기는 하
나 壬水가 견제하고 있고 월지 亥水에 가로막혀 있어서 제
대로 행세를 하지 못한다. 그래서 이 사주는 용신을 잡기가
애매하다. 일간이 왕한 것 같으면서도 크게 왕하지 않고 그
렇다고 해서 신약으로 보기에는 미흡하다. 그렇지만 사주
는 신이 약간 왕한 듯한 것을 원칙으로 하므로 甲木을 용신
으로 잡는 것이 가장 알맞다.

이것은 일간이 월간에 己土를 생해 주어야 하는데 시간
이 인수가 되어 일간을 생해 줌으로써 甲木이 용신이 된다.

년간 정관격 – 火가 용신이다.

[표 2] 정관·겁격 사주의 예

시주	일주	월주	년주	구분
甲 辰	丁 酉	乙 亥	壬 午	사 주
		戊甲壬		장간

이 사주는 丁酉 일주로서 월지 亥水에 지장간에 壬水가 년간에 투출이 되므로 정관격이다. 丁火는 비록 약하지만 시간에 甲木과 월간 乙木이 정인과 편인으로 자리하고 있어서 그나마 지탱할 수 있으나, 丁火가 亥월에 뿌리를 내지지 못하였으니 신약사주다. 만약 土를 용신을 삼으면 토극수(土剋水)로서 水를 제거해 주므로 좋을 것 같지만, 일간에 氣를 설기하므로 좋지 못하다. 그래서 午火를 용신으로 삼는 것이 좋다. 午火는 일간과 비견이기는 하지만 신약한 나를 도와줄 수 있는 세력은 동지밖에는 없다는 것을 실감하게 된다. 火를 용신함으로써 亥水의 차가운 기운을 데워주는 역할도 하게 된다. 사주 내에서 신(身)은 약한 것보다 약간 왕한 것을 요구하게 된다.

월간 · 정관격 – 水가 용신이다.

[표 3] 정관 · 용인격 사주의 예

시주	일주	월주	년주	구분
戊辰	甲寅	辛酉	戊午	사주
乙癸戊		庚辛		장간

이 사주는 甲寅 일주에 월지 酉가 정관이다. 월지 酉金의 지장간에 辛金이 월간에 투출이 되어서 정관격이다. 甲寅 일주가 양인격이나 월지에 뿌리를 얻지 못하였으므로 신왕하다고 볼 수 없는 사주다.

이 사주는 식신과 상관으로 용신을 하자니 사주의 차가운 기운은 데워줄 수는 있으나 신약한 나의 기운을 설기하기 때문에 좋지 않다. 그래서 시지에 辰土의 지장간에 암장된 癸水를 용신하게 되므로 일간에게는 인수가 되고 戊癸合火로 변하는 역할을 함으로서 사주 내에 차가운 온도를 제거하게 되므로 일거양득이다. 이러한 용신을 두고 정관인격에 인수가 용신이 된다는 것으로서 정관용인격의 사주다.

정관용인격이란 甲木에 정관은 辛金인데 甲木의 인수는 水가 되어서 水를 용신으로 잡게 되면 정관인 辛金의 氣를 설기하여 일간인 甲木에게 생을 하게 되는 것이다.

월간 · 정관격 — 子水가 용신이다.

[표 4] 정관격 사주의 예

시주	일주	월주	년주	구분
丙 子	甲 戌	辛 酉	庚 申	사 주
		庚辛		장간

이 사주는 甲戌 일주가 酉월에 태어났으니 월령을 얻지 못하였다. 월주가 辛酉로서 정관격인데 년주 庚申은 일간에 관살이 되므로 관왕격이 되었다.

그렇다고 관에 종을 할 수도 없다. 그것은 시지 子에 인수가 있어서 어차피 관살과는 대립되는 사주다.

그러므로 이 사주에서 관살인 金에 힘을 설기시키고 일간을 도와줄 수 있는 오행은 그래도 水밖에는 없다는 것이다. 水를 용신으로 하게 되면 지지가 申子로 흘러서 관의 기운을 설기하는 동시에 甲木을 생해 주게 되므로 일석이조이다. 水를 용신으로서 통관을 시켜주는 것으로 이러한 사주를 통관용신격이라 한다.

시간 · 정관격 – 火가 용신이다.

[표 5] 정관격 사주의 예

시주	일주	월주	년주	구분
丙申	辛丑	戊午	癸卯	사주
戊丙甲		丙己丁		장간

이 사주는 辛丑 일주가 戊午 월주에 태어났다. 월지 午火의 지장간에 丙火가 시간에 투출이 됨으로써 정관격이 되었고, 시지에 午火의 지장간에도 丙火가 암장되어 있다.

이 사주는 丙火의 정관이 왕한 사주로서 정관이 용신이 되면 일지에 丑土와 월간에 戊土를 화생토(火生土)하여 토생금(土生金)으로 관의 힘을 설기키는 동시에 일간을 돕게 되어서 매우 적당하고 오행이 순행을 하게 된다.

정관이란 인생에서 매우 소중한 명예와 권위와 인격에 신으로서 정관의 용신을 형충파해하면 좋지 않다. 이 사주에서 정관인 火가 강하다 하여 만약 水로서 용신한다면 火를 제압하기 전에 일간의 金氣를 설기하게 되므로 水를 용신으로 할 수 없다.

년간 · 정관격 — 甲木이 용신이다.

[표 6] 정관격 사주의 예

시주	일주	월주	년주	구분
庚 申	戊 寅	癸 未	乙 酉	사 주
		丁乙己		장간

이 사주는 戊寅 일주가 癸未 월주에 태어나서 득령을 하였고 일지에는 득지하지 못했다. 월지 未土에 지장간에 乙木이 년간에 투출이 되어서 정관격이다. 일간과 월간이 戊癸合火로 변했다. 이렇게 되면 戊土가 火로 변해버렸으니 정관으로 있던 乙木이 오히려 목생화(木生火)로서 생을 해주게 되었다. 원래 乙木이 극하는 오행이 戊土인데 이제는 내가 생을 해주게 되므로 적반하장(賊反荷杖)이다. 그래서 이러한 경우를 관살인수격이라 하게 된다. 사주란 오행에 따라서 격이 변하게 된다. 여자 사주라면 내가 낳는 오행이 자식으로 자식이 많은 사주인데, 火 오행으로 변하게 되었다 함은 자식이 한 명밖에는 없는 것이 된다.

편인(偏印)

　사주에서 편인이나 정인은 유일하게 나를 낳아주고 음식을 주고 키워주는 오행이다. 오행 중에서 나를 극하거나 내가 극하거나 내가 도와주게 되지만 편인과 정인이 있기 때문에 도움을 받음으로써 되돌려 줄 수 있는 힘을 기르게 되는 이치이다.

　편인은 나와 오행은 다르지만 음양이 같다. 그러나 정인은 음양과 오행이 모두가 다르다는 것이 특징이다.

　그래서 한편으로는 정인이 좋고 편인은 나쁘다는 말도 하게 되는데, 이것은 모든 오행이 그러하듯이 신왕한지 신약한지에 따라서 다르게 나타나므로, 어느 오행이 좋고 나쁘다고 말하기에는 곤란하다.

　다만, 편인은 음양이 같고 정인은 음양과 오행이 모두가 다름으로 일간과 음양의 관계가 성립된다.

　사주 구성에서 편인이 많으면 성격이 급하고 화통한 면도 있지만, 머리가 좋고 재치가 있고 민첩하며 학문이나 예술분야에서 탁월한 소질이 있게 되어 사회에서 호평을 받게 되나, 가정에서 편인은 그다지 환영받지 못한다.

사주의 원국이 신약할 때에는 그래도 편인이 있어야 나를 생조해 주는 힘이 커서 도움을 받게 되지만, 신왕에 편인은 오히려 방해가 된다.

　사주의 원국에서 편인이나 정인이 없으면 운세가 잘 풀리지 못함으로 적당한 오행과 적당한 인수가 꼭 필요한 것이다. 그러므로 우리는 공부를 하는 과정에서 사주의 예를 많이 풀어봄으로써 올바른 판단을 하게 될 것이다.

월간 · 편인 – 火 운에서 발복한다.

[표 1] 편인 사주의 예

시주	일주	월주	년주	구분
己巳	甲戌	壬申	乙亥	사주
土火	木土	水金	木水	오행

　이 사주는 甲戌 일주에 월간 壬水와 년지 亥水가 편인이다. 월지 申金의 지장간에 壬水가 월간에 투출이 되어서 편인격을 구성하였다.

　이 사주는 신강하면서도 일지에 득지하지 못하고 오히려

일지 戌土에게 일간에 기운을 빼앗기고 있다. 그러나 일간이 甲木이 되어서 甲木은 팔통사주라 하여 다방면에서 출중한 재능을 가지고 있고, 문학예술계통에서 일을 하면 두각을 나타나게 되고, 여러 가지 사업면에서 왕성한 활동을 벌이게 된다. 이 사주는 편인격이 되었으니 인수가 충분하다. 인수란 나를 돕는 오행으로 사주 내에 水가 왕성하므로 이 사주는 후천 운인 대운이나 세운에서 木을 설기해 주는 火 운에서 발복이 있게 된다.

년간 · 편인 – 土 운에서 발복한다.

[표 2] 편인 사주의 예

시주	일주	월주	년주	구분
乙	乙	丙	癸	사
酉	亥	子	卯	주
木	木	火	水	오
金	水	水	木	행

이 사주는 乙亥 일주가 월지에 子水를 만나서 득령을 했고, 월지 子水의 지장간에 癸水가 년간에 투출이 되어서 편인격이다.

사주 내에 편인과 정인이 많으면 성격이 차분하지 못하고 변동하는 심리가 많아서 간사하다. 조상과 부모로부터 그런 성격을 이어받게 되어서 주위 사람들에게 신임을 얻기가 힘들다. 특히 乙木의 경우에는 목소리가 가늘고 여자 같으면 애교와 자상함을 겸비해서 부부화합이 좋고 이성에게 시선을 끌기를 좋아한다. 그러나 남자 사주에서 편인이 많은 乙木의 일간이라면 가냘프고 성격의 변동이 많아서 의리가 없고 주관이 없다 하여 과거에는 乙木의 일간에게는 벼슬도 주지 않았다는 것이다. 그러나 현대에는 사회생활을 하면서 대인관계가 매우 중요시되면서 사교가 능하다 하여 외교면에서도 투출나게 보기도 한다. 乙木에 비견이 있고 인수가 왕하여 寅木 중에 戊土가 용신이 되어서 후천운인 대운과 세운에서 발복을 하게 된다.

년간 · 편인 – 편모가 있다.

[표 3] 편인 사주의 예

시주	일주	월주	년주	구분
庚 寅	丙 午	乙 未	甲 申	사 주
金 木	火 火	木 土	木 金	오 행

　이 사주는 丙午 일주에 乙未 월주이다. 월지 未土의 지장 간에 乙木이 월간에 투출이 되어서 정인격이 되었다.

　사주에서 월간에 정인과 년간에 편인이 있다 함은 조상 으로부터 많은 유산을 물려받게 되어 부를 누릴 수가 있는 것이다. 그것은 년간과 월간에 오행이 일간을 도와주는 오 행이여서 더욱 그러하다. 그리고 월주가 정인격으로서 총 명하고 의리가 있게 되고 재산을 잘 관리하게 된다. 사주에 서 편인이 많으면 정모(正母) 외에 편모가 있을 수 있다. 그 것은 아버지가 상처하고 재혼하는 경우도 있고 이별 후 재 가하는 경우도 있는데, 가령 일간을 낳아서 기른 쪽이 정인 인데 정인과 편인이 여럿이 있게 되면 편인은 편모를 두고 하는 말이므로 편모가 있게 되는 것이다.

월지 · 편인 − 재물이 있다.

[표 4] 월지·편인 사주의 예

사주	일주	월주	년주	구분
辛 丑	丁 酉	己 卯	甲 申	사 주
金 土	火 金	土 木	木 金	오 행

　이 사주는 丁酉 일주에 己卯 월주로서 월지 卯木의 지장 간에 甲木이 년간에 투출이 되어서 정인격이다. 이 사주는 년주가 정인이고 丁火 일주가 약한데 월지에 편인이 있어 서 일주가 귀격이 되므로 만인의 존경을 받게 된다. 그리고 아래로는 재(財)를 깔고 앉아 있어서 처복이 있다고 보는 것인데, 이것은 반드시 그런 것은 아니고 사주의 구성에 따 라서 달라지는 것이다. 그러나 이 사주에서 한 가지 아쉬운 것은 사주 내에 水가 없다는 것이다. 水는 丁火에게 관이 되고 관은 명성과 벼슬을 뜻하게 된다. 사주가 인수가 많아 서 신강한데 관이 없어서 관운은 없게 된다.

편인격(偏印格)

　사주에서 편인과 정인은 나를 도와주는 유일한 오행의 신으로 편인격을 정하는 데에는 월지의 지장간이 천간에 투출되는 것을 내격에서 원칙으로 하고 있다.

　그러나 사주의 구성에 따라서 포괄적으로 격국을 정하게 됨으로써 사주 내에서 가장 세력이 강하고 왕하면 그 강한 오행을 육친에 붙여서 정할 수 있다. 그러나 그것은 규정된 격국에서 벗어날 때 잡기격이라든지 하여 각자의 이름을 붙이게 되는 것이다.

　예를 들어 오행 간에 세력의 힘을 가늠하여 격국을 정하게 된다. 편인과 정인이 다른 점은 정인은 음양과 오행이 다르고 편인은 오행은 다르지만 음양이 같다.

　그래서 편인이라 하는데, 이왕이면 편인보다는 정인을 좋아하지만 때에 따라서는 편인이 좋을 때도 있다. 그러면 편인격이 되었을 때 용신으로 잡는 법을 알아보기로 한다.

(1) 편인관살격(偏印官殺格)

편인관살격이란 일주가 신왕하고 편재·정재가 많으면 편관이나 정관으로 용신을 잡는 것이다.

신왕한데다 정재나 편재가 많으면 혼자서 일을 많이 하게 되므로 정관이나 편관이 들어와서 거들어 주게 된다. 관성에 인수는 나의 재이기 때문에 많은 재성을 관이 설기해 감으로써 나의 일거리가 줄어들게 된다.

(2) 편인재격(偏印財格)

편인재격이란 일주가 신왕한데 정인이나 편인이 많으면 편재나 정재를 용신으로 한다. 신왕에 인수가 많으면 배부른 자에게 자꾸만 먹여주니 놀고 먹게 되어서 태만해지므로 적당한 일거리를 제공하여 일을 시키는 것이 좋다.

그래서 편재나 정재를 용신으로 삼게 되면 일거리가 생기게 되고 나의 재성은 인수를 극해 주는 역할을 하게 된다.

(3) 편인식상격(偏印食傷格)

편인식상격이란 일주가 신왕한데 비견이나 비겁이 많으면 편관이나 정관으로 용신을 삼는다.

신왕한데 비견이나 비겁이 있다 함은 이것은 나의 형제

요 동족이므로 같은 편이 많다는 뜻이다. 이럴 경우에는 나를 극하고 억제하는 편관과 정관으로서 용신으로 삼으면 강한 신을 억제하면서 견제하는 역할을 하게 된다. 정관이나 편관이 없을 경우에는 나의 기운을 설기해가는 식신이나 상관을 용신으로 잡으면 된다.

(4) 편인인격(偏印印格)

편인인격이란 일주가 신약한데 식신이나 상관이 많으면 비견이나 비겁으로 용신을 잡는다. 식신이나 상관은 나의 힘을 설기해가는 자식인 만큼 허약한 나를 도와주는 세력이 필요하다.

인수를 용신으로 삼기에는 너무나도 시급하므로 우선 가장 가까운 비견과 비겁으로서 용신을 잡게 되면 나의 형제요 동기간이므로 미우나 고우나 나를 먼저 도와 준다는 것이다.

(5) 편인겁격(偏印劫格)

편인겁격이란 일주가 신약한데 식신과 상관이 많거나 정관과 편관이 많을 경우에 정인이나 편인을 용신으로 삼는다. 식신과 상관은 나의 기운을 설기해가는 오행이므로 기운이 빠지게 되고, 편관이나 정관은 나를 극하고 억제하는 오행으로 신이 허약해지므로 나를 도와주는 정인이나 편인으로 용신을 잡게 된다.

- 일간이 신강하고 편인이나 정인이 많으면 편재나 정재로 용신을 잡는다.
- 일간이 신강하고 편재나 정재가 많으면 편관이나 정관을 용신으로 잡는다.
- 일간이 신약하고 편재나 정재가 많으면 비견이나 비겁을 용신으로 잡는다.
- 일간이 신약하고 식신이나 상관이 많으면 편인이나 정인을 용신으로 잡는다.
- 일간이 신약하고 편관이나 정관이 많으면 편인이나 정인을 용신으로 잡는다.

월간·편인격 — 재물이 모인다.

[표 1] 편인격 사주의 예

시주	일주	월주	년주	구분
癸 酉	己 卯	丁 未	丙 午	사 주
		丁乙己		장간

이 사주는 己卯 일주에 丁未 월주이다. 월지 未에 지장간에 있는 丁火가 월상에 투출되어 편인격이다. 이 사주는 신왕한데 편인이 丁火와 午火로서 비견으로 들어오는 것이 아쉽다.

인수라 할지라도 신왕에 같은 동족이 한꺼번에 몰려오게 되면 필시 무슨 수작이 있지는 않나 의심이 드는 것과 다를 바 없는데 그나마 시지에 酉金에 식신이 자리를 하고 있어서 土가 숨이 막히는 일은 없게 된다. 사주의 원국을 보면 재 (財)가 있어야 조화가 맞는 것인데 水가 약해서 사주가 너무 메마른 격이 되었다. 그래서 酉金을 용신으로 잡게 되는 사주이다. 일주 己土는 지지에 관을 깔고 앉아서 정작 실속이 없다. 대운에서 서북방으로 달리는 운세이므로 중년 말년에는 재물을 많이 모으게 되는 사주이다. 사주가 대운에 흐름이 좋으면 순풍에 돛을 단 격이라 할 수 있다.

편인격 〔신왕〕 − 아전인수이다.

[표 2] 편인격 사주의 예

시주	일주	월주	년주	구분
戊 申	丁 巳	乙 卯	庚 寅	사 주
戊壬庚		甲乙		장간

이 사주는 丁巳 일주에 乙卯 월주로서 월지 卯 중에 암장된 乙木이 월상에 투출이 되어서 편인격이다. 丁巳 일주가 월주의 편인을 얻어서 신왕한 사주가 된다.

년지에 寅木도 인수여서 신왕하고 인수가 많으면 하늘 높은지 모르고 설치거나 아전인수(我田引水)격으로 자기 이익만 쫓다가 오히려 해로운 경우가 된다. 그래서 관을 용신으로 잡자니 아무리 봐도 申 지장간 중에 壬水밖에는 없다.

그래서 庚金이 희신이 된다면 丁火에게는 정재가 되어서 반가운 존재이다. 이 사주는 庚金으로 희신을 잡게 되면 재물이 많고 인수가 왕하므로 乙木이 乙庚合金으로 피신하게 되면 일주에 이득을 취할 수가 있다. 그래서 이 사주는 金·水 용신으로 金·水 운에서 발복이 있게 된다.

편인격 〔신왕〕 – 재물 운과 처 덕이 있다.

[표 3] 편인격 사주의 예

시주	일주	월주	년주	구분
戊申	丁巳	辛卯	乙亥	사주
		甲乙		장간

　이 사주는 丁巳 일주에 辛卯 월주를 만나서 월지 卯木의 지장간에 乙木이 년간에 투출되어서 신왕하고 시지에 정재를 만났으므로 길격이다.

　사주가 신왕한데 재가 많으니 재물과 여자가 따르는 사주이다. 그러나 아쉬운 것은 사주 내에서 제일 귀중한 관이 없다는 것이다. 내가 왕할 때에는 적당히 억제해 주는 관이 필요한 것이다. 년지에 亥水가 있으나 월지 卯와 亥卯로 반합을 이루고 있으나 亥水를 용신으로 잡게 되면 수생목(水生木)으로 인수를 돕게 되어서 후천 운인 대운이나 세운에서 金·水 운이 들어오면 발복이 있게 된다.

월간 · 편인 - 처가 포악하다.

[표 4] 월간·편인 사주의 예

시주	일주	월주	년주	구분
乙	庚	戊	己	사
酉	寅	午	巳	주
		丙己丁		장간

이 사주는 庚寅 일주에 戊午 월주로서 월간 戊土는 편인이고 년간 己土는 정인이다. 년지 월지에 午火, 巳火가 土를 도와서 나를 생조해줌으로써 신왕하기는 하나 庚寅 일주가 되어서 일지에 재를 깔고 앉은 사주로서 외고집의 성격이고 부부의 화합이 어렵게 된다. 일지 寅木이 월지에 午火와 합이 되어 寅午의 화국(火局)이 되어서 호랑이 같은 처를 만나게 되었다.

庚寅 일주는 천간과 지지가 음양이 좋은데 부부 운이 좋지 않다는 것은 일지가 관으로 변하게 되어서 그러하다. 그러나 사주에서 신이 왕하므로 의식주는 걱정 없고 천간이 전체적으로 일간을 돕는 정인과 편인으로 구성되어 있어서 이를 두고 지운(地運)보다는 천운(天運)을 타고 났다고 보는 것이다.

정인(正印)

사주에서 정인은 오행 중에서 나를 생하는 것으로 편인은 음양이 같고 오행이 다른데 정인은 음양과 오행이 모두 다르다. 그래서 흔히 편인은 좋지 못하고 정인이 좋다는 말을 자주 하게 되는데, 이것도 역시 사주의 구성을 잘 살펴보고서 판단을 하게 되는 것이다.

다만, 한 가지 정인이 유익한 것은 음양이 다름으로 남녀가 구분이 된다는 것이다. 편인이나 정인은 모두 인성(印星)으로서 나를 도와주고 먹여주고 키워주고 공부시켜서 뒷바라지를 다 해주는 관계로서 모태(母胎)의 부모이고 어머니의 관계이다.

편인이란 같은 음양이라면 이것은 편모가 되는 것인데 정인이란 친모(親母)가 되는 것이다. 사주의 구성에서 정인이 있으면 머리가 좋고 총명하고 재주가 있다. 고집이 세고 재물은 모을 수 있으나 남에게 인색하여 혼자만 아는 이기주의로 흐르기 쉽고 외골수로서 남에게 의지하지 않으려 한다. 생활의 절제가 있어서 공직자라면 두각을 나타내면서 높은 직위에 오를 수 있다.

사주의 구성에서 정인이 많다면 이것은 덕망이 있는 것이므로 신왕한지 신약한지를 잘 살피는 것이 중요하다. 특히 나를 생해 주고 도와주는 오행의 세력 중 제일 첫 번째로 꼽히는 오행인 만큼 허와 실의 도움을 판별하도록 하는 것이 좋다. 오행에서의 신왕과 허실을 구분하고 공부하는 데에는 실전공부가 절실히 필요하므로 꾸준히 판독해 보도록 하는 것이 중요하다.

시간 · 정인 – 부와 명예가 있다.

[표 1] 시간·정인 사주의 예

시주	일주	월주	년주	구분
丙寅	己丑	丙子	辛未	사주
火木	土土	火水	金土	오행

이 사주는 己丑 일주에 월간에 丙火가 정인이 되어서 월간이 丙辛合水로 변했다. 나를 생해 주어야 할 인수가 타 오행으로 변신을 하게 된 것이다. 신강하려면 월지 내지는 월간이 일간을 생해 주어야 하는데 타 오행으로 가게 됨으

로써 신약하다. 시주가 정인으로 사주의 원국에서는 모습을 갖추었다. 정인이 존재한다 함은 생각이 깊고 비밀을 간직하고 있어서 나의 심중을 잘 드러내지 않는 성격이다. 월주가 재성이 되어서 부모에게 물려받는 재산이 있고 시지에 寅木의 관이 있어서 구성이 잘 되었다고 보는 것인데, 월간이 丙辛合水로서 타 오행으로 가게 되어 아버지를 일찍 여의고 홀어머니 밑에서 자라서 노년에는 부와 명예를 누리게 된 사주다.

정인격(正印格)

정인격은 보통 인성(印星)이라 해서 정인과 편인을 합쳐서 부르게 된다. 그러나 엄밀히 따지고 보면 정인격과 편인격은 사주의 원국상 많은 차이점이 나타난다. 나를 도와주는 세력으로서는 똑같다고 하지만 정인과 편인은 음양이 서로 다르기 때문이다. 정인격도 일주를 중심으로 월지 지장간에 정인이 암장되어 있고 천간에 정인이 투출되어야 정인격이 이루어진다.

(1) 정인관살격(正印官殺格)

정인관살격은 일주가 신왕하여 정재나 편재가 많으면 편관이나 정관을 용신으로 잡는다.

신왕한데 재성이 많으면 혼자서 독주를 해서는 안 되기 때문에 관성으로 용신으로 삼아야 한다. 나의 재는 관의 인수이기 때문에 재가 너무 많으면 재를 설기함과 동시에 관은 나를 억압하는 관계로 관성을 용신으로 삼는다는 것이다.

(2) 정인재격(正印財格)

정인재격은 일주가 신왕하고 정인이나 편인이 많으면 정재나 편재를 용신으로 삼는다.

인수가 많고 내가 너무 신왕하면 놀고 먹을 수만은 없다는 것이다. 무엇인가 일거리를 제공해줌으로써 실업자가 되지 않도록 만드는 것이다. 더구나 나의 재성은 나의 인수를 극하여 왕한 신을 생해 주지 못하게 하는 역할도 하게 된다.

(3) 정인식상격(正印食傷格)

정인식상격이란 일주가 신강하고 비견이나 비겁이 많으면 편관이나 정관으로서 용신을 잡는다. 신이 왕한데 비견과 비겁이란 같은 동지가 많다는 것이다. 이럴 때에는 나를 극하는 관성을 용신으로 삼아서 왕한 나를 견제해 주는 것이다. 만약 정관이나 편관이 없다면 식신이나 상관으로 용신을 잡아서 나의 기운을 설기해 주어야 한다. 사주에서 일간이 왕하여 나를 극하는 관성을 용신으로 잡는다 함은 서로를 각성하고 뉘우치게 만들어야 한다는 뜻이다.

⑷ 정인겁격(正印劫格)

정인겁격은 일주가 신약하고 편재나 정재가 많으면 비견이나 비겁으로 용신을 잡는다. 내가 신약하여 힘이 약한데 일거리가 많으면 일을 처리해내지 못하므로 옆에 있는 동지에게 시켜서 미우나 고우나 형제이고 동족이므로 도와줄 것이라는 뜻이다. 그리고 일주가 신약할 때에는 용신이 비견이나 겁재가 된다 하더라도 인수 운이 들어와서 나쁠 것이 없다. 사람도 몸이 허약하면 꼭 처방의 약이 아니더라도 몸에 맞는 음식을 먹는 것이 좋은 것이나 다를 바 없다.

⑸ 정인인격(正印印格)

정인인격은 일주가 신약하고 식신이나 상관이 많으면 정인이나 편인을 용신으로 잡는다. 신이 허약하고 힘이 없는데 식신·상관이란 나의 자식이 자꾸만 젖을 달라고 하면 몸을 지탱하기가 어려우므로 정인이나 편인에게 도와 달라는 것이다. 신이 허약하고 정관과 편관이 많아도 마찬가지로 정인이나 편인을 용신으로 잡는다. 그리고 두 번째는 식신이나 상관이 많을 경우에는 나에 인수가 들어오게 되면 식신이나 상관에게는 관이 되어서 식신 상관이 氣가 죽게 됨으로써 이중으로 덕을 보게 되는 것이다. 오행이란 상호간에 상생 · 상극의 작용을 하게 되어서 골고루 있는 것을 원하는 이유가 여기에 있는 것이다.

- 일간이 신강하고 편재나 정재가 많으면 정관이나 편관이 용신이 된다.
- 일간이 신강하고 정인이나 편인이 많으면 정재나 편재가 용신이 된다.
- 일간이 신강하고 비견이나 비겁이 많으면 정관이나 편관이 용신이 된다.
- 일간이 신약하고 편재나 정재가 많으면 비견이나 비겁이 용신이 된다.
- 일간이 신약하고 식신이나 상관이 많으면 정인이나 편인이 용신이 된다.

월간 · 정인격 - 왕성한 사회활동을 한다.

[표 1] 정인격 사주의 예

시주	일주	월주	년주	구분
戊申	丁亥	甲寅	癸未	사주
		戊丙甲		장간

이 사주는 丁亥 일주가 甲寅 월주에 태어나서 寅木의 지장간에 甲木이 월간에 투출되어 정인격이 되었다. 월주에 인수가 왕하여 신이 강하다.

그러나 많은 나무를 태워서 일을 하자니 몹시 지친 격이다. 이 사주는 여명으로서 부모에게 물려받은 재산도 있고 후천 운에서 대운이 乙卯‥丙辰‥丁巳‥戊午 운에 남방(南方)운으로 흐르게 되어서 발복을 할 수 있는 귀격의 사주이다.

그러나 여자 사주에서 일지에 관을 깔고 앉았다 함은 남편의 기(氣)를 누르고 산다는 뜻으로 일간이 강하여 본인이 사회활동을 해서 식구를 봉양하는 격이다. 이러한 사주는 집안에 가만히 앉아 있으면 오히려 몸에 병이 생기게 되므로 사주에서 사회활동을 해야 하는지 집안에서 가사를 돌봐야 좋은지는 결정이 되어 있으므로 사주의 흐름을 따르는 것이 현명한 처사이다.

월간 정인격 – 丁火의 편관이 용신이다.

[표 2] 정인격 사주의 예

시주	일주	월주	년주	구분
己	辛	戊	壬	사
亥	丑	戌	寅	주
		辛丁戊		장간

이 사주는 辛丑의 일주로서 월주에 戊戌을 만나서 戌 지장간에 戊土에 정인이 월간에 투출되어서 정인격이 되었다. 인수가 왕하여 신강하고 지지가 매우 서늘한 기운이 감돌고 있어서 조후용신으로 보아 火 운이 적당하다. 火 오행은 사주를 데워주는 온도 역할을 할 뿐 아니라 왕한 신을 억제하는 역할을 겸비하게 되어서 좋다.

火오행으로 土를 생하게 되면 인수가 왕해질 우려가 있으나, 차가운 기운을 제거해 주는 역할이 시급하다. 그래서 戌 지장간에 丁火로서 용신을 잡게 되면 丁壬合木을 하더라도 왕한 인수를 억제해 줄 수 있고 일간에 재가 木이 되므로 좋다.

이 사주는 월주가 정인인데 시지에 亥水가 있어서 토생금(土生金)··금생수(金生水)로 오행이 통관을 하므로 후천운인 대운과 세운에서 火 운에 발복을 하게 된다.

월간 · 정인격 – 辛金의 정관이 용신이다.

[표 3] 정인격 사주의 예

시주	일주	월주	년주	구분
乙	甲	癸	丁	사
亥	寅	丑	亥	주
		癸辛己		장간

이 사주는 甲寅 일주에 癸丑 월주를 만나서 득령을 하지 못했으나, 일지에 득지를 하였고 년지 亥水를 비롯하여 인수가 많아서 신왕하다.

월지 丑土 속에 암장된 癸水가 월간에 투출이 되어서 정인격이다. 시주에 乙亥가 겁재이기는 하지만 왕한 신을 제어하기에 역부족이다.

만약 년간에 丁火로 용신을 잡으면 상관이 되어서 甲木의 왕한 기운을 설기할 수 있고 재인 丑土를 생조해줌으로

써 효과가 있으나, 이 사주는 火가 약한 것이 아니므로 丑
土의 지장간에 辛金의 정관을 용신으로 삼는 것이 적당하다.

辛金의 정관을 용신으로 하면 왕한 일간을 제어하고 시
간에 비겁인 乙木을 견제해주게 되어서 적당하고 金 용신
에 土가 희신이 됨으로써 水氣를 제거하는 데에도 도움이
된다.

월간 · 정인격 – 子水의 상관이 용신이다.

[표 4] 정인격 사주의 예

시주	일주	월주	년주	구분
辛	庚	己	丙	사
巳	子	未	午	주
		丁乙己		장간

이 사주는 庚子 일주에 己未 월주를 만나서 월지 未土의
지장간에 있는 己土가 월간에 투출이 되어 정인격이 되었
다. 庚子 일주가 왕한데 월주에 정인을 만나서 매우 신강하
다. 년주에 丙午의 편관이나 정관이 있으나, 인수를 도움으
로써 오히려 일간이 더욱 태왕하다.

그렇다면 용신을 관(官)으로 잡을 수 없는 노릇이고 재

(財)를 용신으로 하면 재는 관을 도와서 좋지 못하다. 그래서 일지 子水에 상관으로 용신을 잡는 것이 가장 적합하므로 이 사주는 정인식상격이 된다.

子水에 상관으로 용신을 하게 되면 첫 번째는 왕한 일간을 설기해 주게 되고, 두 번째는 약한 수생목(水生木)으로 약한 木을 도와줌으로써 재를 키우고 세 번째는 년주에 왕한 관을 견제하는 역할을 하게 됨으로써 이 용신이 들어옴으로서 사주를 잘 운영하게 되는 것이다.

그래서 노년에 대운이 잘 들어옴으로써 탄탄대로이다. 사람은 노년운이 좋아야 하는데, 노년운이 좋다 함은 인생을 잘 마무리하여 결실을 거둔다는 의미이기도하고 자식의 운이 잘 풀리게 되므로 본인의 노후가 편안하다는 뜻이기도 하다.

월간 · 정인격 − 辛金의 정관이 용신이다.

[표 5] 정인격 사주의 예

시주	일주	월주	년주	구분
戊	甲	癸	丁	사
辰	寅	丑	卯	주
		癸辛己		장간

이 사주는 甲寅 일주에 丑월에 태어나서 丑土의 지장간에 癸水가 월간에 투출이 되어 정인격이다.

월주 정인격은 어느 오행보다도 왕함을 뜻하는 것이다. 시지의 辰土가 지지에서 寅卯辰의 목국의 방합을 이루고 있다. 용신을 정할 때 신강·신약을 구분함에 있어 월지가 가장 중요한 비중을 차지한다. 丑土란 얼어붙어 있는 땅인지라 년간에 丁火로서 땅을 녹여주게 되고 火로서 견제를 하게 된다. 그러나 만약 丁火가 용신이 될 경우에는 木氣를 설기하게 되어서 좋을 것이 없으므로 월지 丑土 지장간에 辛金을 용신으로 하는 것이 가장 적당하다. 辛金은 甲木에 겁재인 卯木을 견제함과 동시에 水를 생하게 되므로 일거양득이다.

시간 · 정인격 - 자식이 효도한다.

[표 6] 정인격 사주의 예

시주	일주	월주	년주	구분
甲 辰	丁 未	己 亥	癸 巳	사 주
木 土	火 土	土 水	水 火	오 행

이 사주는 丁未 일주가 己亥 월주에 태어나서 월지 亥水의 지장간에 암장된 甲木이 시간에 투출이 되어서 정인격이 되었다. 정인격이 이루어지면 정인의 힘이 가장 강하다는 뜻이다.

이 사주는 일지 未土에 지장간에 丁乙己가 암장되어 있어서 온도가 있는 土이므로 일간에 도움이 된다. 그리고 월지 지장간에 甲木이 뿌리를 박고 있으므로 튼튼하여 용신을 잡을 때 甲木에 무게를 두게 된다. 사주 내에서 용신을 정할 때에는 돌출된 오행으로 잡는 것이 순서이기는 하나 예외도 있다. 이 사주는 木 · 火 용신이 됨으로써 후천 운에서 木 오행이 들어와도 좋고 火가 들어와도 발운이 따르게 된다.

년간 · 정인격 – 계모가 있다.

[표 7] 정인격 사주 예

시주	일주	월주	년주	구분
癸	戊	丙	丁	사
亥	子	戌	未	주
		辛丁戊		장간

　이 사주는 戊子 일주에 丙戌 월주로서 월지 戌土를 만나서 월령을 했고 월지 戌土의 지장간에 丁火가 년간에 투출이 됨으로써 정인격이다. 그런데 월간에 丙火가 편인으로서 사주가 정인격에 신강이면 굳이 편인까지 나서서 나를 도와줄 필요가 없다. 그것은 필히 어떠한 속셈이 있어서 그러하다. 일간이 주인공이니까 주인공이 잘되면 편인이 도와주면서 자기도 한몫을 챙기겠다는 속셈이 깔려 있다. 戊土를 낳아서 길러준 어머니는 반드시 정인에 丁火인데 丙火는 편모로서 편모가 옆에서 도와주는 까닭은 아버지와 가깝다는 이유이다. 사주에서 이러한 화복론은 고급편에 많이 수록되어 있으므로 육친사주를 유심히 봐둘 필요가 있다.

억부용신(抑扶用神)

　사주에서 일간은 본인이므로 일간을 중심으로 사주를 조종하게 된다. 일간이 너무 강하면 나를 극하는 관으로 용신하게 되고 일간이 약하면 약한 신을 돕는 편인이나 정인을 써서 용신을 하는 것이다.

　그리고 일간이 왕한데 극제해 주는 관이 약할 때에는 식신 상관이 용신이 된다. 식신이나 상관은 내가 생해 주는 오행으로서 일간이 태왕하면 식신이나 상관을 용신으로 하여 힘을 설기해 줌으로써 태왕한 기운이 빠지게 되면 사주의 기능이 원활하게 된다는 뜻이다. 그러나 식신이나 상관이 없다면 나를 극하는 편관과 정관으로 용신을 하게 되므로 태왕한 신을 제지해 줌으로써 사주가 평정하게 된다는 것이다. 그래서 이를 억부용신(抑扶用神)이라고 부르게 되는데, 사주학에서 가장 많이 쓰이는 간단한 이치로 사용하게 되는 것이다.

　그러나 용신을 쓸 때에는 주의해야 할 것이 있다. 가령 일간이 왕하다고 하여 무조건 관(官)으로 용신하게 되면 그 관이 일간보다 왕할 때 일간에 氣를 누르게 되므로 오히려 역효과가 나게 되는데, 이러한 경우에는 그 관을 제지하는 식신·상관이 용신이 된다. 예를 들어 일간이 甲木인데 그 甲木을 제지하는 庚金을 용신으로 쓰면 甲木이 庚金에게 치이는 꼴이 되므로 허약해질 수 있는 것이다. 이렇게 되면 사주가 더욱 나빠지게 되는 경우이다.

가령 편인이나 인수가 왕하여 극제로서 용신을 잡기가 어렵게 되면 편재와 정재가 용신이 될 수 있다. 이러한 억부법으로 용신을 잡는 요령은 사주의 예로서 연습해 보는 것이 가장 효과적인 방법으로 각자의 사주를 세워서 많은 연습과 추리를 해 보는 것이 사주공부에 많은 도움이 될 것이다.

억부용신이 水이다.

[표 1] 억부용신 사주의 예

시주	일주	월주	년주	구분
戊 寅	庚 戌	丁 卯	己 亥	사 주
土 木	金 土	火 木	土 水	오 행

이 사주는 庚戌 일주에 丁卯 월주로서 월지에 卯木을 만나서 득령을 하지 못했으나, 시간에 戊土가 있고 일지에 戌土에 편인이 있어서 신강하다.

그래서 년지 亥水의 지장간에 壬水를 용신으로 하게 되면 태왕한 일간에 힘을 빼주고 지지에 亥卯 목국에 힘을 실어주게 된다. 이렇게 되면 월지에 卯木은 정관인 丁火를 도와주게 되어서 庚金의 독주를 막을 수가 있는 것이다.

그리고 사주에서 가장 먼저 따지는 것이 월령(月令)으로 일간이 월령을 얻었다면 30%에 기운을 얻었다고 보는 것인데, 월지에 卯木이 있어서 일간에 기운이 설기가 되고 월간에 丁火에 정관이 있어서 水를 용신으로 하면 사주를 평정하게 된다.

억부용신이 水·木이다.

[표 2] 억부용신 사주의 예

시주	일주	월주	년주	구분
癸 未	庚 申	己 巳	己 丑	사 주
丁乙己	戊壬庚	丁乙己		장간

이 사주는 庚申 일주에 己巳 월주로서 월지에 巳火를 만났다. 년주와 월주·시주에 인수를 과다하게 만났으니 일간은 태왕하여 놀고 먹는 식이 되었다.

사람도 어머니가 자식에게 너무 과하게 잘해 주다 보면 자식이 태만해지고 부모에게 효도할 줄을 모르게 되는 것이나 다름없다.

이 사주는 월지 巳火를 용신으로 하자니 巳丑의 금국(金局)이 되어서 시원하지가 않고 일지 申金의 지장간에 壬水를 용신으로 잡아서 金의 기운을 설기함으로써 그나마 좋을 듯하나, 사주 구성상 너무 신강한 오행을 함부로 건드리는 것은 대단히 위험한 일이다.

그러므로 시지 未土의 지장간에 乙木을 용신으로 하여 水를 희신으로 쓰는 것이 가장 적당하다고 보는 것이다. 그래서 이 사주는 木·水 어느 오행이 들어와도 좋다고 보는 것이다.

  그러나 대운이란 10년간 바뀌면서 들어오게 되어서 항상 좋은 운만 들어올 수 없어서 근본적으로 사주에서 오행이 편중되었다 함은 좋지 않게 보는 것이다.

전왕용신법(專旺用神法)

　사주팔자란 오행이 골고루 잘 배열되어야 무엇보다도 좋다고 할 수 있다. 우리는 그것을 보고 흔히 사주팔자가 잘 타고 났다고 말하게 된다.

　그러나 사주팔자란 타고난 년|월|일|시가 각각 다르기 때문에 길흉화복에 있어서 천차만별이다. 대부분 너무나 간단하게 생각을 하다가 사주를 거꾸로 보게 되는 경우가 있는가 하면, 반대로 너무 어렵게 생각하다 보면 그야말로 사주를 하나도 풀 수 없게 되는 경우가 허다하다.

　나름대로 오랫 동안 사주공부를 하고서도 막상 부딪치게 되면 눈앞이 캄캄해지는 경우도 있다는 것이다. 예를 들면 약 십여년을 열심히 공부하고 외워서 아는 것은 많다고 생각을 하고서 간판을 내걸고 영업을 하게 되었는데, 막상 손님을 대하고 보니 눈앞이 캄캄하고 하나도 생각이 나지 않더라는 것이다.

　그러므로 사주공부란 바로 인생공부를 하는 것인 만큼 많은 노력과 연구가 뒤따라야 할 것이다. 무엇보다 많은 사주를 풀어보고 연습해 보는 것만이 학습에 많은 도움이 될 것이다.

여러 가지의 용신을 연습해 보았지만 이 전왕용신을 간단히 설명한다면 오행이 한쪽으로 편중되어 있는 것을 말함이다.

사주팔자의 여덟 글자 중에서 어느 한 가지 오행의 세력이 너무 강함으로써 다른 오행이 힘을 쓰지 못하게 되는 것을 말한다.

가령 사주가 한쪽으로 쏠리고 있는 형국인데 그것을 바로 세워주게 되면 간단하지 않겠느냐고 말할지도 모른다. 하지만 그것이 그리 간단하지 못하다는데 문제가 있다.

자연이란 대세를 따르게 되는 법이다. 가령 물도 많은 쪽으로 따라가게 되고 대세가 기울게 되면 아예 기울어진 쪽으로 무게를 실어주자는 이론이다.

힘이 막강한 자를 꺾으려다 보면 오히려 화를 당하게 되므로 아예 그 세력권으로 순응하며 들어가는 것이 좋다는 이론이다.

다른 용신처럼 한쪽으로 쏠린다고 해서 바로 일으켜 세우면 간단할 것 같은데 그렇지가 못하다. 사주란 8글자밖에 없는데 그 오행이 세력권으로 쏠리면서 집중되어 있는 것이다. 간단한 이치인데도 이것을 판단하기가 매우 까다로운 것이다.

본래 사주란 용신만 알게 되면 사주에 운명을 순조롭게 간파하게 되는 것인데, 그 용신을 잡기가 간단하지가 않다. 가령 사주 내에서 木에 세력밖에 없는데 木이 너무 왕하니 火를 용신으로 써서 木에 기운을 빼야 한다든지, 아니면 아예 극하는 세력인 金을 용신으로 잡게 되면 金이 木을 극하므로 바로 세워질 것이 아니냐고 할 수도 있다. 그러나 그렇게 되면 대반란이 일어나고 사주를 완전히 거꾸로 보게 된다.

너무 강하면 강한 것을 제어할 수 없고 힘을 뺄 수 없는 것이 자연의 이치이다. 강한 것도 적당히 강해야 설기를 해서 효과를 볼 수 있지, 너무나 강하게 되면 아예 그 강한 쪽으로 종을 해 버리는 것은 전왕용신의 표본이다.

그리고 대체적으로 한쪽이 너무 강하다 싶으면 그 강한 쪽으로 붙어서 살아 남을 궁리를 하는 것이 종왕격으로 보게 되는데, 사주의 구성에 따라서 여러 가지로 분류할 수가 있어서 판단하기 쉽지 않다는 것이다.

그래서 연습문제로 풀어가면서 공부를 하는 것만이 실력을 향상시키는데 큰 도움이 될 것이다. 그러면 각종 종격에 대해서 구체적인 실례를 알아보자.

종왕격 - 木·火가 약이다.

[표 1] 종왕격 사주 예

시주	일주	월주	년주	구분
丁	丁	丙	丙	사
未	巳	申	午	주
火	火	火	火	오
土	火	金	火	행

이 사주는 丁巳 일주에 년주에 丙午가 있고 월주에 丙申이다. 시주가 丁未로서 사주가 전반적으로 火가 많다. 그래서 화국으로 이루어졌다. 이렇게 되면 종왕격으로서 아예 火로서 용신이 들어와야 한다. 기타 다른 용신을 쓰게 되면 오히려 해를 보게 되는 사주이다. 많은 쪽으로 따라가는 수밖에는 다른 용신이 있을 수 없다. 그것은 물도 많은 물을 따라가듯이 아예 세력이 왕한 쪽으로 따라가야 한다. 예를 들어서 이렇게 火가 왕함으로써 水가 들어와서 火를 제압해 주면 어떻겠느냐고 묻는다면 천만에 말씀이다. 오히려 火를 자극하여 더 큰 불화를 자초하게 되는 것이다. 그래서 이 사주는 이열치열이란 용어와 같이 왕한 火로서 생을 살아가게 하는 것이 가장 현명하여 木火로 용신을 잡아서 후

천 운에서 木·火 운에서 발복이 있게 된다.

종강격 - 金·水가 약이다.

[표 2] 종강격 사주 예

시주	일주	월주	년주	구분
癸 丑	癸 巳	辛 酉	庚 申	사 주
水 土	水 火	金 金	金 金	오 행

이 사주는 癸巳일에 庚申 辛酉金으로 인수가 태왕함하여
종강격 사주이다. 나를 도와서 생해 주는 인수가 많을 때에
는 종강격이 된다. 이 사주는 金水 용신으로 하게 되면 별
탈이 없게 된다. 오행이 없다 하여 없는 오행을 용신으로
잡을 수 있으나 이러한 경우에는 그렇지 않다. 물도 많은
물을 따라가듯이 한쪽이 일방적으로 강할 때에는 강한 쪽
으로 따라가는 것이다.

이 사주는 金水가 왕한 사주이므로 金은 금생수(金生水)
하여 마지막에는 水가 가장 왕하다. 水를 용신으로 하면 金
이 희신으로 들어와도 좋다. 그런데 사주를 풀어보게 되면

대부분 이러한 사주를 가진 사람들에게는 木·火 운에서 망했다는 말을 많이 듣게 되는데, 木은 水의 기(氣)를 설기하고 火는 金을 건드려서 좋지 않다. 그것은 상대가 강하게 되면 강한 것을 인정을 해주어야 한다는 이론이다.

종아격 – 水 · 木이 약이다.

[표 3] 종아격 사주 예

시주	일주	월주	년주	구분
癸卯	壬寅	乙卯	戊寅	사주
水木	水木	木木	土木	오행

이 사주는 壬寅 일주에다 戊寅 乙卯 壬寅으로 식신, 상관이 너무나 왕하다. 그리고 월지 卯木의 지장간에 乙木이 월간에 투출이 되어서 상관격이 되었다. 이러한 사주도 역시 水운이 들어오게 일간을 도와서 좋다고 할지 모르나 그것은 좋지 못하다. 이 사주는 아예 木운이 들어와야 좋다고 할 수가 있다. 그러나 이 사주는 식신과 상관에 종을 할 수밖에 도리가 없다.

시간에 癸水가 있기는 하나 癸水는 년간에 戊土와 戊癸
火로 화하게 되고 남은 오행 중에서 壬水를 도와줄 수 있는
오행은 하나도 없다. 그래서 이 사주는 木 운에서 발복이
있게 된다.

그런데 여기에서 주의해야 할 것은 木이 태왕하니까 火
가 들어와서 木을 제어해주면 이떠냐고 하게 되면 이것은
큰 일이 나게 된다. 아예 왕한 오행은 건드리지 않는 것이
좋다.

종재격 - 火 · 土가 약이다.

[표 4] 종재격 사주 예

시주	일주	월주	년주	구분
丁 丑	乙 未	戊 戌	己 巳	사 주
火 土	木 土	土 土	土 火	오 행

이 사주는 乙未 일주로서 년주가 己巳 월주가 戊戌이다.
재다신약이다. 신이 너무나 허약한데 아예 재만 왕하게 되
어 종재격이다. 재에 종을 하여 더부살이를 하는 것이 마음

이 편한 사주다. 가령 이러한 사주에는 水 운이나 木 운이 들어오게 되면 사주운이 좋지 못하게 된다. 괜히 水 운이나 木 운이 들어오게 되면 일간이 힘을 얻어서 자립을 하려고 하기 때문이다. 그래서 힘을 과시해 보려다가 다치는 경우가 된다. 그러므로 이 사주는 종재격이 되는 사주다.

그래서 火·土 운에서 발운이 있게 된다. 사주가 종재격이 되면 처가 가권을 쥐게 되고 아니면 처가 집으로 아예 들어가서 살게 되는 것을 처가살이를 한다 하겠다. 근래에 와서는 사주가 종재격이 많은지 아예 처갓집으로 들어가서 살아가는 이들이 많다는 것이다.

종살격 – 金 · 水가 약이다.

[표 5] 종살격 사주 예

시주	일주	월주	년주	구분
壬 辰	丙 申	壬 子	癸 亥	사 주
水 土	火 金	水 水	水 水	오 행

이 사주는 丙申 일주에 년간이 癸水이고 월주가 壬子 시
주가 壬辰이므로 水가 태왕하여 종살격이다. 이 사주는 일
간이 火이기 때문에 火가 관인데 관왕하여 관에 종하는 사
주를 종살격이라 하는데, 일간인 나를 생조해 주는 세력이
아예 없다.

나를 극하는 세력만 이렇게 많을 경우에는 아예 水에게
로 종살이로 가서 심부름이나 열심히 해주고 고분고분하는
것이 편안하다. 괜히 丙火의 힘을 과시해 보려고 으스대었
다가는 관가에서 매만 맞게 되는 격이다. 사주의 격국이 이
렇게 되면 아예 대세의 흐름에 따르는 것이 마음 편하다.

더부살이도 잘 만하면 사주가 풀린다. 왜냐하면 관에게
종을 하게 되었는데 나의 관이 더 잘 되면 본인에게도 그

효과가 나타나는 것이다.

일지의 申金은 申子辰의 삼합을 이루고 있으므로 작은 土로서는 어찌할 수가 없다. 그런데 대운에서 木운이 들어오게 되면 문제가 복잡해지게 되는데 그 결과는 대란이 예상된다.

가령 대운이나 세운에서 왕한 木이 들어오게 되면 水의 힘을 설기하면서 木은 목생화(木生火)를 시켜서 괜히 丙火의 마음을 설레게 만드는 것이다.

이렇게 되면 火가 왕해지면서 형편이 좋아지겠지 하고 기다렸다가는 하루아침에 알거지가 되고 마는 것이다.

조후용신(調候用神)

조후용신이란 「봄/여름/가을/겨울」 사계절의 변화 속에서 기후의 영향을 받고 살아가는 동물이나 곤충·식물·물고기 등 모든 생명체와 인간이 이 기후의 영향을 받고 살아가게 된다는 것이다.

사주팔자라고 해서 예외는 아니다. 우리 인간이야 추우면 옷을 따뜻하게 입고 따뜻한 방에서 몸을 녹인다든지 하면 되지만, 사주란 그리 간단한 것이 아니다. 태어날 적에 한 번 태어나면 도로 물릴 수도 없는 노릇이고, 사주가 차게 태어났다고 해서 마음대로 데울 수가 없는 것이 사주팔자인 것이다.

사주팔자를 판독할 때에 그 사주가 더운지 냉한지 건조한지 습한지를 구분하는 것이 기본 목적이다.

가령 사주가 차거나 덥다고 한눈에 판단을 하면 용신을 잡기가 쉽겠는데, 이것을 알아내기가 여간 쉽지 않다는 것이다. 조후용신도 간단히 생각해 보면 억부용신에서 크게 벗어나지 않는다. 강하면 억제해 주고 억제해서 안 되면 설기해 주고 약하면 보해주고 냉하면 따뜻하게 해 주는 이론과 유사한 것이다.

그러나 사주학이란 그렇게 간단하지만은 않다. 우선은 사주가 차고 냉한지를 먼저 알아야 더운 세력을 용신으로 잡아서 사주를 풀어보겠는데 그 차고 더운 것을 쉽게 알아내기가 매우 난감하다.

더구나 차지도 덥지도 않다면 가령 어떻게 처방을 해야 할지 모르겠다. 사주가 차고 냉하고 더운 것을 쉽게 알아내는 방법 중에서 가장 효과적인 것부터 알아보자. 가령 사주를 공부할 때 월령을 얻었다고 많이 하는데 그 월령을 얻었다는 말은 바로 일주를 중심으로 볼 때 월지에 어머니를 뜻하므로 그 어머니가 무슨 격인지 중요하지만 어떤 계절인가를 보면 쉽게 알 수가 있다.

가령 일주가 甲木인데 丑월이라면 12월의 꽁꽁 얼어붙어 있는 추운 달이어서 불리하고, 寅월이라면 목왕지절(木旺地節)로 나무가 한참 잘 자랄 수 있는 봄이면 춥지도 않고 덥지도 않으므로 알맞은 때이고 午월이라면 한창 무더운 계절이 된다.

가령 丑월이나 酉월에 甲木이 태어났다면 이 사주는 냉한 것이다. 추운 계절이기 때문에 조후용신에서는 당연히 따뜻한 火가 있어야 땅을 녹여줄 수 있다. 그래서 따뜻한 火가 용신이 되는 것이고 반대로 너무나 더운 午월에 태어났다면 불이 태왕해서 시원한 亥水를 용신으로 잡아서 더위를 식혀줌으로써 알맞은 용신이 될 것이다. 그러므로 조후용신을 보게 되는 순서는 일주를 중심으로 월지를 제일 먼저 보게 된다. 그것은 어느 용신이든지 마찬가지이다. 우리 인간도 부모를 잘 만나면 자랄 적에 큰 어려움 없이 잘 자라면서 공부도 많이 할 수 있고 평안한 초년기를 보낼 수가 있듯이, 반대로 부모를 잘못 만나면 어린 시절부터 고학으로 어렵게 성장하게 되는 이치이다.

그래서 사주에서 기본적으로 용신을 잡는 데에는 월지를 가장 먼저 보고 나머지는 시지|년지 순으로 보게 된다. 물론 날짜도 초순이냐 중순이냐 하순이냐에 따라서 달라지고 태어난 시간도 밤이냐 새벽이냐 한낮이냐에 따라서 무엇이든지 차이가 난다.

조후용신 법은 사주팔자를 판독하는 데 가장 중요한 역할을 하게 됨으로써 잘 판단하기를 바라면서 많은 실습으로 실력을 향상시키는데 도움이 되기를 바란다.

조후용신 – 金·水가 보약이다.

[표 1] 조후용신 사주의 예

시주	일주	월주	년주	구분
己 丑	丙 午	戊 午	癸 酉	사 주
土 土	火 火	土 火	水 金	오 행

이 사주는 丙午 일주에 월지 또한 午火로서 너무나 火가 왕하다. 이렇게 되면 쉽게 알아 볼 수 있는 것이 너무 火가 왕하니 水로서 우선은 火를 제압해야 된다는 생각이 든다. 그렇다면 水는 년주에 癸水밖에 없으니 癸水로서 용신하게 된다.

癸水가 용신이 되므로 丙午火를 제압만 하게 되면 사주가 풀리게 되는 것이다. 그런데 이렇게 火가 왕할 때에는 그나마 癸水가 火를 제압할 수가 없고 癸水가 있음으로 조금은 사주가 시원하게 되어서 다행이다.

癸水는 지지에서 酉金에 도움을 받고 있으니 水에 힘이 매우 강한 편이다. 그러나 火가 보통 火가 아니다. 丙午, 戊午로서 양화(陽火)가 월주·일주에 총 집결되어 있기 때문에 癸水로서는 火에 강한 열만 약간은 시원하게 해줄 뿐이지 완전히 진정시키기는 힘들다. 그래서 궁여지책으로 생각을 해 보건대 시간에 己土를 용신으로 쓰면 어떨까 하는 생각이다. 시주에만 있게 되면 미숙할 텐데 지지 내에는 己土가 암장되어 있어서 土가 힘을 쓸 수가 있어서 좋다. 癸水가 용신이 되는 것이 오히려 火에 기운을 설기하므로 좋은 생각이다.

土가 용신이 되게 되면 火에 힘을 빼앗아가기는 하나 자칫 잘못하게 되면 土로서 년주에 水를 극할까 두렵다. 이러한 사주가 바로 병약 용신에 해당하는 예이다.

조후용신 – 木·火가 보약이다.

[표 2] 조후용신 사주의 예

시주	일주	월주	년주	구분
辛丑	壬辰	癸亥	丙申	사주
金土	水土	水水	火金	오행

이 사주는 壬辰 일주에 亥월에 태어났으니 시주의 辛金의 찬 기운을 받아 너무나 차고 물이 많다. 시주에 辛丑으로 찬 기운을 감당하지를 못한다. 년간의 丙火로서 따뜻하게 해주는 것이 좋다. 월지 亥 중 甲木을 용신으로 하자니 亥子丑으로 수국을 이루어 알맞지가 않았는데, 그나마 년주에 丙火를 용신으로서 하므로 따뜻하게 데워 주는 것이 좋다. 그러나 丙火의 단독으로 많은 물을 그것도 꽁꽁 얼어붙어 있는 빙하를 녹여 주기란 무척 힘이 든다.

그러므로 亥 중 甲木의 도움이 절실히 필요하다. 그래도 甲木 정도면 큰 나무가 되므로 丙火를 생조해서 많은 불을 지피는 데는 큰 문제가 없다.

그래서 丙火는 온도를 주어서 따뜻하게 해주는 역할로서

끝나고 亥중 甲木이 용신이 됨으로써 丙火를 생해 주고 또
한 甲木이 용신이 되면 甲木을 도와주는 희신이 水가 되므
로 水에 힘을 빼앗아 가는 역할도 하게 되어 이거야 말로
양수겸장을 치는 격이다. 누이 좋고 매부 좋은 격이 된다.
조후용신이라고 해서 꼭 火로서 용신을 잡지 않아도 火의
도움을 받게 되면 되는 것이다.

조후용신 – 火가 보약이다.

[표 3] 조후용신 사주의 예

시주	일주	월주	년주	구분
癸 未	庚 申	癸 巳	己 丑	사 주
水 土	金 金	土 火	土 土	오 행

이 사주도 庚申 일주에 巳火의 월령을 얻었으니 신왕한
사주이나 너무 차고 냉하다. 월지의 巳火에 내장간인 丙火
를 용신하자니 巳酉丑으로 금국을 형성하였고, 시지 지장간
丁火가 다행히 庚金과는 정관이다. 丁火 용신으로 잡는 것
이 가장 합당하다. 그렇게 되면 정관을 좋아하는 오행의 습

성을 살려 丁火로 용신하면 어떨까 하는 것이다.

　그런데 문제는 丁火나 丙火가 용신이 될 경우에는 인수인 土를 도와서 오히려 부작용이 된다는 것인데, 그래도 시지 未土 지장간에 乙木이 용신이 된다. 그래서 木이 필요로 하는 사주임에는 틀림없다. 그래도 많은 木이 왕하게 들어오지 않는 한 그게 발하지는 못하는 사주다. 조후용신의 예로 보더라도 木이 들어옴으로써 火를 도와서 사주에 火氣를 도와주는 격이다. 그래서 이 사주는 木·火 용신으로 보게 된다.

통관용신(通關用神)

통관용신은 많은 사주를 풀어 보고 판독을 해 보아도 쉽게 찾아보기는 힘들다. 그렇다고 사주학을 공부하는 입장에서 모르고 넘어갈 일이 아니다. 나중에 통관용신을 만나서 용케 써 먹을 수도 있겠지만, 그렇지 않아도 이쯤 되면 이것이 통관용신이구나 하는 정도만 알아도 커다란 수확이다.

오행이 서로 통하지 못해서 양대 세력이 대결하고 있을 때 통관용신을 써서 통하게 하는 것이다. 간단히 말하면 사주팔자 내에서 두 오행의 세력이나 균형이 비슷하여 마주보고 서로 극하고 있는 상태를 통관용신을 사용해서 사주의 오행을 돌아가게 해 주자는 것이다.

이것은 인간관계에서도 마찬가지라고 본다. 두 사람이 싸움을 하고 있는데 중간에서 말리는 사람이 없다면 그 싸움은 끝없이 지속될 것이다.

누군가 중간에서 화해를 시켜서 싸움을 말린다면 쉽게 화해가 될 만한 시비거리도 중개자가 없다면 이 시비는 끝없는 싸움으로 지속될 것이다.

가령 金과 木이 사주 내에서 양대 세력을 이루고 서로 극하고 있다면 그 중간에서 화해를 시킬 수 있는 오행이 바로 통관용신이다.

金과 木이 금극목(金剋木)하고 있다면 어떠한 오행이 가장 적당할까 한번 생각해봄으로써 짐작이 가게 될 것이다. 우선 水를 중간에 세워보게 되면 어떻게 될까. 水는 우선 木에 어머니격인 인수인데 비해 金에게는 식신이 된다.

그래서 金은 水를 보게 되면 우선은 자식이므로 싸움을 하기보다는 水에게 밥을 주어야 하는 입장이 된다. 반면에 水는 木에게 수생목(水生木)하여 음식을 제공해야 하는 입장이다. 이렇게 되고 보면 金과 木은 水가 없을 때에는 손자인 줄도 모르고 싸움을 계속하게 되겠지만 水가 와서 이야기를 듣고 보니 水의 자식이라니 金에게는 손자가 되는 격이다.

그래서 水가 중간에 끼어들게 됨으로써 금생수(金生水)하게 되면 水는 木에게 수생목(水生木)하여 만사는 해결되는 것이 되었다.

이렇게 양대 세력을 화해시켜 줄 수 있는 오행이 통관용신이 되는 것이다. 즉 사주팔자 내에 火와 金의 세력이 통관용신이 되는 것이다. 사주팔자 내에 火와 金의 세력이 쌍벽을 이루고 서로 극하고 대치하고 있다면 중개자는 어느 오행이 될까. 火와 金의 중간에서 가장 적당한 오행을 한번 생각해 보게 되면 쉽게 이해가 될 것이다. 중간에 화해시킬 오행은 土가 적당하게 될 것이다. 왜냐하면 土는 火의 식신이므로 자식뻘이 되는 것으로 土가 들어가게 되면 우선은 火가 金을 극하는 일을 제쳐 두고 土에게 음식을 제공해 주어야 할 것이다. 그렇게 되면 土도 역시 金이 식신이 되므로 金에게 음식을 주어야 할 처지가 되는 것이다.

그렇게 되면 벌써 화해가 되었다는 것이다. 일단 싸움을 중단한 것만으로도 평화가 찾아왔다고 볼 수 있다. 더구나 土에게는 火는 어머니요 金은 자식이라서 중간에서 싸움을 하게 놓아두지 않을 것이기 때문이다. 火의 입장에서도 자기가 사랑하는 자식을 옆에 두고 손자와 싸움이나 계속할 리가 없다는 것이다. 그래서 土는 金을 보호해 주고 火는 土를 보호해 주는 격이니 이미 화해가 끝난 것이다. 통관용신이란 말 그대로 중간에서 오행이 막혀 있던 것을 물고를 터주는 격이다.

土 운이 들어오게 되면 막혀 있던 사주는 일사천리로 흘러가게 되는 것이다. 그러나 통관용신은 이렇게 통하게 하면 되는 것이므로 이것 또한 엄밀히 따지고 보면 억부용신에서 크게 벗어나는 것이 없다. 다만, 다른 점이 있다면 오행이 골고루 배열되어 있지를 못하고 양대 세력이 대립하

고 있다는 점이 다르다. 누구나 쉽게 판단할 수 있도록 복습을 해두면 사주공부에 도움이 될 것이다.

金과 木이 싸우니 水가 중재자다.

[표 1] 통관용신 사주의 예

시주	일주	월주	년주	구분
癸	甲	辛	乙	사
酉	申	卯	酉	주
水	木	金	木	오
金	金	木	金	행

이 사주는 甲申 일주에 년주가 乙酉 월주가 辛卯 시주가 癸酉로서 천관과 지지에 金과 木이 절반씩을 차지하고 있다.

金과 木이 대립을 하고 한 치의 양보도 없이 싸우고 있다면 중간에서 싸움을 말리는 자가 있어야 한다. 그렇다면 그 중개자는 어떠한 오행일까. 쉽게 떠오르는 용신이 있을 것이다. 水 오행이 중개자가 되면 금생수(金生水)하여 수생목(水生木)하여 통관시켜 줄 수 있다. 그래서 이 사주는 水가 용신이다. 水가 들어가면 양대 세력을 갈라놓고 중개시켜 줄 수 있어서 마땅히 水가 용신이 된다. 그런데 시간에 癸水가 있기는 하나 너무 약하여 제대로 역할을 하지 못하고 있다. 그러므로 이 사주는 후천 운인 대운이나 세운에서 水운이 들어오면 발복을 하게 된다. 사주가 양대 세력의 오행이 버티고 있을 경우에는 양대 세력을 화해를 시킬 수 있는 오행을 중재자로 하여 용신을 잡는 것이 가장 효과적이다.

火와 金이 싸우니 土가 중재자다.

[표 2] 통관용신 사주의 예

시주	일주	월주	년주	구분
丁酉	辛未	辛巳	庚午	사주
火金	金土	金火	金火	오행

이 사주는 辛未 일주에 庚午, 월주에 辛巳, 시주에 丁酉로서 오행의 구성이 절반이 金이요 절반은 火로 이루어져서 화극금(火剋金)을 하고 있다.

일지에 未土는 지지에서 巳午未 화국의 방국을 이루고 있다. 대립하고 있는 양대 세력을 잠재워 줄 수 있는 오행이 있다면 과연 어떠한 오행이 가장 좋을까 하는 것이다.

土 오행이 들면 화생토(火生土)‥토생금(土生金)하여 세력을 공평하게 말림으로서 싸움은 진정된다. 통관용신이란 양대 세력에 중개자가 들어감으로써 통할 수가 있다면 화해가 되는 것이다. 이 사주도 일간인 辛金이 월주를 얻어서 신왕하여 버티고 있다. 그런데 金의 세력도 만만치 않다. 특히 시지 酉金은 지지에 巳酉丑의 반합을 이루고 있어서 火에게 위협을 주고 있다. 이래서는 도저히 해결의 방법이 보이질 않으므로 이럴 때에는 중개자가 있어야 하는 법이니, 우리가 집을 하나 사더라도 부동산을 거쳐야 하고 인생을 살면서도 중개인이 없어서야 되겠는가! 그래서 이 사주는 아예 土를 중개자로 하였다.

水와 火가 싸우니 木이 중재자다.

[표 3] 통관용신 사주의 예

시주	일주	월주	년주	구분
辛	壬	丙	癸	사
丑	午	子	巳	주
金	水	火	水	오
土	火	水	火	행

이 사주는 壬午 일주에 癸巳 년주, 丙子 월주에 辛丑 시주가 대립을 하여 수극화(水剋火)하고 있다. 이렇게 양대 세력이 맞서고 있으면 어떻게 좋은 방법이 없을까 하는 것이다.

싸움을 말릴 수 있는 세력으로서 木이 들어오게 되면 수생목(水生木)‥목생화(木生火)를 하게 되어서 일단 물고를 튼 셈이 된다.

양대 세력간에 큰 싸움은 말렸으나 水가 갈 곳이 없어서 火에게 가서 분풀이를 하려는 찰나에 木이 들어오니 무척 반가운 오행이다.

木이 들어오면 水에게 생을 받게 되고 생을 받은 木은 다시 火에게 목생화(木生火)로 도와주게 되어서 오행이 상생으로 돌아가게 되는 것이다. 후천 운인 대운과 세운에서도 木운이 들어오면 발복하게 된다.

사주 내에 오행이 단조로우면 운이 잘 풀리지 못하게 되므로 사주 내에 오행이 골고루 있는 것을 가장 길하게 본다.

병약용신(病藥用神)

병약용신이란 사주팔자도 병이 들면 약이 있어야 한다는 것이다. 사람도 살아가다 보면 병이 들기도 하고 몸이 허약해지는 경우가 많은데, 사주팔자라는 것이 인간을 본 뜬 글자라고 한다면 사주팔자라고 해서 병이 없으라는 법이 없다.

사람이 살아가는데 병이 들었을 때 약이 있다면 크게 걱정할 필요가 없으나, 과연 약이 없다면 어떻게 될까? 아마도 죽는 것이 아니면 자연치료가 될 때까지 기다리는 수밖에 어쩔 도리가 없는 것이다.

병이 있으면 그 병에 해당하는 약이 있기 마련이지만, 그 약을 찾기란 매우 어렵다고 본다.

인간은 병이 들면 병원에 가서 전문의한테 종합검진을 받아야 비로소 무슨 병인지 알 수가 있다. 그 병명만 알게 되면 대개는 치료가 가능하고, 그 중에는 현대 의학이 아무리 발전했다. 해도 치료가 불가능한 병도 있기 마련이다 따라서 웬만한 병이라면 약으로서 치료가 가능하듯이, 이것은 사주 또한 마찬가지인데, 사주에서 병을 알면 약을 바로 알

수가 있는데도 그 병을 찾아내기가 그리 쉽지 않다. 그래서 사주 내에서 병을 알고 약을 찾아서 그 약으로 병이 치료된다면, 병이 없었던 사주보다 더 귀하게 발복을 하게 된다.

우리 인간도 고생 뒤에 낙이 온다고 병이 들어서 치료를 하게 되면 면역성이 생겨서 병이 잘 들지 않고 건강하다는 뜻이다.

사주에서 일주가 허약하고 병이 들어서 그 병을 치료해 줄 수 있는 용신이 없다는 것이 병인데, 일간에 병이 들었다면 마땅히 치료할 수 있는 약이 있어야 마땅하다. 그런데 왜 그 약이 없을까 하고 고민을 하게 되는 것이다.

예를 들어 일간이 甲木인데 그 甲木이 너무 왕해도 그것이 병이라 했으니, 너무 왕하면 억제해 주는 관이 있든지 설기해 주는 식신이나 상관이 있어야 마땅한데, 그 세력이 없다는 것이다. 가령 그 식신이나 상관이나 관성이 있어도 그 세력들이 병이 들어서 자기치료도 하지 못하고 있는 실정인데 남을 치료해 줄 수 있는 여력이 없다는 것이다.

병약용신이란 병이 있으면 약이 있다 하였으니, 그 약이란 바로 기신을 제거 또는 극제해 줄 수 있는 세력이 바로 약이 되는 것으로, 병을 알았다고 하더라도 사주 내에서 약이 없다면 그 사주는 빈천하게 살아가는 사주가 되는 것이다.

약이 있어서 무난히 해결이 된다면 이것은 더욱 귀하게 되며 부와 명예를 얻는다고 하였으니 사주를 판독함에 있어서 병약용신을 잘 판독하는 연습이 절실히 필요하다.

사주 내에서 용신이 木인데 가령 잘못 봐서 金으로 보게 되면 완전히 거꾸로 사주를 보게 되므로 10년, 20년을 책을 보고 아무리 공부를 많이 했다한들 무슨 소용이 있겠는가! 그러므로 사주의 예로서 실습을 해보는 것이 좋을 듯 하다. 병약용신이란 사주 공부를 하는 사람이라도 쉽게 접할 기회가 그다지 많지 않다. 그래서 사주의 구성 자체가 억부용신에 가깝거나 전왕용신에 버금가는 격이어서 이렇다할 만한 정확한 사주를 골라내기란 쉽지 않다는 것을 미리 알려두고자 한다.

병약용신에 약이 없다.

[표 1] 병약용신 사주의 예

시주	일주	월주	년주	구분
癸 卯	壬 申	壬 申	己 亥	사 주
水 木	水 金	水 金	土 水	오 행

이 사주는 壬申 일주에 壬申 월주로서 년지가 亥水요, 시간이 癸水로서 사주 내에 水가 너무 많은 것이 병이다. 일간이 왕한데 월지에서 월령을 얻었고 일간에게 금생수(金生水)를 하고 있으니 그야말로 많은 물을 감당할 수 있는 오행이 없다.

년간 己土에게 기대는 해보겠지만 己土 역시 오히려 토생금(土生金)으로 金을 생해 주고 있다.

시지에 卯木도 많은 물을 감당하기에는 허약하여 나무마저 물에 잠기게 될까 두려워하고 있다.

이러한 경우를 두고 병으로 보는 것이다. 사주에 병이 있으면 약이 있어야 할텐데 약이 없다는 것이 문제이다. 약이란 어느 오행이 들어와서 어떻게 사주가 풀리느냐 하는 것이 관건인데 이 사주는 아무리 보아도 약이 없다. 가령 약이 되려면 戊土가 약이 되어서 후천 운인 대운과 세운에서 土가 들어옴으로써 운이 풀리는데, 이 사주는 土가 들어옴으로서 金을 생하게 되어 오히려 독이 되는 경우로서 기신(忌神)이 되고 마는 격이다.

木이 들어온다 하더라도 卯木이 지지 金에 충을 받아서 나무가 들어설 자리가 없다. 사주에서 말하기를 병약용신에서는 병이 있으면 반드시 약이 있다 하였고, 약이 있으면 병이 없는 사주보다 길해질 수도 있다고 하였다. 그러나 사주에 병이 있는데 약이 없다면 빈천하게 살아가는 사주팔자라 하였으니 혹시나 약이 보이는지 잘 살펴보았으면 하는 마음 간절하다. 그나마 이러한 사주를 보게 되면 甲木 정도의 왕한 木이 들어오게 되면 다소 좋아진다고 보면 木으로 용신함이 그나마 약이 될 수 있고, 土 중에서도 未土가 들어오면 亥卯未로 목국의 삼합이 됨으로써 해결이 된다. 그러나 그 未土란 일시적일 뿐이지 장기간 있을 수 없으므로 영구적으로 쓰일 만한 약 없다.

병약용신에 백약이 무효이다.

[표 2] 병약용신 사주의 예

시주	일주	월주	년주	구분
癸 未	庚 申	己 巳	己 丑	사 주
水 土	金 金	土 火	土 土	오 행

　이 사주는 庚申 일주로서 건록인데 己巳 월주에 태어나서 월지 巳火의 지장간에 庚金이 암장되어 있어서 신이 태왕하다.

　한 마디로 庚金은 태왕하여 과식을 하고 있는데 시간에 癸水로서 숨통이 트인 상태이다. 이 사주는 未土의 지장간에 乙木을 용신으로 하려 하나 癸水의 水氣를 유도하지 못하고 일간과 乙庚合金이 되고 말았다. 그렇다면 이 사주는 용신에 병이 있는 것이다.

　사주에서 병이 있다 함은 일간이 태왕한 것을 말하는 것으로 마땅한 처방을 내린 것이 乙木에 정재인데 정재마저 기신(忌神)이 되고 말았다. 그래서 이 사주는 용신의 병을 치료할 수 있는 오행을 찾는 일이 시급하다. 용신에 병이 있다면 그 병을 치료할 수 있는 약이 있어야 한다. 그래서 巳火의 지장간에 丙火가 일간에 관이므로 왕한 일주를 녹여주면 약이 되지 않을까 하여 丙火를 약으로 쓰게 되면 오히려 金의 인수인 土를 도와서 독이 되고 만다.

그래서 이 사주는 약이 없다. 백약이 무효인 사주라는 것이다. 사주에 병이 있으면 약이 있어야 마땅할 텐데, 사주 내에서는 아무리 찾아봐도 약이 없다. 사주를 공부하는 여러분들도 그 약을 찾아낸다면 가히 명의가 될 수 있을 것이다.

이 사주는 결국 용신이 없는 사주로서 용신이 없는 사주는 거지 사주와 다를 바가 없다. 이 사주는 시주에 癸水가 있고 세운에서 간혹 木 운이 들어오게 되므로 생명은 부지할 수 있다.

병약용신 – 甲木이 약이다.

[표 3] 병약용신 사주의 예

시주	일주	월주	년주	구분
辛	丁	庚	丁	사
丑	丑	戌	亥	주
金	火	金	火	오
土	土	土	水	행

　　이 사주는 丁丑 일주에 庚戌 월주로서 丁火 일간이 戌월
에 태어났으니 득지를 하지 못했다. 월간·시간에 편재 정
재를 거느리고 있으나 신약하므로 많은 재를 감당하지 못
한다. 신약한 일간에 기운을 빼앗는 지지 戌土, 丑土가 병
으로 년주의 丁火에 비견이 도움이 되나 월지에 가로막혀
쓸 수가 없으므로 년지 亥水 지장간에 甲木을 용신으로 할
수 있다. 시급한 丁火에게 甲木이 도움을 주게 되고 甲木이
지지 戌土와 丑土를 극하여 견제함으로써 약이 되는 것이
다. 이 사주는 병은 중하나 약이 있어서 甲木 운에서 발복
하게 되는 사주다. 사주에 병이 있으면 반드시 약이 있다
하였으니, 이 사주는 그나마 약을 찾을 수 있어서 다행이다.

건록격(建祿格)

건록이란 일간과 월지를 중심으로 판단을 하게 되는 것으로, 가령 甲일간에 寅월이면 甲木이 건록이 되는 것인데 건록격이 되면 신왕한 사주가 되어서 재성으로 용신을 잡으면 좋다는 것이다.

태왕한 신에게 재가 있으면 재를 감당할 수 있어서 매우 좋게 보는 것이다. 그래서 건록은 일간를 중심으로 일지, 년지, 시지를 다 볼 수 있으나, 이것은 특히 월지 건록을 가장 우선시하게 된다. 때에 따라서는 관성으로 용신을 쓰게 되니 이것은 사주의 구성에 따라서 판단을 하는 것이 좋으나, 대부분 건록격의 사주에서는 재관으로 용신을 잡는 것이 보통이다.

[건록]

일간	甲	乙	丙	丁	戊	己	庚	辛	壬	癸
월지	寅	卯	巳	午	巳	午	申	酉	亥	子

건록격 – 관이 양 날개를 달았다.

[표 1] 건록격 사주의 예

시주	일주	월주	년주	구분
庚 辰	乙 亥	辛 卯	癸 丑	사 주
金 土	木 土	金 木	水 土	오 행

이 사주는 乙亥 일주가 辛卯 월주에 태어나서 득령하였
다. 년간에 癸水가 일간을 도와줌으로써 칠살과 대응을 할
수 있는 힘이 있게 된다. 그러나 양쪽에 관살이 버티고 있
는 격이므로 자칫하면 乙木이 약해져서 庚金과 乙庚合金으
로 합을 할 수 있겠으나, 월지에 득령을 하였고 일지에 亥
水가 인수로서 붙들고 있기 때문에 쉽게 합을 하지 않게 된
다. 그러나 乙일간이 몸을 움추리고 있는 격이니 후천 운인
대운과 세운에서 신을 돕는 木·火 운이 오면 발복을 하게
된다. 반면에 金 대운에서는 매우 시끄럽게 된다. 용신은
木 운으로 水·木 운이 들어오면 사주를 살리는 격이다. 이
렇게 건록격이란 사주의 구성에 따라서 천차만별로 화복이
달라진다.

보통 건록격이 되면 신왕하게 되는데, 이 사주는 월령을 했고 일지에 득지를 했으나 월간·시간에 정관과 편관이 버티고 있어서 항상 불안한 사주가 된다.

종관살격 – 편관·정관이 왕하다.

[표 1] 종관살격 사주의 예

시주	일주	월주	년주	구분
丙戌	庚午	丁卯	壬寅	사주
火土	金火	火木	水木	오행

이 사주는 庚金 일간이 丁卯 월주에 태어나서 실령을 하였다. 사주 내에 火가 왕한데 寅木 卯木에 불을 지피게 되니 온통 불바다를 이루고 있는데, 庚金이 아무리 단단하다 할지라도 견뎌내기가 힘들다. 그래서 단독생활을 포기하고 火에 종하는 것이다. 지지에는 寅午戌 삼합으로 화국을 이루고 있고 천간에도 丁壬合木으로 관살을 돕고 있기 때문에 종관살격이라고 하는데, 종관살격이란 나를 돕는 오행이 하나라도 있게 되면 성립되지 않는다.

나를 돕는 인수가 없을 때 성립되고, 특히 천간에서 나를 돕는 인성이 있으면 곤란하다는 것이다. 용신을 잡을 때 나를 돕는 인성이 들어오게 되면 운이 극도로 나빠지게 된다.

종살격이란 나를 극하는 오행에 들어오면 모든 생사를 칠살에 맡기는 것이다. 이 사주에서의 칠살은 火의 세력을 뜻하는 것으로 후천 운인 대운과 세운에서 木·火 운이 오면 발복을 하게 된다.

종아격 – 식신·상관이 왕하다.

[표 1] 종아격 사주의 예

시주	일주	월주	년주	구분
乙 巳	壬 寅	戊 辰	乙 卯	사 주
木 火	水 木	土 土	木 木	오 행

위 사주에서 壬寅 일주가 戊辰 월주에 태어나서 득령을 하지 못했고 신이 매우 허약한 사주임이 틀림없다. 종아격이란 원래 식신과 상관으로 따라간다는 것이다. 인성(印星)이 왕하거나 비견과 겁재가 있으면 종아격이 되지 않는다.

보다시피 나를 생조해 주는 세력은 찾아볼 수 없고 오직 내가 생조해 주어야 하는 세력이니 어쩔 수 없이 식상으로 따라갈 수밖에 없는 실정이다. 이러한 사주는 가령 대운에서 인성이 들어오게 되면 오히려 나쁜 운이 된다. 계속 식상운이 들어와야 운이 트이는 것이니, 식신과 상관이 강하게 들어오면 올수록 운이 크게 열리는 것이다. 반대로 이 사주는 金이나 水 운이 오면 신세타령만 하게 된다.

종왕격 – 비견과 겁재가 왕하다.

[표 1] 종왕격 사주의 예

시주	일주	월주	년주	구분
乙亥	甲寅	癸卯	辛未	사주
木水	木木	水木	金土	오행

이 사주는 甲寅 일주에 癸卯 월주로서 월지가 卯木으로서 득령을 하였다. 강한 甲木이 월지를 얻었고 사주 내에 水·木이 득세를 하였으니 이러한 사주가 바로 종왕격이라 하겠다.

종왕격은 비견과 겁재가 많은 것이 특징인데, 이러한 사주를 두고 용신을 잡을 때 자칫 실수를 범할 우려가 있다. 가령 木이 너무 왕성하다 하여 木氣를 설기하던지 억제를 하게 되면 큰 파장이 생길 수 있다. 힘에 넘치는 자에게 함부로 시비를 걸 수 없는 노릇이고, 사주 내에 水·木의 오행으로 가득 차서 세력을 이루었을 때 대세의 흐름으로 따르는 것이 좋다. 그래서 용신을 水·木으로 잡게 되는 것으로 내격과 외격의 다른 점은 바로 이러한 것을 보고 판단할 수 있다. 외격은 확연히 구분되어 있다고 해도 무방하다.

종재격 – 정재와 편재가 왕하다.

[표 1] 종재격 사주의 예

시주	일주	월주	년주	구분
辛 丑	丁 酉	庚 戌	乙 酉	사 주
金 土	火 金	金 土	木 金	오 행

위 사주는 丁酉 일주가 庚戌 월주에 태어나서 신이 약인데, 사방으로 재가 있어서 재왕한 사주이다. 그러나 나를 돕는 인성이 하나도 없다. 년간에 乙木이 있으나 乙庚合金으로 변하였다. 이렇게 되면 가장 왕한 쪽으로 종살이를 해야 그나마 목숨을 부지할 수 있다.

사주가 土·金으로 뒤덮여 있어서 金 오행으로 종(從)을 하게 되는데, 金은 재가 되므로 종재격이라 한다. 종재격은 일간이 신약하고 나를 돕고 생해 주는 인수에 뿌리가 일절 없어야 가능하다.

종재격도 양일간과 음일간이 차이가 있다. 양일간이란 그 자체가 강한 오행으로서 인성이나 비겁이 있으면 종재격에 해당되지 않게 된다. 가령 음일간이라면 음일간 자체가 허하므로 인성과 비견이나 비겁이 한 개 정도 있어도 무방하다.

　그러나 사주의 구성을 잘 살펴서 판단을 하는 것이 좋다. 위 사주는 종재격으로 식상과 재성의 대운이 들어오게 되면 발복하게 된다. 나를 돕는 인성이나 비겁운이 오게 되면 좋지 못하여 크게 화를 당하게 되는 것이다.

양인격(羊刃格)

양인격은 예를 들어 甲 일간에 卯 월지를 만나면 양인격
이라 하게 되고, 득령을 하여 신이 왕하게 되면 양인격이라
하게 된다.

양인격 사주에서는 칠살이 약이 되는 경우가 있다. 칠살
이란 오행끼리 충을 하는 것을 말하는 것으로 칠살이 나쁘
다고는 하나 사주에서 양인격이 되면 신강하므로 오히려
칠살이 있어서 신을 억제함으로써 사주가 운이 잘 풀리는
경우이다.

그래서 사주에서는 모든 오행이 골고루 있어서 균등할
것을 가장 길하게 보는 것이다. 사람도 배가 너무 불러도
좋지 못하지만 배가 너무 고파서 허기가 지는 것도 좋지 못
한 것으로 사주라고 해서 예외가 아니다. 그래서 사주학이
란 자연의 진리와 순행을 원칙으로 하게 되므로 오행이 보
통 내지는 중간쯤 되는 것을 중화(中和)라 하여 제일로 보
는 것이다.

[양인격의 도표]

일간	甲	乙	丙	丁	戊	己	庚	辛	壬	癸
양인	卯	辰	午	未	午	未	酉	戌	子	丑

양인격은 비겁이 많으면 관성이 용신이 된다.

양인격에 인성이 많으면 재성이 용신이 된다.

양인격이 관살이 많으면 재성이 용신이 된다.

양인격에 식상이 많으면 재성이 용신이 된다.

양인격에 재성이 많으면 관살이 용신이 된다.

양인격에 양인이 많으면 식상이 용신이 된다.

양인격 – 관이 용신이다.

[표 1] 양인격 사주의 예

시주	일주	월주	년주	구분
癸 酉	甲 子	乙 卯	丁 未	사 주
水 金	木 水	木 木	火 土	오 행

이 사주는 甲子 일주에 乙卯 월주로서 일간에 甲木이 월지 卯木을 만나서 양인격이다. 지지가 卯未 반합이고 子水, 癸水에 인수가 일간을 생해 줌으로써 신왕하다.

이렇게 신왕에 양인이 되면 재를 용신으로 할 수 있고 칠살이 용신이 되었을 때 발복을 하는가 하면, 양인격의 사주에서도 신약한 경우에는 인수가 용신이 될 수 있어서 신강·신약에 따라서 매사가 달라지는 것이다.

그러나 이 사주는 신왕하여 천정부지 하늘 높은 줄 모르고 날뛰게 되므로 이런 경우에는 관인 金을 용신으로 삼아서 木을 견제하는 것이 가장 적당하여 시지에 酉金으로 용신한다.

화토격(化土格)

화토격은 정오행이 합오행으로 변하여 오행이 종격(從格)으로 되었다는 것이다. 화토격은 甲일간이 타간에 己가 있으면 甲己合土가 되거나 辰戌丑未 월에 태어나서 지지가 모두 土로 구성되어 있을 때 土의 기운을 받게 되는 것을 두고 화토격이라 하게 된다.

화토격 – 火 · 土가 용신이다.

화토격 사주의 예

시주	일주	월주	년주	구분
己	甲	己	丙	사주
巳	辰	丑	寅	
土	木	土	火	오행
火	土	土	木	

이 사주는 甲辰 일주가 己丑 월주에 태어나서 시간에 己土와 일간이 甲己合土로 변하였다. 월지에 丑土와 일지에

辰土로 인하여 土의 기운에 휩쓸려 사주가 종격으로 가게
되었다.

　이러한 사주를 두고 화토격(化土格)이라 한다. 화토격은
관이 극하는 것을 꺼리고 식신과 상관을 싫어하게 된다.
이러한 사주의 용신은 오히려 火·土 용신으로서 火 운이
나 土 운에서 발복하고 관운이나 식상의 운에서는 해를 입
게 된다.

화금격(化金格)

　화금격은 정오행이 합오행으로 변하여 오행이 종격(從格)으로 되었다는 것이다. 乙일간에 태어나서 타 간에 庚이 있으면 乙庚合金이 됨으로써 화금격(化金格)이 되는 것이다.

　오행이 타 오행과 합화가 되어서 金으로 변신한 경우인데, 그러면서 金의 세력이 왕하여 어쩔 수 없이 그 세력에 머물게 되는 것이다. 그래서 화금격이 이루어지면 용신은 이미 정해져 있다. 土·金이 용신이 됨으로써 土·金 운에서 발복하게 된다.

화금격 - 土 운에서 발복한다.

화금격 사주의 예

시주	일주	월주	년주	구분
辛	乙	庚	戊	사주
巳	酉	申	子	
金	木	金	土	오행
火	金	金	水	

이 사주는 乙酉 일주에 庚申 월주에 태어나서 乙木이 사방에 관살로 인하여 버티지 못한다. 그러나 다행히 일간 乙木이 월간 庚金과 乙庚合金을 하였고 지지가 巳酉로서 금국에 반합이 됨으로써 오행이 土 · 金으로 화금격이 되었다.

화금격이라면 혼자 버티기 힘들어서가 아니라 주변 환경에 의해서 합으로 변해야 할 뿐 아니라 세력이 왕함으로써 많은 흐름으로 따라갈 수밖에 없게 된다. 화금격 사주의 격국에서 火 운이 들어오게 되면 이것은 관살로서 매우 좋지가 않다. 반면에 재성인 木 오행이 들어오게 되면 운이 열리는 격이다. 그러나 金氣가 약할 때에는 土가 들어오는 대운에서 발복을 하게 된다.

화수격(化水格)

화수격은 정오행이 합오행으로 변하여 오행이 종격으로 되었다는 것이다. 화수격(化水格)은 丙일생이 타 간에 辛이 있으면 丙辛合水가 되고 지지가 亥월에 申子辰 월지에 태어나게 되면 水에 세력권에 휩쓸려 따라가는 것을 말한다. 일간 辛金이 타 간에 丙火와 합을 하여 水로 화(化)했다는 것인데 이러한 사주에서는 후천 운인 대운이나 세운에서도 水 운에서 발복을 하게 되고 土 운이 오면 패하게 된다.

화수격 – 金 · 水 운에서 발복한다.

화수격 사주의 예

시주	일주	월주	년주	구분
庚 子	辛 丑	丙 子	甲 辰	사 주
金 水	金 土	火 水	木 土	오 행

위 사주는 辛丑 일주가 丙子 월주에 태어나서 丙辛合水
가 되었다. 월지 子水는 子辰 수국(水局)으로 흘렀고 시주
에는 庚子가 金 · 水 오행이 되어서 화수격(化水格)이 되었
다. 화수격의 대운에서는 土 운이 들어오게 되면 패하게 되
고 金 · 水 운에서 발복하게 된다. 그런데 이러한 사주를 놓
고 년간에 甲木이 있어서 木 운이나 火 운이 들어오면 좋지
않느냐고 할지 모른다. 그런데 그것은 水氣가 설기가 되어
서 절대 금물이다. 사주 내에서는 水가 제왕이 되면 아예
대운에서는 金 · 水 운에서 발복이 있게 되는 것이다. 사주
에서 화(化)하여 격을 구성하게 되면 용신이 단조롭고 꺼리
게 되는 오행은 많아서 좋지 못하다.

화목격(化木格)

화목격(化木格)은 정오행이 합오행으로 변하여 오행이 종격으로 되었다는 것이다. 丁일간에 태어나서 타 간에 壬이 있으면 丁壬合木이 되고 월지에 寅木이나 卯木이 있어야 한다. 지지에서는 亥卯未 목국을 형성함으로써 화목격이 되는 것이다. 간단히 말해서 일간이 타 오행으로 화(化)하여 그 오행에서 머물게 된다는 말이다. 사주의 일간이 본래의 오행의 신분을 버리고 타 오행으로 합화(合化)가 되었다는 말이다. 그렇게 되면 용신은 거의 정해지게 된다. 화한 오행이 바로 용신이 되는 것이다.

화목격 − 水 · 木 운에서 발복한다.

화목격 사주의 예

시주	일주	월주	년주	구분
壬 寅	丁 卯	癸 卯	乙 亥	사 주
水 木	火 木	水 木	木 水	오 행

이 사주는 丁卯 일주가 癸卯 월주에 태어나서 시간에 壬水를 만나서 丁壬合木이 되었다. 일지 卯木과 월지 卯木이 있고 년지에 亥水가 있어서 亥卯로서 木의 기운을 얻었으니 화목격이 되었다.

대운에서 金 오행이 들어오면 좋지 않고 水 · 木 운에 발복하게 된다. 화목격이라면 木에다 화(化)했으므로 木이 왕하여 木으로서 살아간다는 뜻으로 水 · 木에서 크게 발복을 하고 타 운이 들어오면 패하게 된다.

특히 타 운이란 木을 설기하는 火 운이나 木을 극하는 金 운을 꺼리고 재성인 土 운도 좋지 못하다. 오직 바라는 운은 水 · 木밖에는 없다는 것을 알아야 한다.

화화격(化火格)

화화격(化火格)은 정오행이 합오행으로 변하여 오행이 종격으로 되었다는 것이다. 戊일간에 태어나서 타 간에 癸가 있어서 戊癸合火가 되고 월지 또는 지지에서 寅午戌 화국(火局)을 만나게 되면 화화격이 되는 것이다. 일간의 癸水가 화(化)하여 火의 오행으로 가게 되면 일생 동안 火로서 행동하게 되는 것이다.

화화격이 되면 용신은 이미 정해져 있게 된다. 木·火 운에서 크게 발복이 있고 火 오행을 극하거나 설기하는 운이 오면 흉하다.

화화격 – 木·火 운에서 발복한다.

화화격(化火格) 사주의 예

시주	일주	월주	년주	구분
甲 寅	癸 巳	戊 戌	丙 午	사 주
木 木	水 火	土 土	火 火	오 행

이 사주는 癸巳 일주가 월간이 戊土이므로 戊癸合火가 된다. 지지가 寅午戌 화국으로 화화격(化火格)이 되었다.

화화격은 대운에서 水운이 들어오면 火를 극하게 되어서 매우 좋지 않고 반면에 木·火 운에서 발복을 하게 된다. 가령 土 운이 오면 어떠냐고 할 수 있다. 이것은 火에 기운이 설기되어서 크게 나쁘고 水 운에서는 큰 분란이 일어나게 된다. 화화격의 사주에서는 대운이나 세운에서 木·火 운이 오면 발복을 하게 된다. 일생을 살아가는 동안에 대운은 10년마다 바뀌게 되어서 항상 木·火 운이 들어올 수가 없어서 타 오행이 들어오게 되면 실패의 여지가 항상 있다는 것을 명심해야 한다.

가종격(假從格)

　가종격(假從格)은 사주가 일간이 허약한데 그 허약한 일간을 돕는 세력이 있으면 가종격이 된다. 가종에서 벗어나면 신약 사주로 분류되고 마는 것이고 일간을 돕는 오행이 극히 미미하다면 이것은 진종(眞從)이 되고 마는 것이다. 그래서 가종이냐 진종이냐를 놓고 고민하게 되는 경우가 허다하다. 이것을 잘 판별하지 못한다면 이것은 분명히 사주를 거꾸로 풀이하게 되는 이치이다. 그런데 가종격이라든지 기타 격에 해당되는 사주 예가 흔하지는 않다.

　사주에 80~90%가 모두 내격에 속하게 되면서 사주 예를 풀어봄으로써 많은 실습이 된다. 그러나 외격에서는 특수격이라 하여 누구나 일생에서 소수의 사주를 접하게 되는 것이 보통이다.

가종격 – 유동적이다.

[표 1] 가종격 사주 예

시주	일주	월주	년주	구분
乙	己	丁	壬	사
亥	未	卯	寅	주
木	土	火	水	오
水	土	木	木	행

이 사주는 己未 일주가 丁卯 월주에 태어나서 실령을 하였고 일지에 未土가 비견이 있기는 언제라도 지지 전체가 단합이 되어서 亥卯未로 목국을 형성할 수 있어서 믿을 수 없다. 그리고 월간에 丁火도 편인이기는 하지만 년간에 壬水와 丁壬合木이 되어서 배신을 하게 된다. 그러나 일간도 일지 未土에 뿌리를 내리고 있으므로 쉽게 물러 설 수가 없다. 그래서 평상시에는 木의 세력에 순종을 하는 것처럼 있다가 갑자기 火 운이나 土 운이 왕하게 들어오는 날에는 己土의 본분을 되찾겠다고 하게 된다. 그래서 이러한 사주를 두고 가종격이라고 하게 된다. 어떻게 보면 이러한 사주가 유리할 수 도 있다. 후천 운에서 들어오는 세력에 따라 신분이 변할 수가 있어서 여유가 많다는 것이다. 내일이라도

火운이 강하게 들어오게 되면 土로서 행세가 가능하다. 그리고 水 운이나 木 운이 들어오게 되면 木에게 종을 하게되는 것이다.

가종격 – 진종도 될 수가 있다.

[표 2] 가종격 사주 예

시주	일주	월주	년주	구분
乙卯	戊辰	己卯	壬寅	사주
木木	土土	土木	水木	오행

이 사주는 戊辰 일주가 己卯 월주에 태어나서 실령을 하였으나 일지에 辰土를 만나서 득지를 했다. 사주 내에 인수가 없고 水가 많아서 수생목(水生木)으로 木을 키우고 있으므로 土가 지극히 허약하다.

그런데 이 사주 역시 지지가 寅卯辰 방합으로서 辰土가木에게 합세를 했고 시지 역시 乙卯로서 木의 제왕이 되어서 관왕한 사주다. 그러나 戊土는 일지에 辰에 뿌리를 박았고 월간에 己土가 있어서 도움이 되고 있다. 사주의 구성자체로는 土로서 행세하기에 부적절하다.

그래서 木의 세력이 왕할 때에는 木에게 종을 하지만, 대운에서 어느 때인가 火 운이나 土 운이 들어오게 되면 土로서의 본래 신분을 유지하게 된다. 그래서 가종격이라고 하게 된다. 가종격의 사주는 대운이 어떠한 운이 들어오느냐에 따라서 신분은 다르게 정해진다.

가색격(稼穡格)

가색격(稼穡格)은 일간이 戊土나 己土가 되어야 하고 월지에는 반드시 辰戌丑未 월이 되어야 한다. 혹은 지지가 전부 辰戌丑未가 있음으로서 가색격이 된다. 그런데 주의해야 할 것은 戊土나 己土 일간에 지지가 辰戌丑未가 있다 하더라도 木 오행의 극을 받지 않아야 한다.

천간에 甲木, 乙木이나 지지에 寅木, 卯木의 극을 받지 않아야 진정한 가색격이라 할 수가 있다. 가색격은 후천 운인 대운에서 火 운이나 土 운을 좋아하고 金·水 운도 길하나 극을 받는 木 운만을 꺼리게 된다.

외격의 가색격에 특징이라면 나를 극하는 오행을 가장 싫어하고 나를 도와주는 인성이나 비견이나 겁재 운에서는 발복하게 된다. 그러나 가색격은 사주 중에서도 매우 특수하여 진정한 가색격이 된 사주가 드물다는 것이며 가색격이 귀한 줄 모르고 土가 너무 많아서 좋지 못하다고 화복을 하는 예가 있게 되므로 이를 주의해야 한다.

가색격 - 金이 약이다.

가색격 사주 예

시주	일주	월주	년주	구분
甲	己	己	丙	사
戌	未	丑	辰	주
木	土	土	火	오
土	土	土	土	행

이 사주는 己未 일주가 己丑 월주에 태어나서 월지를 얻었고 월간 己土가 비견이요, 년간에 丙火는 년지에 辰土를 생해서 土가 사주 내에 태반이다. 시간에 甲木 오행이 혼자서 도저히 살 수가 없어서 일간 己土와 甲己合土가 되었다.

사주 전체가 土로 변하게 되어서 가색격이고 지지에 辰戌丑未가 형성되었으므로 가색격에서 하나도 어긋남이 없다. 그리고 월지 丑土 중에 辛金이 암장되어 있어서 용신을 잡게 되면 대운이나 세운에서 金 운에 발복이 있게 되고 火·土 운에서는 크게 좋을 것도 없고 나쁠 것도 없이 무난하다고 보면 된다. 수많은 사주를 대하다 보면 가색격을 간혹 찾아볼 수가 있다.

곡직격(曲直格)

곡직격(曲直格)은 사주 일간이 甲木이나 乙木이 되고 寅이나 卯월에 태어나야 된다. 그리고 지지에 亥卯未나 寅卯辰이 있어야 한다. 사주의 구성 자체가 전부 木으로 이루어져야 곡직격이라 할 수 있다. 그런데 곡직격의 용신은 식신이나 상관이 있음으로 용신이 된다. 사주 내에 庚辛金이나 申酉金이 있게 되면 곡직격이 이루어지지 않는다.

설령 곡직격의 사주라 할지라도 대운에서 庚辛金이나 申酉金이 극을 하게 되면 해를 입게 되는 경우이다.

그것은 소나무 밭에는 소나무가 있어야 되는 것이지 기타 잡나무가 섞여 있으면 소나무의 세력에 밀려서 잘 자라나지 못하는 경우와 다를 바가 없다.

사주 내에 木 오행세력이 구축되었다는 뜻으로 곡직격이 이루어지게 되면 식신이나 상관이 용신이 되고 水와 木이 들어오면 크게 나쁠 것이 없지만 크게 좋을 것도 없게 된다.

곡직격 – 火가 보약이다.

곡직격 사주 예

시주	일주	월주	년주	구분
己	乙	甲	癸	사
卯	未	寅	亥	주
土	木	木	水	오
木	土	木	水	행

이 사주는 乙未 일주가 甲寅 월주에 태어나서 월주를 얻었고 년주에 癸亥는 수생목(水生木)으로 나무를 생해 주고 지지는 亥卯未의 삼합을 형성하였으므로 전체적으로 木으로 구성되어서 곡직격이다.

곡직격은 외격에 속하는데 흔하지 않아서 쉽게 볼 수가 없다. 사주 내에 木이 많으니 관인 金이 들어와서 극을 해 주는 것이 좋지 않겠느냐고 할 수 있으나 그것은 불가능하다. 사주에 8字가 전체적으로 木의 세력이 형성되어서 타 오행으로 제압을 한다는 것은 불가능하기 때문에 외격에서 특별히 다루게 되는 것이다. 곡직격이 되었으니 寅木 중에 丙火가 용신이 되고 水·木 운에서는 발복이 없으나 그리 나쁠 것이 없어서 무난하다고 보는 것이다.

종혁격(從革格)

종혁격은 일간이 庚金이나 辛金일 때 지지가 申酉戌 월
지에 태어나야 하고 지지에 申酉戌 방합과 巳酉丑 삼합이
있어서 금국(金局)이 되면 종혁격(從革格)이라 할 수 있다.

丙丁火 또는 午火의 극을 받지 않아야 한다. 종혁격에 용
신은 식신과 상관이 되고 土·金 운에 좋다. 다만, 극하는
火 운을 꺼리게 된다.

사주공부를 하면 여러 가지의 격을 논하게 되는데 사람
도 이름을 알아야 부르듯이 사주도 이와 다를 것이 없다는
것이다.

어느 사주라도 그 사주의 격을 알게 되면 용신을 잡기 쉽
고 그 사주를 화복하는데 도움이 된다. 그러나 격을 논할
때 내격에서는 대부분 월지를 중심으로 격을 논하기 때문
에 비교적 쉽다. 그러나 외격은 매우 드문 격이어서 격을
정하고 알아보기가 쉽지 않다. 그래서 많은 사주를 풀어보
고 외워두는 방법밖에는 특별한 대안이 없다.

종혁격 - 木·火가 상극이다.

종혁격 사주 예

시주	일주	월주	년주	구분
辛	庚	丁	己	사
巳	申	酉	丑	주
金	金	火	土	오
火	金	金	土	행

이 사주는 庚申 일주에 월지에 酉金은 얻었으니 일단은
金의 세력이 왕하다. 옥에 티가 있다면 월간 丁火에 관이다.
그러나 월간 丁火는 년간 己土에게 화생토(火生土)로서 氣
가 설기되고 있어서 火에 기운은 거의 소멸된다고 보고 시
지 巳火 역시 지지에 巳酉丑의 삼합에 금국을 형성하였으
니 오행이 土·金으로 구성되어 종혁격이 된다. 종혁격이
되면 용신은 거의 정해져 있다. 土·金이 왕하므로 식신이
나 상관 운에서 오행이 순환됨으로써 좋다고 보고 金과 土
운이 들어온다고 굳이 마다 할 이유가 없어서 좋다. 그러나
좋지 않다고 할 수 있는 오행은 木·火가 되는데, 火는 金
을 극하고 木은 土를 극하게 되어서 좋지 못하다.

종합적인 사주 풀이

명당의 발복을 받는 사주

편·정관의 사주 예

시주	일주	월주	년주	구분
庚	乙	辛	癸	사
辰	丑	卯	亥	주
		甲乙	戊甲壬	장간

대 운							
73	63	53	43	33	23	13	3
癸	甲	乙	丙	丁	戊	己	庚
未	申	酉	戌	亥	子	丑	寅

이 사주는 乙丑 일주가 辛卯 월주에 태어나서 월령을 얻었고 일간에 乙木이 일지 丑土에 재를 깔고 앉았다. 남자 사주가 신강하고 일지 재를 깔고 앉게 되면 이것은 처복이 있게 된다. 처복이 있다 함은 아무리 근본이 악한 여자라도

일단 이 사주같이 재를 깔고 앉은 사주의 부인이 되면 현모 양처로 변하게 된다.

　이 사주는 조상의 음덕이 있는 사주로서 년지 亥水의 지장간에 甲木이 암장되어 있고 월지에 卯木을 亥水가 수생목(水生木)으로 키워줌으로서 일간을 돕는다.

　그래서 이 사람은 조상의 덕을 받게 되고 조상의 가문을 이어받아서 후손들이 지켜주게 되는 것이다. 따지고 보면 조상이 없는 사람은 아무도 없다. 그런데 그 중에서도 조상의 덕을 크게 보는 경우는 대부분 예로부터 조상을 명당길지에 모신 예가 많다는 것이다.

　사주를 풀어보고서 조상을 명당 길지에 모셨는지 망지에 모셨는지를 알 수 있는 방법은 주로 년주를 통해서 알 수가 있다.

재산 때문에 법정 싸움하는 사주

정인격의 겁재 사주 예

시주	일주	월주	년주	구분
甲 辰	丁 亥	辛 卯	丙 申	사 주
木 土	火 水	金 木	火 金	오 행

대 운							
75	65	55	45	35	25	15	5
己 亥	戊 戌	丁 酉	丙 申	乙 未	甲 午	癸 巳	壬 辰

이 사주는 丁亥 일주가 辛卯 월주에 태어나서 월령을 얻었고 시간에 甲木에 인수가 되어서 신강하다. 그런데 일간이 일지에 亥水의 관을 깔고 앉게 되어서 불만이다. 남자 사주에서 일지에 재를 깔고 앉게 되면 처복과 재물 복이 따르게 되는데 이 사주는 관을 깔고 앉았으니 이는 관재구설수가 따르는 사주다. 월간 辛金이 편재인데 년간에 丙火 겁재와 丙辛合水하여 水로 변했다. 水 오행이 되면 丁火의 일간에 관이 되어서 이 사주는 부모가 물려준 재산으로 인하

여 관재수가 끊어지지 않는다.

　사주 내에서 겁재가 있으면 도움이 되기도 하고 이렇게 흉이 되기도 하는데, 대운 중 어느 시기에 재판이나 소송이 따르게 될지는 각자가 풀어보면 알 수 있을 것이다.

　이 사주는 년지 申金에 지장간에 戊壬庚이 암장되어 있어서 丁火에게 庚金은 정재가 되므로 그 재산은 분명히 본인에게로 내려온 재산인데, 아쉽게도 그 재산을 가지고 송사를 벌이게 되는 사주다.

소년원에 간 사주

정관격 사주 예

시주	일주	월주	년주	구분
辛	甲	癸	己	사
未	辰	酉	未	주
金	木	水	土	오
土	土	金	土	행

대 운							
79	69	59	49	39	29	19	9
乙	丙	丁	戊	己	庚	辛	壬
丑	寅	卯	辰	申	午	未	申

이 사주는 甲辰 일주가 癸酉 월주에 태어나서 월지를 얻지 못하여 신약하다. 월간에 癸水에 인수가 있기는 하지만 그 癸水는 음수(陰水)가 되어서 甲木을 만족시키지는 못하고 있고 월지 酉金의 지장간에는 辛金이 들어 있어서 그 辛金이 시간에 투출이 되어서 정관격이 되었다.

정관격이라 함은 사주 내에서 정관의 세력이 가장 강하여 정관에 의해서 운이 좌지우지되는 경우가 많다. 이 사주는 9세 대운과 19세 대운인 초년기부터 申金, 辛金에 관살이 들어서 관재구설수가 가장 많이 들게 되므로 어린 시절부터 죄를 짓고 소년원에 들락거리게 되었다.

이 사주는 대운에서 水·木 운이 들어와야 운세가 풀리게 된다. 水 용신은 金에 기운을 설기함으로써 관살에 기운을 누르는데 그 목적이 있게 된다. 태왕한 오행에 기운을 설기하고 허약한 오행의 기운을 돕는 것이 사주운이 길하게 되는 지름길로서 대운과 세운 운의 흐름을 잘 판단해야 할 것이다.

공무원 사주

편관격 사주 예

시주	일주	월주	년주	구분
戊	甲	辛	庚	사주
辰	寅	巳	戌	주
		戊庚丙		장간

대 운							
71	61	51	41	31	21	11	1
己	戊	丁	丙	乙	甲	癸	壬
丑	子	亥	戌	酉	申	未	午

　이 사주는 甲寅 일주가 辛巳 월주에 태어나서 실령을 하였으나 일지에 寅木이 있어서 득지를 했다. 그러나 사주의 일주가 木인데 木을 키워주는 세력은 바로 水로서 사주 내에서 水가 고갈이 되어서 신약한 사주이다.

　월지 巳火의 지장간에 庚金이 암장되어 있는데 그 庚金이 년간에 투출이 됨으로써 편관격의 사주다. 편관격이 신약하여 큰 뜻을 펴지 못하고 평범한 공무원이 되었다.

　그러나 사주의 구성이 년간과 월간 또는 월지와 년지의 구성으로 보아서 조상 때부터 부모 때까지 명성이 있는 관록이 있는 집안이었음을 알 수가 있다.

기생(妓生)팔자

관왕신약 사주 예

시주	일주	월주	년주	구분
壬午	庚午	丁卯	壬寅	사주
水火	金火	火木	水木	오행

대운							
73	63	53	43	33	23	13	3
己卯	庚辰	辛巳	壬午	癸未	甲子	乙丑	丙寅

이 사주는 庚午 일주가 丁卯 월주에 태어나서 실령을 하였고 일지에 午火의 관을 만나서 실지하였다. 사주가 신약하여 월간에 己土의 도움만 받을 뿐이지 나를 도와주는 세력은 아예 없다. 그런데 사주에서 관이 세력을 구축하였다면 종관살격인데, 이 사주는 년간에 壬水가 있고 월간에 己土가 있어서 종관살격도 되지 못한다. 이 사주는 관왕하고 신약한 사주로서 여자 사주에서 관왕하고 신약하면 화류계 사주가 되어 소위 기생팔자라 한다. 그러나 이 사주가 남자

사주라면 관이 왕하여 단명을 하게 된다. 단명이란 사주팔자 중에서 일간을 극하는 세력이 왕하고 인수가 약하고 일간이 극도로 약하게 되면 모든 운이 고갈이 되어서 죽음을 맞게 된다.

처가살이하는 남자 사주

재다신약 사주 예

시주	일주	월주	년주	구분
己	丙	庚	乙	사주
丑	申	戌	酉	
土	火	金	木	오행
土	金	土	金	

대운							
72	62	52	42	32	22	12	2
壬	癸	甲	乙	丙	丁	戊	己
寅	卯	辰	巳	午	未	申	酉

이 사주는 丙申 일주가 庚戌 월주에 태어나서 실령을 하였다. 일지에 申金의 재를 만나서 득지하지도 못했는데 사주 8글자 중에서 나를 도와주는 인수마저 하나도 없다.

년간에 乙木은 월간에 庚金과 乙庚合金이 되어 金 오행으로 화하였다. 사주 구성이 이렇게 되다 보니 일간 丙火가 화생토(火生土)하여 토생금(土生金)으로 金을 키우게 되는데, 丙火는 결국 배가 부른 金에 재를 감당하지 못하게 된다. 남자 사주에서 재는 재물이자 처가 되는데, 재다신약 사주가 되므로 아무리 많은 여자가 있어도 소용이 없고 재물이 아무리 많아도 이것은 무용지물이다.

본래 재물과 여자도 본인이 신이 왕하여 건강할 때 필요로 한 것이지 본인이 허약하다면 감당하기가 어렵게 된다. 이러한 사주라면 아예 처갓집으로 들어가서 처에게 복종하고 잘 해주면서 지내는 것이 상책이다. 더 이상 욕심을 부렸다가 처가에서마저 쫓겨나는 신세를 면치 못하게 된다.

숨겨진 아들 있는 사주

정인격 여자 사주 예

시주	일주	월주	년주	구분
癸	乙	壬	壬	사
未	未	子	寅	주
丁乙己	丁乙己	壬 癸	戊丙甲	장간

대 운							
75	65	55	45	35	25	15	5
甲	乙	丙	丁	戊	己	庚	辛
辰	巳	午	未	申	酉	戌	亥

이 사주는 乙未 일주가 壬子 월주에 태어나서 월령을 하여 신강한 사주이고 월지 子水의 지장간에 壬水가 암장되어 있어서 월간에 투출이 되었으므로 정인격인데 정인이 너무 왕해서 정인에 의해서 사주가 좌지우지된다고 하는 것이다.

사주란 본래 여덟 글자 내에서 제일 강한 세력에 의해서 운세가 흘러가게 되는데, 이 사주는 여자 사주로서 여자는 내가 생하는 오행이 자식이 되는데 년지 寅木의 지장간에 丙火가 암장되어 있고 그 丙火가 乙木에 상관이 되고 일지에 未土와 시지에 未土의 지장간에 들어있는 丁火는 식신이 되어서 내가 낳은 오행인 식신이나 상관이 지지 전체에 깔려 있다 함은 숨겨둔 자식이 있다는 암시가 되는 것이다. 사주의 운이란 대운(大運)에서 세운을 같이 보아 계산을 하게 되면 길흉의 판단이 가능하다. 이 사주는 31살에 결혼하여 다음 해인 32세에 헤어졌다는 것을 세운(歲運)을 계산함으로써 알 수가 있다.

편부가 있는 여자 사주

편관격 여자 사주 예

시주	일주	월주	년주	구분
甲	丙	癸	乙	사주
午	申	亥	酉	
木	火	水	木	오행
火	金	水	金	

이 사주는 丙申 일주가 癸亥 월주에 태어나서 실령을 한 사주다. 년간에 乙木에 정인과 시지에 午火에 겁재가 있어서 도움이 되나 신이 약한 것은 틀림없다. 그리고 월지 亥水의 지장간에 申木이 시간에 투출이 되어서 편인격

을 이루게 되었는데, 사주가 신약하고 편관이 왕하여 편관의 격이 이루어지면 편관에 의해서 사주가 끌려가게 되는 이치다.

일간에게 가장 큰 영향력을 행세하는 세력이 바로 편관으로 壬水와 亥水가 되는 것이다. 여자사주에서 관은 남편인데 월간에 癸水에 올바른 정관이 있는데 월지와 시간에는 편관이 자리잡고 있어서 격을 이루고 있으므로 이렇게 되면 본 남편은 한쪽으로 밀려나게 되고 편관에 남자가 세력권을 차지하게 됨으로써 편부가 있게 되는 것이다.

여자 사주에서 편부란 본 남편이 있는데, 본 남편을 두고 남몰래 사귀는 경우이거나 본 남편과 생사이별하고 다시 다른 남자를 만나는 것도 편부라 하여 재혼한 남편도 이에 해당이 된다.

계모가 있는 사주

겁재격 사주 예

시주	일주	월주	년주	구분
戊	庚	乙	辛	사
子	戌	丑	未	주
	辛丁戊	癸辛己	丁乙己	장간

이 사주는 庚戌 일주가 乙丑 월주에 태어나서 신왕하다. 월지 丑土 지장간에는 癸辛己가 있고 년지 未土의 지장간에는 丁乙己가 있어서 지지가 丑未 충을 하고 있다. 그리고 庚金을 낳은 어머니는 己土인데 년지와 월지에 지장간에 정인이 둘이나 된다 함은 아버지가 장가를 두 번 갔다는 뜻이다.

그리고 戌 중에도 戊土가 편인이 되는데 아버지가 장가를 두 번 가고도 못마땅해서 첩을 두게 되었고, 월간 乙木은 일간 庚金과 乙庚合金으로 金으로 변신이 되었다. 이렇게 되면 아버지는 일찍 사망하게 되어서 본인은 홀어머니와 같이 살고 있다. 乙木이 부친 자리인데 乙庚合金으로 변하게 되니 아버지 자리가 사라지고 월지 丑土 중에는 辛金이 있는데 乙辛이 충이 되어 요수하게 되었다.

마누라까지 빼앗기는 사주

비견 비겁 사주 에

시주	일주	월주	년주	구분
乙	甲	戊	乙	사
亥	戌	寅	酉	주
		戊丙甲		장간

대 운							
80	70	60	50	40	30	20	10
庚	辛	壬	癸	甲	乙	丙	丁
午	未	申	酉	戌	亥	子	丑

이 사주는 甲戌 일주가 戊寅 월주에 태어나서 신왕한 사주다. 사주가 신왕할 때에는 비견과 겁재가 있어도 좋지 못하다.

년간과 시간에 비겁이 주류를 이루고 있어서 나중에는 마누라까지 빼앗기는 사주다.

월지 寅木 지장간에 戊土가 있는데, 월간에 투출이 되어서 편재격이 되는데 편재격은 정당한 재가 되지 못하므로 여자로 인해서 말썽이 짖고 대운에서 흉신이 들면 패가망신하게 된다. 지지에 寅戌로 반합이 되어서 식신으로 변해서 신약한데 편재까지 합세하게 되면 재물까지 술술 나가게 된다.

이 사주는 건강상 위장이 나쁘게 되는데, 이것은 戊土가 火로 변했기 때문에 제 기능을 발휘하지 못하기 때문이다. 그리고 년간에 乙木과 시간에 乙木이 겁재로서 양쪽에 자리를 잡고 있어서 일간을 위협을 하고 있다.

乙木에게 戊土는 정재가 되어서 겁재에게 마누라를 빼앗기는 격이 되는 것이다. 사주가 이러한 경우 비견이나 겁재를 비겁이라 부르게 된다.

과부 사주

편인격 사주 예

시주	일주	월주	년주	구분
乙 亥	甲 申	壬 子	己 巳	사 주
木 水	木 金	水 水	土 火	오 행

대운							
77	67	57	47	37	27	17	7
庚 申	己 未	戊 午	丁 巳	丙 辰	乙 卯	甲 寅	癸 丑

이 사주는 甲申 일주로서 일지에 관을 깔고 앉았다. 여자 사주에서 일지에 관을 깔고 앉으면 관은 남자를 말함인데 남자에 氣가 눌려서 서로 살기가 싫어지므로 남자가 타지로 떠나 살거나 남편이 있어도 무력하다.

그리고 일간이 월주에 壬子에 인수를 만나서 신왕하다. 여자 사주는 신이 약한 듯한 것이 길하다고 보는데 이 사주는 신이 강해도 너무 강해서 남자의 氣를 누르게 됨으로써 과부 신세를 면치 못하게 된다.

일지가 남편 자리로서 申金이 많은 水를 생해야 하므로 감당을 하지 못하고 힘이 극도로 약하게 되어서 부인 밑에서 심부름이나 해주어야 할 입장이다. 사회에서 출세를 하거나 왕성한 활동을 기대하기 어렵고 결국 남편이 집을 나가거나 시름시름 앓다가 사망하게 되므로 결국 본인은 과부가 된다.

홀아비 사주

신왕정재 사주 예

시주	일주	월주	년주	구분
辛	壬	乙	甲	사
丑	子	未	戌	주
		丁乙己	辛丁戊	장간

이 사주는 壬子 일주가 乙未 월주에 태어나서 월령을 얻지 못했으나, 일지 子水에 득지를 했고 시간에 辛金이 정인이 되어서 신왕한 사주다.

그러나 일주 壬子가 간여지동(干與支同)이 되어서 음양의 조화가 없는데, 년지 戌土의 지장간에 丁火가 정재이고 월지 未土의 지장간에 丁火도 정재이다. 그런데 아쉽게도

두 정재는 천간에 투출이 되지 못하고 땅 속에 매몰이 되었다. 가령 예를 들어 일간이 약할 때에는 정재가 지지 속에 매몰이 되어 있어도 부인이 있다고 볼 수가 있다. 그런데 이 사주처럼 일간이 왕할 때에는 반드시 정재가 투출이 되지 못하면 이것은 氣에 눌려서 장가를 들어서 부인을 데려다 놓아도 견디지 못하고 이별 아닌 이별을 하게 됨으로써 부인이 병약하여 생사이별을 하게 된다. 그것도 한 번에 그치지 않고 여러 번 반복되어서 결국은 홀아비가 된다.

재물을 모으지 못하는 사주

겁재격 사주 예

구분	년주	월주	일주	시주
사주	己丑	壬申	癸未	庚申
오행	土土	水金	水土	金金

대 운							
76	66	57	46	36	26	16	6
庚辰	己卯	戊寅	丁丑	丙子	乙亥	甲戌	癸酉

이 사주는 癸未 일주가 壬申 월주를 만나서 월지 申金의 지장간에 壬水가 월간에 투출이 되므로 비겁격이다. 이 사주에 주인공은 단란주점 물장사하는데 아들과 남편은 소위 말해서 백수이다.

여자가 일지에 재를 깔고 앉았고 겁재격이 되어서 돈을 벌어서 남자에게 모두 바치게 된다. 사주에서 재는 남자가 깔고 있으면 좋은데, 반대로 여자가 재를 깔고 앉았다 함은 흔히 팔자가 세다고 하는 것이다. 남자가 할 일을 여자가 도맡아서 하게 되므로 남자는 활동을 중지하고 집 안에서 놀아도 여자가 돈을 벌어오게 된다.

그것은 여자 사주가 월간 壬水는 일간 癸水에 겁재가 되어서 겁재는 일간이 강하면 빼앗아가는 비겁으로 돌변해서 재물이 생기면 남에게 모두 빼앗기거나 탕진하게 되고 심지어는 남편까지 빼앗기게 되는 것으로 남는 것이 없게 된다.

자린고비 사주

시상 편재격 사주 예

시주	일주	월주	년주	구분
己 卯	乙 丑	癸 丑	辛 卯	사 주
		癸辛己		장간

이 사주는 乙丑 일주가 癸丑 월주에 태어나서 월지 丑土의 지장간에 己土가 편재인데, 그 己土가 시간에 투출이 되어서 편재격이다.

그런데 사주에서 일주가 왕하여 편재가 많으면 사치를 좋아하고 허영심이 많고 화합을 좋아한다. 그러나 일주가 허약하고 재가 많으면 재물은 있는데 좌우에서 나를 돕는 오행이 없으므로 인색하게 되어서 금전만 알고 의리가 없게 된다.

乙일간에 재가 土인데 土는 땅에 해당이 되어서 지지에 있는 것을 좋아하는데, 사주 내에서 천간에 투출이 되었으니 재산이 가벼워서 잘 흩어지게 됨으로써 결국 재산을 모을 수 없게 된다. 성격 또한 옹졸하여 돈이 수중에 들어가면 나오는 법이 없으니 장사 내지는 사업을 하려면 투자를 해야 하는데, 움켜쥐고 있는 것을 좋아해서 열매를 맺지 못하는 격이다.

그리고 乙木의 일간이 丑土의 재를 깔고 앉았다고는 하지만 丑土의 지장간에 癸辛己가 암장되어 있어서 癸水는 찬 우물에 불과하고 辛金은 乙辛 충이 되어서 토질이 척박하여 乙木이 뿌리를 내리지 못하게 되어서 활기가 없고 냉하여 온도가 필요한데 사주 내에서 火가 고갈되었으므로 발복을 하지 못하게 된다. 후천 운인 대운과 세운에서 火운이 들어오면 반짝 좋다가도 火운이 지나게 되면 물 위의 거품처럼 재물이 사라지게 된다.

이것은 지장간에라도 火가 있어야 후천 운에서 들어오는 火운을 붙들 수 있는 것인데, 사주 내에서 火에 뿌리도 씨앗도 없으니 운이 들어와도 붙들지 못하고 스쳐가게 되는 것이다.

장가 두 번 간 사주

월상 비겁 사주 예

시주	일주	월주	년주	구분
庚 戌	壬 午	癸 酉	甲 午	사 주
金 土	水 火	水 金	木 火	오 행

이 사주는 壬午 일주가 癸酉 월주에 태어나서 득령을 하였고 월간에 비겁이 있고 시간에 편인이 있어서 신왕한 사주이다.

월지에 酉 지장간에 庚金이 암장되어 있고 그 庚金이 시간에 투출이 되어 있어서 편인격이 되었다. 월지 시상 편인은 매우 강한 것이여서 신강한데 월간에 비겁이 있어서 좋지가 않다.

이 사주에서 병(病)이라면 월간에 癸水이다. 癸水는 金의 氣를 설기하여 년간에 甲木에게 인수가 되어서 午火에게 생조를 하게 되고 午火는 시지에 戌과 午戌의 화국의 반합이 된다.

火는 일간 壬水에게 재가 되는데 재가 태왕하면 비겁에

게 권리를 주게 됨으로써 비겁이 날뛰게 된다. 신약할 때에는 비겁이 있어야 신을 도와서 좋다고 할 수 있으나, 인수가 왕하고 신강할 때에 비겁이란 말 그대로 겁탈자로 변하게 되어서 본인에게 가진 모든 것을 약탈해가려는 습관이 있다.

본인의 재는 비겁에게도 재가 되는데 이 사주에서는 재가 2개씩이나 있고 재국(財局)의 반합을 이루고 있어서 정처가 둘이라는 것이다. 과거부터 편처를 포함해서 처가 2명이다, 3명이다 할 수 있어도 정처가 둘이라면 이것은 장가를 두 번 간 것을 알 수 있다.

부모와 생사이별하는 사주

칠살 일지 사주 예

시주	일주	월주	년주	구분
乙卯	戊午	甲子	乙未	사주
木木	土火	木水	木土	오행

이 사주는 戊午 일주가 甲子 월주에 태어나서 지지가 子午 충이다. 戊午 일주에 시주 乙卯가 상생하고 있고 일지 午火가 왕하다. 년주가 乙未로서 월지 子水를 극을 해줌으로써 子午의 충에서는 午火가 크게 피해를 보지 않게 되어서 크게 염려할 일은 아니나, 문제는 정관이 시간과 년간에 투출이 되어 있고 월간에는 편관이 있어서 사주가 관왕하게 되어서 관재구설수가 있게 되는 것으로 경찰서, 법원 등으로 불려다니게 된다.

그것은 戊土 일간에 관이 甲木이요 지지에서 子午가 충이 됨으로써 구성이 좋지가 않다. 사주 내에서 천간 지지가 일시에 충이 되면 과부살이라 하여 좋지 않은데, 월지에 子水를 년지에 未土가 극을 하여 원진관계에 있고 일지 午火

역시 충이 되어서 이러한 사주는 초년기에 부모와 일찍 생사이별하게 된다.

사법고시에 낙방한 사주

신약관왕 사주 예

시주	일주	월주	년주	구분
乙 酉	乙 卯	庚 申	戊 申	사주
木 金	木 木	金 金	土 金	오행

이 사주는 乙卯 일주가 庚申 월주에 태어나서 월지를 얻지 못하고 월지에 申金에 정관을 만났다. 그리고 일지에 득지는 했다지만 월주가 관이 왕하고 시지에 酉가 있어서 일지 卯와 卯酉 충이 되어서 일주가 이를 감당하지 못하고 있다.

그래서 일간도 역시 일지에 득지를 하지 않았다면 乙庚 合金으로 합화(合化)가 되어서 종살격으로 변화하고 말겠으나, 일지에 卯木의 뿌리를 박은 일간이 되어서 종살격이 되지는 않았으나 시간에 乙木에 비견이 눈을 부릅뜨고 있는 것이 사실이다.

　그래서 이 사주는 乙木이 나약하고 관왕격이 되어서 움직일 수가 없다. 특히 이 사주의 주인공은 사법고시 공부를 10여년 동안 오래했지만 합격을 하지 못하고 말았고, 일지에 재가 있어야 할텐데 卯木이 간여지동이 되어서 만약 결혼을 하게 된다 하더라도 일지를 충하는 칠살이 있어서 견뎌내기 힘들게 된다.

수명 장수하는 사주

비견겁재격 사주 예

시주	일주	월주	년주	구분
庚	癸	癸	壬	사
申	卯	丑	子	주
金	水	水	水	오
金	木	土	水	행

대 운								
86	76	66	56	46	36	26	16	6
甲	乙	丙	丁	戊	己	庚	辛	壬
辰	巳	午	未	申	酉	戌	亥	子

이 사주는 癸卯 일주가 癸丑 월주에 태어나서 월령을 얻었다. 월지가 丑土이기는 하나 지지가 子丑의 반합이 되어서 水 오행에 힘을 실어 주고 있다. 그리고 월지 丑土의 지장간에 癸水가 암장되어 있는데, 그 癸水가 월간에 투출이 되어서 일간이 강하고 년주에 壬子, 시주에 庚申金으로 水를 생하게 되어서 신이 태왕하게 되었다.

사주가 너무 태왕한데 비견과 겁재가 많으면 좋지 못하다. 그러나 이 사주는 癸水 일간에 일지 卯木의 인수가 되어서 水氣를 제어해줌으로써 도움이 된다.

　그리고 천간에서 오행이 생을 해주고 있고 지지에서도 금생수(金生水)…수생목(水生木)으로 생을 하게 되어 오행이 순탄하게 돌아가고 사주 내에 기타 충이나 칠살이 없어서 이러한 사주의 특징은 일간이 크게 불만이 없게 되었으므로 수명 장수하게 된다.

　사주가 신왕하고 기타 충이나 극이 없다 함은 운세가 평탄하여 속을 끓일 일이 없고 편안해서 수명이 길게 되는 것이다.

인명은 재천(在天)이다.

장수하는 사주 예

시주	일주	월주	년주	구분
庚 子	丁 酉	丁 未	壬 戌	사 주
金 水	火 金	火 土	水 土	오 행

대 운								
84	74	64	54	44	34	24	14	4
丙 辰	乙 卯	甲 寅	癸 丑	壬 子	辛 亥	庚 戌	己 酉	戊 申

이 사주는 丁酉 일주에 丁未 월주가 되어 월간에 丁火에 비견이 자리잡고 있는데 년간 壬水가 월간 丁火와 丁壬合 木으로 화(化)하였다.

이 사주는 내에서 비견이 있어 봤자 반갑지 못한 오행이 고 년간 壬水 역시 관이 되어 그리 반갑지가 못한데, 다행 히 두 오행이 합이 되어서 木으로 변신을 하게 됨으로써 목 생화(木生火)로 일간에게 생을 해주게 되어서 길하다. 사주 내에서 천간끼리 충이 있거나 지지끼리 충이 있거나 살(殺)

이 있는 것은 수명에 매우 좋지 못하다.

사주 내에서 지지가 충이 있다든지 천간에서 충이 있다든지 하게 되면 이것은 수명을 감소시키는 결과가 된다. 장수하는 사람에 사주를 연구해보면 사주 내에 충이나 살이 없고 평범하고 무난한 사주를 가진 사람이 수명장수하고 평생 특별한 병이 없이 건강을 누리게 되는 것을 알 수 있다. 사주팔자를 보고 수명을 가름할 수 있다. 인명은 재천이라 하여 하늘에서 수명은 타고난다 하였다. 그래서 사주팔자를 타고날 때 이미 운명은 정해져 있다는 것이다.

윤제胤齊
노영준盧永埈
40년 이상
풍수지리 및 역학
연구

· 2000년 사단법인 한국자연지리협회 설립
· 사단법인 한국자연지리협회 풍수지리 역학 강의
· 한국교육학술정보원 평가위원
· 대한뉴스 논설위원
· 1992년 EBS 교육방송 연재
· 1995년 한국일보 강의(10년간)
· 2002년 일본 니가타 대학 및 문화원 강의
· 국립현대미술관 초대작가 및 작품 소장작가
· KBS, SBS, MBC, TV조선 등 다수 출연
　　- 복권명당(종로3가)
　　- 박사마을(춘천)
　　- 맞선명당(서울프라자호텔)
　　- 봉하마을(노무현 전 대통령 생가)
　　- 연리지나무(충북 괴산)
　　- 덤벙산(전남 해남)
　　- '서울의 지세' TV조선 외

••주요 저서
· 역학비결(초급, 중급, 고급)
· 사주비결록(초급, 중급, 고급)
· 사주실전감정(화복론)
· 역학사전
· 명당의 기운(초급 패철사용법)
· 명당의 기운(중급 실전용세론)
· 명당의 기운(고급 패철화복론)
· 명당은 있다
· 양택 풍수(초급 실전인테리어)
· 양택 풍수(중급 주택인테리어)
· 양택 풍수(고급 고급인테리어)
· 주택명당

사단법인 한국자연지리협회
주소: 서울시 동대문구 왕산로 128
전화: 02-929-1188
홈페이지: www.ps21c.com

사주대로 산다 – 사주 중급

2016년 7월 30일 초판 1쇄 발행
2019년 1월 15일 초판 2쇄 발행

지은이 (사)한국자연지리협회 회장 노영준
펴낸이 진욱상
펴낸곳 백산출판사
교 정 편집부
본문디자인 박채린
표지디자인 오정은

저자와의
합의하에
인지첩부
생략

등 록 1974년 1월 9일 제1-72호
주 소 경기도 파주시 회동길 370(백산빌딩 3층)
전 화 02-914-1621(代)
팩 스 031-955-9911
이메일 edit@ibaeksan.kr
홈페이지 www.ibaeksan.kr

ISBN 979-11-5763-266-4
값 16,000원

.